U0895366

“十三五”国家重点出版物出版规划项目

中国经济治略丛书

宁夏高等学校一流学科建设（理论经济学学科）资助项目（项目编号：NXYLXK2017B04）

开放战略与区域经济人文社科重点研究基地

“互联网+”促进制造业升级机理与路径研究

Research on the Mechanism and Path of the Manufacturing Industry Upgrading with “Internet Plus”

刘淑萍　著

中国财经出版传媒集团

经济科学出版社
Economic Science Press

图书在版编目（CIP）数据

“互联网+”促进制造业升级机理与路径研究/刘淑萍著.
—北京：经济科学出版社，2021.1
（中国经济治略丛书）
ISBN 978-7-5218-2384-4

Ⅰ.①互… Ⅱ.①刘… Ⅲ.①制造工业-产业结构升级-研究-中国 Ⅳ.①F426.4

中国版本图书馆 CIP 数据核字（2021）第 031224 号

责任编辑：王 娟 郭 威
责任校对：王苗苗
责任印制：范 艳 张佳裕

“互联网+”促进制造业升级机理与路径研究
刘淑萍 著
经济科学出版社出版、发行 新华书店经销
社址：北京市海淀区阜成路甲 28 号 邮编：100142
总编部电话：010-88191217 发行部电话：010-88191522
网址：www.esp.com.cn
电子邮箱：esp@esp.com.cn
天猫网店：经济科学出版社旗舰店
网址：http://jjkxcbs.tmall.com
北京季蜂印刷有限公司印装
710×1000 16 开 15.75 印张 230000 字
2021 年 5 月第 1 版 2021 年 5 月第 1 次印刷
ISBN 978-7-5218-2384-4 定价：68.00 元

本书受以下项目资助：

宁夏高等学校一流学科建设（理论经济学学科）资助项目（项目编号 NXYLXK2017B04）

开放战略与区域经济自治区级人文社科重点研究基地建设项目

序

2017年5月，经宁夏回族自治区教育厅、财政厅批准，理论经济学获批宁夏回族自治区一流学科建设项目，成为自治区立项建设的18个一流学科之一。理论经济学一流学科设计了4个学科发展方向：开放经济理论与政策、财政金融理论与政策、人口资源环境与可持续发展、消费者行为理论与政策。学科发展方向适应当前及未来国家与地方经济建设和社会发展需求，在人才培养、科学研究和社会服务等方面形成鲜明特色。

理论经济学一流学科建设目标是：根据中国特色社会主义经济建设的现实需求，坚持马克思主义为指导，借鉴现代经济学发展的成果服务于中国实践。通过五年建设，一是基本达到理论经济学一级学科博士学位授权点申请基本条件，二是在第五轮学科评估中，理论经济学教育部学科排名显著上升。为实现该建设目标，主要采取如下措施：第一，创造良好的工作环境和学术环境，积极引进人才，培育研究团队成长，积极申报人才和创新团队项目；第二，紧密围绕学科发展方向，瞄准对学科发展具有前瞻性、长远战略性的重大理论及现实问题开展研究；第三，建立跨学科、跨部门的开放型科研组织形式，营造既能有效促进协同攻关，又能充分发挥个人积极性的科研氛围，形成团队合作与自由探索相结合的管理机制；第四，开展国际国内合作研究和学术交流活动，形成有影响的学术高地。

理论经济学一流学科自获批以来，凝聚了一支结构合理、素质良好、勤奋敬业的研究团队，凝练了精准的研究方向，正在开展较为系统、深入的研究，拟形成一批高质量系列研究成果。经理论经济学一流学科编委会的精心组织、认真甄别与仔细遴选，确定了《中国区域经济增长效率集聚与地区差距研究》《村级互助资金与扶贫贴息贷款的减贫机制与效应比较研究》《资产扶贫理论与实践》等12本著作，作为理论经济学一流建设学科首批系列学术专著。

系列丛书遴选与出版过程中，宁夏大学经济管理学院成立了“宁夏回族自治区西部一流建设学科理论经济学文库编委会”，编委会成员以高度负责的态度对此工作给予了大力支持，在此表示感谢（编委会名单附后）。

系列丛书的出版，凝结了宁夏大学经济学人的心血和汗水。尽管存在诸多不足，但“良好的开端就是成功的一半”，相信只要学者们持之以恒，不断耕耘，必能结出更加丰硕的成果。

系列丛书的出版，仰赖经济科学出版社的鼎力支持，承蒙经济科学出版社王娟女士的精心策划。现系列学术著作将陆续面世，衷心感谢他们的真诚关心和辛勤付出！

系列丛书的出版，希望求教于专家、同行，以使学科团队的研究更加规范。真诚欢迎专家、同行和广大读者批评指正。我们将努力提升理论和政策研究水平，引领社会和服务人民。

附件：宁夏回族自治区西部一流建设学科理论经济学文库编委会

顾问：陈志钢　史清华　范子英

主任：杨国涛

副主任：高桂英　黄立军　张会萍

委员：（以姓氏笔画为序）

马晓云　马艳艳　仇娟东　王雅俊　东　梅　冯　蛟

石　荣　朱丽娅　陈军梅　陈清华　杨彩玲　杨韶艳

杨国涛

2017年12月于宁夏大学

前言

自20世纪50年代以来，互联网信息技术的急速发展不仅改变了人们的生活方式，更改变了生产力与生产关系。技术的发展是对过往历史的不断总结与革新，更是打开未来大门的钥匙，马克思指出科学水平和技术进步决定了现实财富的创造，是历史的革命性推动力量。随着人类社会大步迈向数字社会，互联网基础设施以及信息技术的创新衍生出的“互联网+”已经成为现今最为炙热的话题，并深深地刻画着新时代国民经济的运行方式和发展方向，人类已经进入“互联网+”的时代。随着制造业竞争的不断加剧以及新技术的不断进步，发达国家再次将制造业作为经济增长的首要任务，先后制定出与新技术相关联的制造业发展战略与坐标定位。

2015年我国颁布《关于积极推进“互联网+”行动的指导意见》，指出要大力推进互联网与制造业融合，提升我国数字化、智能化、协同一体化制造技术，突破自主创新，促进制造业强国建设；2017年《国务院关于深化“互联网+先进制造业”发展工业互联网的指导意见》指出要深入实施工业互联网创新发展战略；2019年，中华人民共和国第十三届全国人民代表大会第二次会议上，李克强总理在政府工作报告中再次强调要全面推进“互联网+”，积极广泛地运用新技术和新模式；2019年11月以及2020年3月，工信部分别印发《工业和信息化部办公厅关于印发“5G+工业互联网”512工程推进方案的通知》和

《工业和信息化部办公厅关于推动工业互联网加快发展的通知》，指出以数字化、网络化、智能化为本质特征的第四次工业革命正在兴起，在这个背景下我国制造业数字转型的重要驱动力就是工业互联网和5G技术的应用。2020年10月，中国共产党第十九届中央委员会第五次全体会议审议通过了《中共中央关于制定国民经济和社会发展第十四个五年规划和二〇三五年远景目标的建议》，提出要坚定不移建设制造强国、质量强国、网络强国、数字中国。《世界互联网发展报告2018》显示，我国互联网发展指数排名全球第二位，已成为世界第一大电子商务市场主体，4G用户渗透率达到世界顶尖水平。在2019年春晚实现5G网络4K超高清直播后，5G商用已经进入制造业并将被大规模推广。截至2018年6月30日，我国网民规模为8.02亿人，手机网民规模7.88亿人，占比98.3%，互联网普及率为57.7%[①]。IDC公司预测2019年全球大数据市场规模可达到486亿美元[②]。根据第42次《中国互联网络发展状况统计报告》（以下简称《互联网发展报告》）可知，2018年1~5月，我国电子商务平台收入就突破1164亿元，同比增长39%。这些数据都充分说明我国已经具备抓住新机遇的技术水平、基础设施、需求市场以及政策支持，"互联网+"已经成为拉动国家经济增长、推动产业优化的新引擎。

鉴于此，本书通过对四次工业革命、各国先进制造业与"互联网+"相关发展战略进行梳理，立足当前及未来"互联网+"与制造业深度融合的发展情况，深入剖析"互联网+"促进制造业升级的机遇和升级的必然性；以制造业结构升级规律以及制造业全球价值链升级规律探索为主线，在系统梳理前沿文献的基础上，利用历史分析与对比分析相结合、规范分析与实证分析相结合的研究方法，进一步研究"互联网+"促进制造业升级的

---

① 中国互联网络信息中心．第42次中国互联网络发展状况统计报告［OL］．CNNIC网，http：//www. cnnic. net. cn/hlwfzyj/hlwxzbg/hlwtjbg/201808/t20180820_70488. htm，2018－8－20.

② ICD Forecast［OL］．Businesswire官网，https：//www. businesswire. com/news/home/20151109005070/en/New－IDC－Forecast－Sees－Worldwide－Big－Data，2015－9－9.

机理与路径，试图为中国从制造业大国变身为制造业强国提供决策的理论基础与政策工具选择。本书围绕“互联网+”促进制造业升级机理与路径研究这一主题，从三方面展开研究。第一，“互联网+”与制造业发展的机遇和挑战是什么？第二，“互联网+”促进制造业升级的动力因素和作用机理是什么？第三，“互联网+”促进制造业升级的发展路径是什么？

本书在绪论部分主要对研究背景、研究意义、文献评述、研究思路、研究内容、研究方法以及主要创新点和存在的不足加以概括。第一章是相关概念界定及理论基础，主要通过对相关概念和内涵的厘清，对马克思技术进步思想与产业升级逻辑关系以及西方创新理论与产业结构升级和全球价值链升级间逻辑关系进行梳理。

本书第二章和第三章通过历史维度和空间维度对“互联网+”促进制造业升级的必然性，以及所面临的挑战进行分析。熊彼特指出如果不掌握历史，不具备历史感或历史经验，就不可能理解任何时代（包括当前）的经济现象①，故第二章首先通过对历次工业革命与制造业发展规律进行分析，总结出制造业发展的影响因素；并通过对新工业革命争论与制造业范式演化过程的梳理，总结出历史维度中“互联网+制造业”升级的历史机遇与面临的挑战。第三章主要对德、美、日三国“互联网+制造业”战略进行梳理和对比，总结出各国先进制造业战略发展的共性及关键；并通过对我国工业和信息化高质量发展、加快建设制造强国和网络强国的战略进行分析，总结出我国制造业发展的内涵和关键；在此基础上，对空间维度下“互联网+制造业”发展的战略机遇与面临的挑战进行分析。

本书的第四章和第五章对“互联网+”促进制造业升级机理进行规范分析与实证分析。第四章首先对“互联网+”促进制造业升级动力机理进行理论分析；根据第二章在历史维度总结

---

① 约翰·熊彼特．经济分析史（第一卷）［M］．北京：商务印书馆，1991：29．

出影响制造业升级的五个要素，结合马克思理论、佩蕾丝技术—经济—制度协同演化模型、罗默经济增长四要素模型以及技术创新动力三元论模型，确定由“互联网＋”技术驱动力、市场拉动力和政策支撑力所形成的聚合力；其中技术驱动力部分包括“互联网＋”技术基础驱动力以及融合驱动力，“互联网＋”市场拉动力部分包括市场规模拉动力、由市场需求结构变动产生的拉动力和市场竞争激励机制以及淘汰机制产生的拉动力，“互联网＋”政策支撑力部分包括“互联网＋政务能力”以及“互联网＋”相关政策的支撑力。其次通过对社会总生产模型拓展，结合产业内不同要素密集型制造业的发展特征对“互联网＋”促进制造业升级作用机理进行分析，并分别从制造业产业结构视角和制造业价值链视角对“互联网＋”促进制造业升级作用机理进行分析。第五章首先构建“互联网＋”综合发展水平评价指标体系，并对中国31个省份的“互联网＋”综合发展水平进行测算和分类。其次在理论分析“互联网＋”对中国制造业升级作用机理的基础上，利用系统GMM计量方法对中国2007～2016年间30个省份的面板数据进行实证检验。结果表明“互联网＋”显著地促进了中国制造业升级。

本书的第六章主要探讨“互联网＋”促进制造业升级路径选择。根据理论分析和实证分析的结果，本书提出“互联网＋”促进制造业升级技术驱动链、促进制造业升级市场驱动链以及促进制造业升级政策驱动链等结论。第七章是结论与展望，通过对本书研究结论的总结，对未来研究方向进行设计。

本书的创新点有以下三个：第一，补充和完善“互联网＋”相关概念和认识，明晰“互联网＋”促进制造业升级的发展方向。本书结合历史维度和空间维度对“互联网＋”作为历史发展新机遇予以分析，指出“互联网＋”与制造业发展的机遇和挑战，并对我国当前普遍存在的对“互联网＋”认识不足和认识不清进行补充和改善。此外，本书通过马克思技术进步思想与产业升级理论的指导建立“互联网＋”技术基础模型和“互联网+”技术融合模型，提出“互联网+”三要素聚合力，对“互联网+”促进制造业升级相关概念和认识进行补充和完善。第二，构建“互联网+”促进制造业升级的理论框架。本书在厘清“互联网+”与制造业发展机遇和挑战的基础之上，通过构建“互联网+”促进制造业升级研究框架，通过历史分析和理论分析提出“互联网+”促进制造业升级动力因素，在此基础上，对制造业结构和制造业价值链作用机理的研究提出三驱动链条升级路径，对相关理论基础、作用机理、动力结构以及路径选择等方面展开更进一步的研究和拓展，为我国“互联网+”发展以及制造业发展提供参考。第三，补充和完善“互联网+”促进制造业升级的实证研究。本书构建了“互联网+”综合发展水平评价指标体系，并使用聚类分析方法进行综合评价；通过对“互联网+”与制造业升级的内生性关系进行研究，进一步深入分析和检验“互联网+”促进制造业升级的途径。本书首先从理论上分析了“互联网+”影响制造业升级的机制，随后采用系统 GMM 方法尽可能减少“互联网+”与制造业升级二者之间的内生性来考察“互联网+”技术的发展对制造业升级的影响。

CONTENTS 目录

绪　　论

第一节　研究背景和研究意义

一、研究背景

历史就像一面镜子，折射出的是世界发展的内在机理。制造业作为工业化的支柱产业是一国经济增长的发动机，亚当·斯密（Adam Smith）认为制造业是国民财富创造的主体，制造业竞争力决定了各国国际地位，而决定各国制造业发展水平的关键在于技术水平的发展。自20世纪50年代以来，信息技术的急速发展不仅改变了人们的生活方式，更改变了生产力与生产关系。随着人类社会大步迈向数字社会，互联网基础设施以及信息技术的创新衍生出来的"互联网+"已经成为现今最为炙热的话题，并深深地刻画着新时代国民经济的运行方式和发展方向，人类已经进入了一个"互联网+一切"的新时代。

发展是人类社会永远的主题，升级是发展永远的要求。当前，互联网创新发展与新工业革命正处于历史交汇期。随着制造业竞争的不断加剧以及新技术的不断进步，越来越多的国家将先进制造业作为经济增长的首要任务。2013年德国宣布启动工业4.0战略；美国政府自2011年启动先进制造伙伴计划后，又于2014年启动国家制造业创新网络以及先进制造伙伴计划2.0；2016年日本在"机器人新战略"的基础上推出"超智能社会"。发达国家抢抓新一轮工业革命机遇，围绕核心标准、技术水平、平台构建、人才培养加速构建数字驱动工业新生态，制造业竞争会更加激烈。比尔·盖茨（Bill Gates）曾经说过，我们经常会高估未来两年的变换，却又低估未来十年的变换。我们必须注意到的是，无论从历史的发展角度来看，还是从空间的对比角度来看，我们确实处在新革命的浪潮之中，而驱动浪潮发展的核心动力就是“互联网+”。

40年来，我国制造业规模总量得到飞速发展，产量处于世界领先地位，成为世界制造业大国。制造业是我国经济高速发展的砥柱，仅2018年第三季度的制造业增加值已达到67052.4亿元，占我国国内生产总值的33.42%。① 但不可否认的是我国作为制造业大国能获得的附加值并不乐观，在全球价值链中仍然处于中端低加工组装阶段，以资源禀赋博取发展。随着外部环境的改变，产能过剩、人口红利消失、资源环境条件约束使我国制造业粗放型发展方式难以为继。在全球价值链地位攀升中我国制造业受到来自低端市场的激烈竞争，又受到来自发达国家的各种封锁，如何升级，靠什么升级，向什么方向升级是亟待解决的命题。

2015年，我国开始全面部署推进实施制造强国战略，提出以推进智能制造为主攻方向，促进产业转型升级，实现制造业由“大”变“强”的历史性跨越。同年，国务院发布《关于积极推进“互联网+”行动的指导意见》，强调必须要通过智能制造技术的提升来推动“互联网+制造业”的发展。随着新一轮工业革命的到来，云计算、大数据、物联网、人工智能等新一代信息技术在未来制造业中的作用显得愈发重要。2016年，国务院发布《关于深化制造业与互联网融合发展的指导意见》，指出要着力打造制造业互联网“双创”平台，为促进制造业转型升级提供新动力源。2017年，国务院印发《关于深化“互联网+先进制造业”发展工业互联网的指导意见》，指出要深入贯彻落实党的十九大精神，以全面支撑制造强国和网络强国建设为目标，围绕推动互联网和实体经济深度融合，聚焦发展智能、绿色的先进制造业，构建网络、平台、安全三大功能体系，增强“互联网+”产业供给能力，持续提升我国“互联网+”发展水平，深入推进“互联网+”，形成实体经济与网络相互促进、同步提升的良好格局，大力推动现代化经济体系建设。2018年，国家制造强国建设领导小组设立“互联网+”专项工作组，统筹协调我国“互联网+”发展全局性工作。工业和信息化部副部长辛国斌在“2018中国IT市场年会”上结合制造强国建设就“互联网+制造业”发展提出四点建议：一是以智能制造为主攻方向，加快培育新业态、新模式；二是要以制造业创

---

① 国家统计局.2018年三季度国内生产总值（GDP）初步核算结果［OL］.国家统计局官网，http：//www.stats.gov.cn/tjsj/zxfb/201810/t20181019_1628848.html.

新中心为核心节点，加快完善制造业创新体系；三是要以“互联网 +”为重要抓手，持续推动制造业与互联网深度融合；四是要以制造业双创平台为重要载体，积极营造大中小微企业融通发展的新生态。2019 年，工信部印发《工业和信息化部办公厅关于印发“5G + 工业互联网”512 工程推进方案的通知》，指出我国制造业数字转型的重要驱动力就是工业互联网和 5G 技术的应用，“互联网 +”驱动我国制造业发展是重要的发展方向。2020 年 10 月，中国共产党第十九届中央委员会第五次全体会议审议通过了《中共中央关于制定国民经济和社会发展第十四个五年规划和二〇三五年远景目标的建议》，提出要坚定不移建设制造强国、质量强国、网络强国、数字中国。

“互联网 +”在经济发展中已逐渐成为一种新的资源配置和集成方式，给未来注入新的动能，让制造业在新的环境中用新的方式充电，而这种充电方式更为方便、快捷、绿色，其动能也更为强劲。2018 年《世界互联网发展报告》显示，我国互联网发展指数排名全球第二位，市场规模排名世界第一位。第 42 次《互联网发展报告》显示，截至 2018 年 6 月 30 日，我国网民人数为 8.02 亿人，手机网民规模 7.88 亿人，占比 98.3%，互联网普及率为 57.7%；从 2018 年 1 月到同年 5 月，我国电子商务平台收入就突破 1164 亿元，同比增长 39%。在 2019 年春晚我国已经实现 5G 网络 4K 超高清直播，5G 商用已经进入制造业并将被大规模推广。IDC 公司预测 2019 年全球大数据市场规模可达到 486 亿美元①。这充分说明我国已经具备抓住新机遇的技术水平、基础设施、需求市场以及相应的政策支持体系，“互联网 +”已经成为拉动我国经济增长、推动产业优化的新引擎。鉴于此，本书将以制造业为研究对象，以“互联网 +”为切入点，通过对工业革命历史发展以及各国新工业革命浪潮发展的梳理和对比，尝试分析出新技术对制造业发展的影响，并系统探讨“互联网 +”对中国制造业升级的影响，揭示其发展规律与内在机理，提出基于“互联网 +”的中国制造业升级路径。

---

① ICD Forecast [OL]. Businesswire 官网，https://www.businesswire.com/news/home/20151109005070/en/New-IDC-Forecast-Sees-Worldwide-Big-Data，2015-9-9.

二、研究意义

（一）理论意义

1. 有助于对制造业升级理论进行有益补充。

“互联网+”发展时间较短，但其强大的驱动作用已经彰显出来。制造业升级一直是学界重视的话题，但是基于“互联网+”视角研究制造业升级的理论研究较为少见。本书以“互联网+”为切入点研究制造业升级的动力机制以及作用机理，对“互联网+”促进制造业升级进行研究与补充，试图丰富新工业革命中我国制造业升级的理论研究。

2. 有助于对马克思技术进步思想、创新理论与产业升级思想进行有益拓展。

技术创新与产业升级研究一直以来都被冠以西方经济学的名义，而政治经济学常被冠以概念的、历史的、随着时代变化而滞后的名义。本书将通过对制造业历史以及发展情况的梳理总结出影响制造业升级的动力因素，并运用马克思技术进步思想、社会再生产、社会分工等马克思相关理论就“互联网+”促进中国制造业升级进行具体分析，试图对技术进步与产业升级间的逻辑关系进行发展与完善，拓展马克思理论及其中国化在产业升级领域的研究。

3. 有助于对“互联网+”促进制造业升级进行有益检验。

本书首先通过规范分析对“互联网+”促进我国制造业升级进行研究，认为“互联网+”是实现制造业升级、实现实体经济新旧动能转换的关键所在，并对其动力机制以及作用机理进行分析；其次，通过实证分析对规范分析结果进行检验；最后，本书提出实现制造业大国的关键是要突破产业核心技术链瓶颈、实现市场驱动链构建及制度政策链支撑。

（二）现实意义

1. 提高我国对“互联网+”以及“互联网+制造业”的认识。

自2015年提出“互联网+”计划以来，我国在互联网信息技术应用以及产业跨界融合方面均取得了积极进展，但是仍有许多企业对“互联网+”的认识能力和运用能力需要提升。我国制造业在全球价值链中遭遇“低端难留，高端遇阻”的艰难困境，制造业整体生产率增速下降，而这一切发展的根本原因在于"互联网+"意识的普及不足。不少传统企业将其简单地理解为信息技术的运用，更有企业对其抱有拒绝的态度，这也使得新业态、新产品、新模式的发展面临障碍，进一步恶化跨界融合发展以及新技术人才培养。本书尝试拓宽"互联网+"研究视角，通过厘清"互联网+"以及制造业升级的概念和内涵，从历史和现实的两个维度解释和说明"互联网+"对制造业发展的重要意义。

2. 有利于探索新工业革命中适合我国制造业升级的有效路径。

历史不仅证明了我国制造业发展必须根植于我国特殊的国情，还对我国制造业提出了新的要求。现阶段我国制造业动力与压力并存，内力与外力共同作用，从制造业大国向制造业强国转型是中国制造业发展的历史选择。本书从"互联网+"技术、市场、政策对制造业结构升级以及价值链升级作用机理入手，提出我国制造业升级的路径建议，对新工业革命背景下我国制造业的进一步发展具有积极的现实意义。

3. 为我国"互联网+"促进制造业升级提供决策依据与政策建议。

"互联网+"促进制造业升级将会从多元复合路径、多元维度为制造业发展注入强劲动力。本书从历史维度和空间维度，动力机制和作用机理两个角度四个方面系统分析"互联网+"促进我国制造业升级的内在机理，本书阐述了通过全面提升制造模式、制造水平、市场需求结构、市场竞争能力、政策支撑能力可以实现制造业由劳动密集型向资本密集型、技术密集型方向升级。这些结论可以为"互联网+"促进制造业升级演化路径选择提供动力结构支撑方案以及政策建议，有利于我国"互联网+制造业"实践的开展。

第二节　国内外相关文献研究与评述

一、"互联网+"与制造业升级相关研究

（一）关于"互联网+"相关研究

马虎兆（2012）认为中国需要利用新技术革命走出与众不同的发展道路，昝胜锋等（2018）认为"互联网+"为各国提供了新的发展契机。

通识中“互联网+”的“+”就是一种连接，有人认为是对不同经济领域的连接，有人则认为是对不同生产方式的连接，或是一种产业与另一种产业在整个生产目标、生产过程以及销售过程之间的连接，包括产业的思维、资源、政策、技术、人才、商业模式等的融合。还有学者认为“+”就是plus，是一种更新和升级的模式。也有学者认为“互联网+”中的符号不仅代表“加法”，更是一种“乘除法”，是对各个行业融合后的要素进行重组，从而发挥最大效用的经济模式。赵振（2015）认为“互联网+”的实质就是实体经济与互联网虚拟经济的“跨界经营”，它会对传统产业和市场基础产生“创造性破坏”的作用。还有不少学者为“+”赋予了实际的概念，人工智能学会副理事长杨强（2015）认为“+”的浅层意义是连接，深层意义就是人工智能。马化腾对于“+”的理解总共有五个层级，第一个层级是通过“互+联+网”，打破物理与数字的隔阂；第二个层级是将互联网、移动互联网、物联网、万联网和产业互联网五网进行相加并融合；第三个层级是将人的发展融入互联网之中；第四个层级是将其他行业与互联网相融合，进行革新和发展；第五个层级就是连接一切①。《2015〈政府工作报告〉缩略词注释》中认为“互联网+”就是“充分发挥互联网在生产要素配置中的优化和集成作用，将互联网的创新成果深度融合于经济社会各领域之中，提升实体经济的创新力和生产力，形成更广泛的以互联网为基础设施和实现工具的经济发展新形态”。②

（二）关于制造业升级相关研究

制造业结构升级。结构高度化是在1960年日本国民收入倍增计划中被提出的，该计划要求产业结构从低效率生产部门占比较高，向高效率生产部门占比较高进行转变，尤其是要提高重化工行业的占比。库兹涅茨（Simon Smith Kuznets，1971）在通过对产业增长速度和结构变化相对关系进行分析后，根据美国制造业各行业在制造业总产值中所占份额和一定时段的增长率来分析产业高级化发展趋势，认为影响产业高级化的原因分别为：第一是在货物提供充沛的情况下，人的需求就从人均产值较低的“必需品”范围向人均产值较高的商品转移，需求结构的高度改变对生产结构

① 张晓峰，杜军，马化腾．互联网+：国家战略行动路线图［M］．北京：中信出版社，2015：22.

② 2015《政府工作报告》缩略词注释［OL］．中央政府门户网站，http：//www.gov.cn/xinwen/2015－03/11/content_2832629.htm.

产生影响；第二是对外贸易业务和对比优势导致一国国内生产结构的影响；第三是技术革新的速度以及扩散范围。孙福全（2006）认为制造业发展的不同阶段对于结构调整的要求不相同，产业结构的高度化是与合理化发展相伴随的，产业结构合理化是高度化发展的基础。产业结构的升级并不是简单的高级产业替代低级产业的过程，而应当是沿着提升产业竞争力的路径进行发展，所以在产业结构失衡时更重要的应当是调整产业结构合理化发展，兼顾高度化发展；等到产业结构合理化达到一定的协调状态时，在产业结构升级阶段，更重要的是产业结构高度化兼顾合理化。张正华（2011）认为在产业升级时首先需要考虑产业结构的合理化，其次产业升级可以按照产业结构合理化升级的方向演进，以达到产业结构的高度化。

制造业价值链升级。波特（Michael E. Porter，1985）提出价值链的概念，认为每一个企业都是进行设计、生产、营销、交货和辅助产品生产的各类活动的集合体。企业行为可串联成一条价值链来表示，价值链环节可以分解，这是全球价值链及增加值的概念基础。汉弗莱和施密茨（John Humphrey and Hubert Schmitz，2002）认为价值链升级将经历工艺升级、产品升级、功能升级和价值链升级四个升级阶段，推动产业升级的最大动力就是创新体系的建立。随着经济一体化发展，越来越多参与低端生产制造的国家涌现，在“低端难留，高端遇阻”的价值链分工下，我国制造业如何破解“路径依赖”与“低端锁定”成为重点，对此我国学者从多个角度都进行过分析。梁运文、劳可夫（2010）认为中国构建核心技术对发达国家造成威胁，发达国家政府、企业通过知识产权、贸易壁垒来割裂我国制造业创新驱动能力；被俘获后，中国企业怠于且难以通过技术创新来取代劳动力优势，“需求排挤与替代”效应产生，进一步被“低端锁定”。应当通过建立国家“创新驱动”发展传导机制，以构建开放条件下的国家钻石体系“创新驱动”的地理空间，为创新驱动制造业发展创造可能性。

钱书法（2013）从马克思社会分工理论视角进行研究，认为价值链攀升可以依靠分工、创新、市场内生互动，如图 0 - 1 所示，基于自主创新“推力”和国内需求“拉力”的联动基础进行构建性升级。陈启斐、刘志彪（2013）认为在嵌入全球价值链后，随着我国制造业成本越来越高，利润空间越来越小，被掌控产品定价权的跨国公司不断压榨，应当通过重构国内价值链，增加迂回生产层次积累创新要素，并通过实施反向服务外包战略获取价值链升级。曾繁华等（2016）提出通过实施创新驱动制造业转型升级战略，推动我国制造业由全球价值链低端环节向全球价值链高端环节跃迁。李艳、柳士昌（2018）认为我国产业出口的附加值率仍在上升，我国产业没有被“低端锁定”，全球价值链下产业能够获得高质量的发展和升级，所以应当扩大开发程度，更多地加入全球价值链。

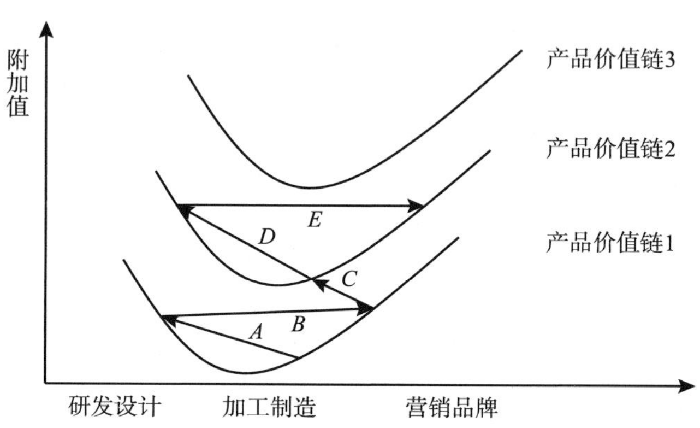

图0-1 基于分工与创新内生互动关系的攀升路径

资料来源：钱书法．分工演进、组织创新与经济进步［M］．北京：经济科学出版社，2013：332-339.

二、“互联网+”促进制造业升级相关研究

（一）“互联网+”与制造业升级影响机制研究

1.“互联网+”技术对制造业的影响机制。

邬贺铨（2017）认为“互联网+”将是传统企业发展的新引擎。宫崎等（Miyazaki et al.，2012）通过使用日本经济部的信息与通信技术调查数据考察了信息通信技术（ICT）技术发展阶段对企业全要素生产率的影响，结果发现ICT对生产率的影响是伴随着技术水平的提高而增大的。卡多纳等（Cardona et al.，2013）通过文献梳理的方式从理论和实证两方面进行研究，发现ICT技术会影响产业的技术效率、组织形式和产业竞争力进而对产业结构产生优化升级的作用。“互联网+”技术的使用也能促使制造业企业的生产效率提升，克拉克等（Clarke et al.，2015）利用100多个发展中国家的企业数据进行实证研究，发现随着“互联网+”技术使用程度和范围的不断提高和扩大，企业的生产率和增长率都得到了提高，并

且在小规模企业中这种影响更加显著。金等（Kim et al.，2016）从企业和产业两个层面出发，认为 ICT 技术是开放技术创新活动的决定因素，并通过对韩国通信技术制造业的研究提出 ICT 有效促进和提高了制造业技术创新能力。谭清美和陈静（2016）通过实证研究发现信息化发展水平与制造业升级呈现倒 U 形关系，制造业发展会随着信息化水平的不断提高先转型升级，当信息化程度发展到一定水平之后，也即达到拐点之后，信息化水平的提高对制造业升级的促进作用呈下降趋势。纪玉俊和张彦彦（2017）认为“互联网+”技术可以作为信息产品投入制造业生产中，从而降低制造业的生产成本，提高劳动生产率，促进制造业升级。

2. “互联网+”新业态、新模式、新市场、新政策对制造业影响机制。

通过新业态、新模式、新市场创造了新的市场交易机制、新的市场机会，制造业形成了以市场需求为根本导向的新竞争环境。李海舰等（2014）认为所有企业想跟上时代的步伐必须要接受互联网思维和理念的深度融合。童有好（2015）认为“互联网+制造业”是一项系统工程，需要充分发挥政府的推动和引导作用，积极发挥社会机构的支撑和服务作用，多管齐下协同推进。云等（Yun et al.，2016）通过对智能手机市场的分析认为，“互联网+”新模式促进了智能手机行业的开放创新。阿卜杜拉等（Abdul et al.，2016）通过研究发现，ICT 产业劳动生产率发展速度受到政府行为的影响。杜传忠等（2016）认为互联网通过对制造业生产方式、商业模式、价值链、管理模式的改变而促进制造业升级。邢纪红等（2017）认为，互联网信息技术与制造业的融合促使商业世界变得日益紧密和扁平化，同时“互联网+”创新企业的运营模式，重构供需关系。耿超等（2018）认为“互联网+”形成了新的负载网络协作关系，通过改善制造业协作关系的质量提升绩效，促进制造业优化升级。何大安（2018）认为“数据与数据的对话”将解决资源配置的问题，并形成由互联网竞争平台驱动的新制造业产业组织结构。杨德明等（2018）通过采用 2013～2015 年中国上市公司相关数据研究证明“互联网+”通过差异化显著促进企业业绩提升。岳云嵩等（2018）通过构建多目的国、多产品异质性贸易理论模型考察电子商务平台应用通过市场需求、企业生产、企业决策对企业出口绩效的影响。王孝莹（2018）认为，“互联网+”制造业的融合发展离不开信息技术服务方面政策、金融融资方面政策、国际交流方面政策、法律以及制度体系的支持。

（二）“互联网+”促进制造业升级作用机理研究

1. “互联网+”对制造业结构升级的影响。

辜胜阻（2016）认为传统产业将会通过“互联网+”进行新一轮的优化升级。吕明元等（2016）通过实证研究发现“互联网+”技术对能源效率和产业结构可持续化发展具有一定的促进作用。王娟（2016）从理论上分析发现“互联网+”可以通过降低交易成本、改造供应链和提升人力资本来促进产业内升级；随后利用世界银行对中国企业的调查数据进行实证研究发现“互联网+”对资本密集型制造业和技术密集型制造业劳动生产率的提升起到了显著的促进作用。斯拉埃尔等（Srai et al.，2016）通过研究发现分布式制造促进产业结构规模化、集约化发展。

2. “互联网+”对制造业价值链升级的影响。

孔翰宁（Kagermann，2015）认为现实世界和虚拟世界的持续融合将是工业发展的主要动力，提升增加值的关键在于利用平台合作和创新。王喜文（2015）认为“互联网+”通过信息共享和物流共享重塑价值分享和价值创造模式，让制造业告别“微笑曲线”。杜传忠等（2017）认为，以大数据、云计算、物联网为特征的第四次工业革命将会重构全球价值链，对我国而言既是机遇也是挑战，应当加快智能制造的发展。马里伦戈等（Marilungo et al.，2017）认为通过ICT技术带来的新模式可以赋予制造业可持续创新能力，提升制造业增加值并满足客户需求。王孝莹（2018）认为“互联网+”的快速发展促进了制造业生产性产品与服务的附加值的增加，抓住“互联网+”的机遇，通过“互联网+”制造业融合发展，提升制造业全球价值链地位。

（三）“互联网+”促进制造业升级实证研究

惠宁（2016）通过对中国30个省份在2003~2013年间的面板数据进行分析，认为互联网对产业结构高级化具有促进作用。莫斯理等（Moshiri et al.，2016）通过对加拿大ICT技术溢出效应和时间变化效应的研究发现ICT对制造业行业生产率提升产生了积极影响。纪玉俊等（2017）通过对中国30个省份2004~2013年间面板数据的实证研究发现“互联网+”对制造业升级具有积极的促进作用。郭朝晖等（2017）基于2005~2014年间长江经济带面板数据进行实证检验显示，“互联网+”对产业结构有明显的正向促进作用。石喜爱等（2017）通过对2003~2014年间中国省级面板数据进行实证分析得出“互联网+”促进了我国制造业高度化、合理化升级。王欠欠、夏杰长（2018）利用2000~2014年间世界投入产出表数据，通过实证证明互联网有效降低企业成本已经成为提升国家竞争力的关键力量，应当大力发展互联网在制造业价值链升级中的作用。石喜爱、李廉水（2018）通过实证分析得出“互联网+”促进制造业价值链升级，且促进其他地区制造业协同发展。魏艳秋等（2018）应用DEA数据包络分析法对全国时序数据和省际截面数据进行分析，从综合效率、规模效率、纯技术效率及投影分析四个方面研究“互联网+”助推制造业升级。王可等（2018）利用2012年世界银行对中国企业调查数据进行实证研究发现，“互联网+”提高了制造业供应链上下游企业之间的信息分享意愿，促进了创新。

（四）“互联网+”促进制造业升级路径研究

波萨达等（Posada et al.，2015）认为世界先进制造业国家的发展趋势就是抓住革命性的浪潮：以网络空间和与网络空间相互连接的工业4.0、工业互联网和未来工厂。童有好（2015）认为，制造服务一体化是实现创新发展的制造新范式，通过将制造、研发以及服务相融合，将技术与服务都凝结在产品中。童有好认为制造业服务化已成为引领制造业升级的重要途径。王等（Wang et al.，2015）认为新的方式、新的技术、新的需求和新的模式促使制造业走向智能制造和绿色制造升级路径。肖斌、赖新峰（2015）认为“互联网+”语境下的企业和个体需要网络监管制度与法治建设，国家应尽快出台制造业的具体实施细则，加强“互联网+”的创新政策以及互联网法制建设，完善企业和个人的诚信平台。朱蓉（2016）认为各级政府要树立“互联网+”工作理念，实现互联网和制造业管理一体化，强化政策支持。辜胜阻（2016）认为推动“互联网+”发展要以硬件为基础，以法律为保障，以政策为引导，优化“互联网+”发展环境。陶永、王田苗等（2016）分析了受互联网等新一代信息技术迅猛发展影响，制造业智能化、服务化、绿色化发展趋势，探讨了基于“互联网+”制造业全生命周期的设计、制造与服务一体化的发展路径。费洪平（2017）提出以新一代信息技术为核心构建产业高端化、信息化、集群化、融合化、生态化、国际化发展路径。夏（Xia，2017）认为中国制造业需要改变原有粗放型发展方式，促进制造业高质量、高水平发展需要智能制造助力。

三、国内外研究现状评价

学者们对“互联网+”与制造业发展从不同视角给予了关注，提出了一些可参考与借鉴的解决方案和政策建议，但如下问题仍须深入研究。

在研究视角上：较少有学者从历史维度和空间维度对“互联网+”以及制造业升级进行研究，也较少有学者以“互联网+”为视角通过以规范分析与实证分析两方面来研究制造业发展问题。前人有关制造业发展的研究较多是从技术创新视角或者两化融合视角进行研究，随着新工业革命的到来也有学者从“互联网+”视角或“互联网+制造业”视角研究制造业升级问题，但结合历史维度和空间维度、从规范分析与实证分析两方面开展制造业升级机理及路径的研究相对较少。

在理论支撑上：“互联网+”驱动制造业发展相应的经济学与管理学理论基础、一般规律、动力来源与作用机理等问题均有很大探索空间，从政治经济学角度对“制造业升级”“技术创新”进行研究更是鲜少。前人对制造业升级发展研究较多，由于制造业升级是一个复杂的课题，现有研究多从某个角度予以梳理，但是也可能对研究的问题产生割裂效益，比较难以了解到“互联网+”对制造业升级的全面影响。关于“互联网+”促进制造业升级，已有学者分别从产业结构和价值链两个方向展开实证研究，但未见系统地进行规范分析。

在研究内容上：“互联网+”促进制造业升级机理及路径研究还很薄弱。学者多以创新驱动制造业升级为研究内容，对“互联网+”是否促进了制造业升级仍存在争议，对于“互联网+”如何促进制造业的升级，“互联网+”促进制造业升级的进一步发展路径等问题仍未予以作答。随着“互联网+”进一步的发展，需要对“互联网+”促进制造业升级的理论基础、作用机理、动力结构以及路径选择等方面展开更进一步的研究和拓展，对于促进我国“互联网+”发展以及制造业发展均有裨益。

在实证研究上：“互联网+”促进制造业升级的实证研究有待进一步加强。已有文献对信息技术或是“互联网+”技术与制造业升级展开研究，为本书的研究奠定了基础。但已有研究中在以下两方面还需要进一步研究，第一，已有几篇文献在指标选取方法上过于雷同，采取“互联网+”指标以互联网普及率与电信固定资产投资的乘积来表示，对于“互联网+”

指标的建立还需进一步拓展；第二，本书认为“互联网+”与制造业升级之间存在双向影响关系，即“互联网+”对制造业升级存在影响，同时制造业升级的过程也会促进“互联网+”水平的提高，这意味着“互联网+”与制造业升级存在着互为因果的内生性，但是已有文献均忽略了“互联网+”与制造业升级内生性关系，应当予以进一步研究。

故而本书在已有研究之上，通过对历史维度和空间维度的归纳比较分析，采用规范分析与实证分析对“互联网+”对制造业结构升级和价值链升级两个方面的作用机理进行系统研究，并提出我国“互联网+”促进制造业升级的路径选择，从而对已有研究进行补充和拓展。

第三节　研究思路、研究内容与研究方法

一、研究思路

本书以第四次工业革命及我国工业和信息化高质量发展、加快建设制造强国和网络强国战略需求为背景，立足当前及未来“互联网+”与制造业深度融合的发展情况，深入剖析“互联网+”促进制造业升级的机遇和升级的必然性，以制造业结构升级规律以及制造业全球价值链升级规律的探索为主线，在系统梳理前沿文献基础上，利用规范分析与实证分析等相结合的研究方法，进一步研究“互联网+”促进制造业升级的机理与路径，试图为中国制造业进一步升级，从制造业大国变身制造业强国提供决策理论基础与政策工具选择。

本书的研究内容主要分为以下四个部分。

第一部分是绪论和第一章。绪论部分主要对本书的研究背景、研究意义、文献评述、研究思路、研究内容、研究方法以及主要创新点和存在的不足加以概括。第一章主要通过对相关概念和内涵的厘清，对马克思技术进步思想与产业升级逻辑关系以及西方创新理论与产业结构升级和全球价值链升级间逻辑关系进行梳理，为本书开展研究打好理论基础。

第二部分包括第二章和第三章，通过历史维度和空间维度对“互联网+”促进制造业升级的必然性和面临挑战进行分析。第二章首先通过对历次工业革命与制造业发展规律进行总结指出影响制造业发展的因素；并通过新

工业革命争论与制造业范式演化过程梳理总结出历史维度中“互联网+制造业”升级的历史机遇与挑战。第三章通过对德、美、日三国“互联网+制造业”战略进行梳理对比，总结出各国先进制造业战略共性及关键；并通过对我国工业和信息化高质量发展、加快建设制造强国和网络强国战略的分析，总结出我国制造业发展的内涵和关键；在此基础上，对空间维度下“互联网+制造业”发展的战略机遇与面临挑战进行分析。

第三部分是第四章和第五章，对“互联网+”促进制造业升级机理进行规范分析与实证分析。第四章首先对“互联网+”促进制造业升级动力机理进行理论分析；根据第二章在历史维度总结出影响制造业升级的五个要素，结合马克思理论、佩蕾丝技术—经济—制度协同演化模型、罗默经济增长四要素模型以及技术创新动力三元论模型，确定“互联网+”由技术驱动力、市场拉动力和政策支撑力所形成的聚合力；其次，通过对社会总生产模型的拓展，结合产业内不同要素密集型制造业发展特征对“互联网+”促进制造业升级作用机理进行分析，并从制造业产业结构视角和制造业价值链视角对“互联网+”促进制造业升级作用机理进行分析。第五章首先构建“互联网+”综合发展水平评价指标体系，并对中国31个省份的“互联网+”综合发展水平进行测算和分类。其次，在理论分析“互联网+”对中国制造业升级作用机理的基础上，利用系统GMM计量方法对中国2007~2016年间30个省份的面板数据进行实证检验（由于西藏数据缺失较严重，故将其剔除）。结果表明“互联网+”显著地促进了中国制造业升级。

第四部分是本书第六章和结论。主要探讨“互联网+”促进制造业升级的路径选择。根据理论分析和实证分析的结果，本书提出构建“互联网+”促进制造业升级技术驱动链、促进制造业升级市场驱动链以及促进制造业升级政策驱动链的结论。最后是结论及展望，通过对本书研究结论的总结，对未来研究方向进行设计。

二、研究框架

本书的研究框架如图0-2所示。

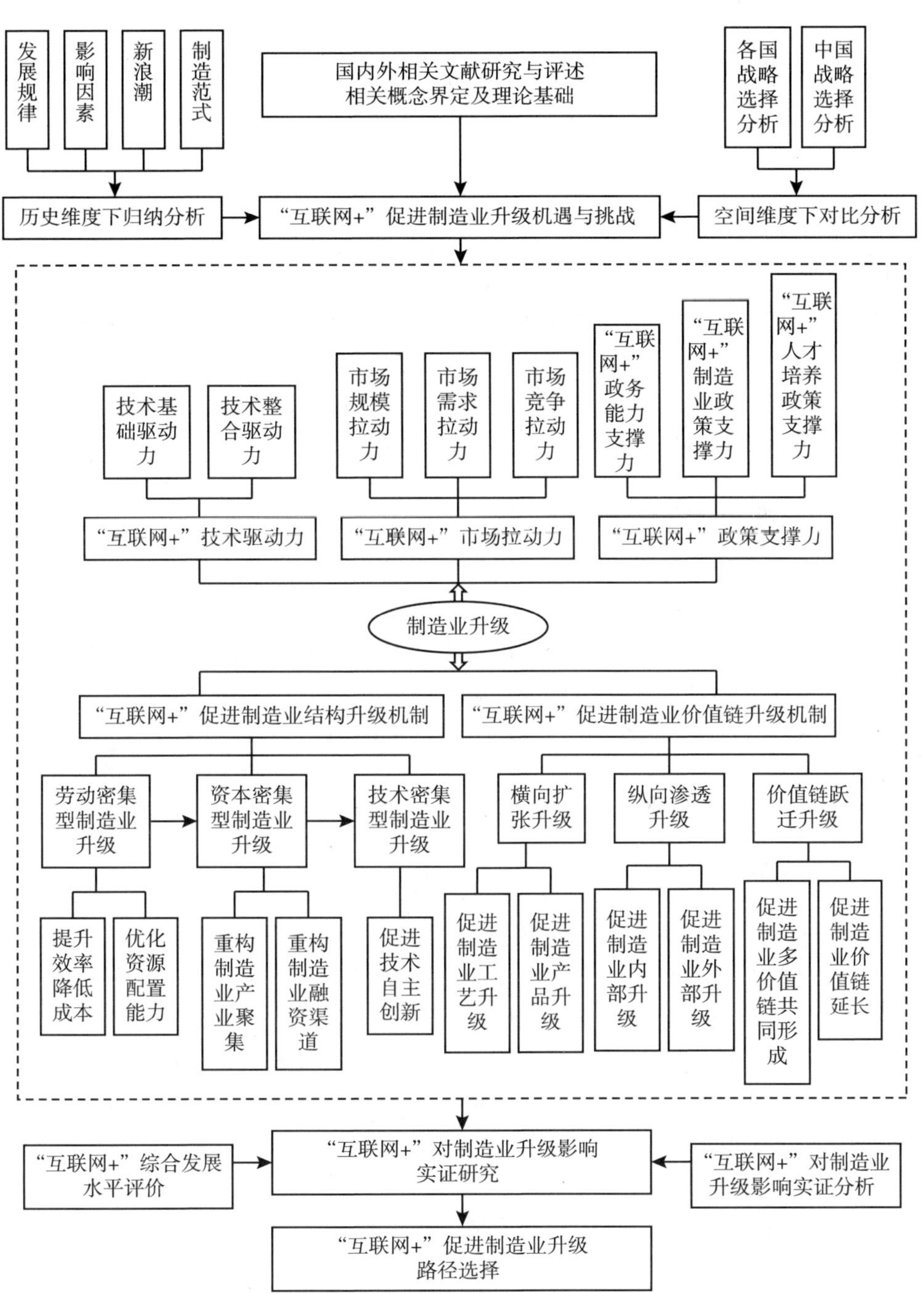

图 0-2　本书研究框架结构示意图

三、研究方法

（一）文献研究法

本书的形成是建立在对大量的统计数据及以往研究成果的分析基础上，包含大量的资料收集与总结工作。本书运用文献研究方法对国内外有关“互联网 +”与制造业升级的相关研究进行综述及评价，厘清本书研究目的及意义，发现现有研究不足及空白之处，找到新的视角与切入点加以研究。并且通过对已有文献中的相关概念及理论进行梳理及分析，从而对本书中用到的一些新概念和新内涵进行界定和解释。

（二）规范分析与实证分析相结合

首先本书采用规范分析法，通过历史经验和国内外对比分析总结我国“互联网 +”促进制造业升级的机遇与挑战。其次通过马克思技术进步思想与产业升级理论、西方创新理论与产业升级理论对“互联网 +”促进制造业升级动力因素与作用机理进行系统研究。最后在此研究基础上，采用实证分析方法构建“互联网 +”综合发展水平指标体系，并对“互联网 +”促进制造业升级进行数据定量分析，从而得出“互联网 +”对不同要素密集型制造业升级的影响，形成定性与定量有机结合。

（三）历史分析与比较分析相结合

基于历史分析方法，本书梳理和回顾工业革命与制造业发展历史过程，总结制造业升级一般规律以及制造业发展影响因素，再结合对新工业革命争论以及制造范式演化的梳理，提出“互联网 +”是我国制造业发展的新方向和关键，为我国“互联网 +”促进制造业升级提供启示思路。本书选取德、美、日三国为研究比较对象，通过对三国“互联网 + 制造业”战略梳理与对比，提出“互联网 +”是各国先进制造业战略发展核心；再对我国工业和信息化高质量发展、加快建设制造强国和网络强国战略进行分析后，提出应当结合我国自身国情，总结和学习他国先进经验，为我国“互联网 +”促进制造业升级提供借鉴思路。通过历史分析和比较分析总结我国“互联网 +”促进制造业升级的机遇与挑战，更好地为我国“互联网 +”促进制造业升级提供参考。

第四节 可能的创新与不足

一、可能的创新之处

围绕“互联网+”促进制造业升级机理与路径，本书从三方面展开研究。第一，“互联网+”与制造业发展的机遇和挑战是什么？第二，“互联网+”促进制造业升级的动力因素和作用机理是什么？第三，“互联网+”促进制造业升级的发展路径是什么？基于以上三个方面，本书可能的创新有以下三点。

第一，补充和完善“互联网+”相关概念和认识，明晰“互联网+”促进制造业升级的发展方向。本书结合历史维度和空间维度对“互联网+”作为新浪潮的关键予以分析，指出“互联网+”与制造业发展的机遇和挑战，并对我国当前普遍存在的对“互联网+”认识不足和认识不清的现况进行改善。此外，本书通过马克思技术进步思想与产业升级理论的指导建立“互联网+”技术基础模型和“互联网+”技术融合模型，提出“互联网+”三要素聚合力，对“互联网+”促进制造业升级相关概念和认识进行补充和完善。

第二，构建“互联网+”促进制造业升级的理论框架。本书在相关理论基础、作用机理、动力结构以及路径选择等方面展开更进一步的研究和拓展，为我国“互联网+”发展以及制造业发展提供参考。本书在厘清“互联网+”与制造业发展机遇和挑战基础之上，构建“互联网+”促进制造业升级研究框架，通过对“互联网+”促进制造业升级动力因素以及制造业结构和制造业价值链作用机理的研究，提出“互联网+”促进制造业升级技术驱动链、市场驱动链以及政策驱动链三个路径选择，其中构建“互联网+”促进制造业升级技术驱动链是我国制造业强国战略的关键，构建“互联网+”促进制造业升级市场驱动链是我国制造业强国战略的核心，而构建“互联网+”驱动制造业升级政策驱动链则是我国制造业强国战略的刚需。

第三，补充和完善“互联网+”促进制造业升级的实证研究。一方面，本书构建了“互联网+”综合发展水平评价指标体系，并使用聚类分析方法对我国各省份“互联网+”综合发展水平进行评价；另一方面，本书对“互联网+”与制造业升级的内生性关系进行研究，通过采用系统GMM方法尽可能减少“互联网+”与制造业升级二者之间的内生性来考察“互联网+”技术的发展对制造业升级的影响，并进一步深入分析和检验“互联网+”影响制造业升级的途径。

二、不足之处

尽管已经做了大量的研究和努力，但由于中国制造业升级是一个内容层次丰富复杂的研究，加上本人知识的局限，本书仍存在许多不足，需要继续的学习和完善。

第一，指标选取和测度方法需要进步学习和改进；第二，数据收集存在困难，使结果存在偏差；第三，由于篇幅和精力限制，本书仅针对劳动密集型、资本密集型、技术密集型开展具体研究，未能深入具体行业进行分析；第四，对于不同制造业分类的各类学说并未进行深入研究，可以考虑在吸收借鉴更多分类标准的基础上再次进行实证分析研究。

第一章

相关概念界定及理论基础

第一节　基本概念界定

在中国科学院第十七次院士大会、中国工程院第十二次院士大会上，习近平总书记引用儒家经典之作《大学》中“苟日新，日日新，又日新”这句名言来谈创新，这句简单的名言更是包含了创新发展之路的无限可能。从二百余年前蒸汽机的出现，到百余年前电力的运用再到今天的互联网技术，创新一直在源源不断地为经济发展注入新活力，并影响到经济社会生活的方方面面。互联网信息技术的广泛使用更是形成了全新的生产要素、全新的产业和产品，在互联网信息技术基础上形成的“互联网+”已经敲开了新工业革命的大门，突破技术的界限，用融合之力打破惯常的制造模式、组织模式以及商业模式，为又一场关于生产力和生产关系的革命吹响号角。

一、“互联网+”相关概念界定

我们正处于一个大变革的时代，一个农业文明褪去，工业文明淡化，信息文明以超出历史指数幂速度奔跑的时代。互联网已经在不知不觉中将代码编入了我们生活的点点滴滴，难以察觉，却又无处不在。而“互联网+”的发展，也由此应运而生。

（一）“互联网+”起源与发展

2011 年中国进入“互联网+”时代，这一年也被称为“互联网+”元年，标志性的事件就是大型企业“触电提速”。事实上，“互联网+”这个词语首次出现是于扬在 2012 年提出的，于扬认为“互联网+”是一种由传统行业提供的服务以及产品与新兴技术融合后产生的新商机。2013 年 11 月 6 日，一场名为“先知先行先见”的论坛邀请了阿里巴巴的马云、腾讯的马化腾以及中国平安保险的马明哲，即被业界戏称为“云里雾里”的三马论坛。在这次论坛上，马化腾在回答郭广昌提出的关于互联网与传统金融问题时提到“互联网加传统行业”，认为是一种能够提升传统行业的新能力、新资源。三天后，马化腾再次在腾讯 WE 大会上通过《通向互联网未来的七个路标》提出“互联网+”。2014 年 4 月，马化腾在《人民日报》专访中再次提到，“互联网+”作为一个发展趋势将要与各个行业发生化学反应。同年，“互联网金融”一词出现在 2014 年《政府工作报告》中。次年，马化腾作为人大代表，带着议案《关于以“互联网+”为驱动，推进我国经济社会创新发展的建议》出现在两会上。议案中提到“互联网+”是一种在传统行业中融合信息技术的新生态、新平台，这种新生态可以连接信息技术和各个行业，可以创造新产品、新的商业模式，并驱动传统行业转型升级。

“互联网+”再一次出现是在 2015 年《政府工作报告》中，此时“互联网+”不再只是一种概念，而是已经成为国家战略。“互联网+”计划的提出激起了各界热议。涉及了“新商机”“新动力”“新模式”“新产品”，许多行业、学者都对“互联网+”赋予新的内涵。阿里研究院发布的《互联网+研究报告》认为“互联网+”是技术的应用过程；李彦宏在接受采访谈时谈到“互联网+”是一种结合方式，并举了线上线下结合卖电影票的例子来说明互联网和传统产业的结合；北京大学黄璜教授认为“互联网+”就是升级版的两化，关键在于创新。

2015 年 3 月 11 日，国家发改委通过中国政府网发布《2015〈政府工作报告〉缩略词注释》，并对“互联网+”计划界定官方版定义，注释中将“互联网+”解释为一种新的经济形态。“充分发挥互联网在生产要素配置中的优化和集成作用，将互联网的创新成果深度融合于经济社会各领域之中，提升实体经济的创新力和生产力，形成更广泛的以互联网为基础设施和实现工具的经济发展新形态。”[①]在进入“新常态”后，我国经济发展也进入平台期，遭遇前所未有的矛盾，而“互联网＋”就是中国发展的新方向、新动力。首先，“互联网＋”经济发展需要优化和集成生产要素，将不同产业的市场、技术、资源等各要素重新整合，找到更好的排列组合方式，融入互联网技术以达到更大的网络效应和协同效应。其次，加大加深互联网创新成果的运用，推动互联网从技术工具向互联网平台演变，进一步形成跨界融合的新业态，通过大众创业、万众创新为创新融入新活力，推动实体经济“飞起来”。亦如李克强总理所述，站在“互联网＋”风口顺势而上。最后，“互联网＋”的基础是技术的崛起，是基于物联网、大数据、云计算、人工智能等信息技术引导出的“万物互联”。在风起云涌的创新2.0时代，互联网也成为一种公共基础设施和生产要素，科技的发展和科学的进步仍然需要技术的再一步创新、基础设施建设的进一步完善和思维的进一步拓展。

（二）“互联网＋”相关概念

提起“互联网＋”，人们常常会问互联网是什么，“＋”是什么，“＋”些什么，为什么是“互联网＋”，而不是“＋互联网”。近30年来，互联网技术不断得到发展，但是为什么当互联网与其他产业融合时就能形成新的驱动力，甚至有革命性的创新？一系列的符号和已经火热了许久的互联网之间真的能够产生那么大的火花？这就必须要讨论一下“互联网＋”的内涵，在讨论其内涵之前我们需要厘清各个名称的来源和概念。

1. 互联网。

1969年，美国采用分组交换技术建成一种信息处理网络——“阿帕”（ARPAnet）。“阿帕”的出现是为了将美国几个研究院与军事基地的计算机连接起来，这是互联网的最初形态。20世纪80年代中期，美国国家科学基金会在“阿帕”网络基础上通过利用通信技术与计算机技术的结合，建立“美国国家科学基金会网络”（NSFnet），“美国国家科学基金会网络”连接了5个超级计算机作为互联网基础，并呼吁各个研发中心、政府机构等主体将计算机予以连接，以此实现计算机之间的联结。所以，互联网就是通过技术手段，联通各计算机终端的一种网络。互联网发展到今天，已经不仅限于计算机终端，还包含了有限网络互联终端、无线网络互

---

① 2015《政府工作报告》缩略词注释［OL］. 中央政府门户网站，http：//www.gov.cn/xinwen/2015－03/11/content_2832629.htm，2015－3－15.

联终端、移动互联终端等类型的终端互联。互联网技术就是能够实现这些终端互联的信息技术，包括硬件技术、软件技术和应用技术。

2. “互联网+”与“+互联网”。

不少涉及“互联网+”的书籍中都有一个通俗的解释，“互联网+”是与其他行业做了一个化学反应，而“+互联网”是其他行业与互联网做了一个物理反应。“+互联网”是将互联网作为一种技术或工具，它的主体是企业，核心是生产，目标是以技术的发展推动企业的生产和营销以达到提升效率、扩大销售的作用。“互联网+”的主体仍然是企业，但“互联网+”不再以生产为中心，而是强调新的生产模式和组织形式，鼓励消费者参与生产、参与创造。“互联网+”的最终目标是打破简单的人与物、物与物之间的关联，更注重消费者权益和需求，提供个性化服务和产品，以互联网为物质基础和技术条件连接人与人，创造人与人之间全新对话方式的社会化分工机制①。把“+”放在旁边是工具，放在前面是渠道，而我们应该把它放在脚下，以新技术和技术的融合驱动力帮助我们实施“互联网+”的化学反应。

3. “互联网+”内涵。

李克强总理在第十二届全国人民代表大会第三次会议上提出，“互联网+”的内涵更丰富、更深刻、更有时代特征，初始的互联网技术渗透社会发展的每个角落，包括军事、文化、经济、教育、医疗等都融合互联网技术，并因此得到新的社会发展模式。在这个新的社会模式中，任何一个主体都是“互联网+”连接的主体，同样也是“互联网+”连接的对象。我们认为对“互联网+”内涵的理解应从以下五个方面来看。

第一，从历史发展角度来看，“互联网+”是新工业革命的发展方向。工业化是顺应技术革命浪潮发展的方向一同演进的，人类文化、经济社会的发展是一个动态过程，历史的每一次发展和演变都是一个机会，也是一个挑战，每一个参与其中的国家都必须作出选择。“互联网+”作为历史新时代中发展和演变的关键节点，如果能够被积极把握并且积极作出相应的调整和优化，则会实现迅速发展。在过去的半个世纪中，我国一直在积极发展基础建设，并取得相当的成绩，但是传统的发展方式显然不能再对我国经济发展起到更大的推动作用。“互联网+”的发展和把握，是新工业革命下我国经济发展对新动力的需求和必然要求。

① 孔剑平，黄卫挺．互联网+：政府与企业行动指南［M］．北京：中信出版社，2015：11-13.

第二，从需求角度来看，“互联网＋”是人类社会发展到一定阶段后为满足经济发展和人的需求而产生的新兴产物。“需要”使人类得以延续，“需要”使文明得到发展，“需要”使夜晚灯火通明，“需要”对科学技术发展意义非凡，就像乔治·萨顿在《科学的历史》中所述“需要是技术之母”。这种新的需求产生了新的目标，为了解决经济发展和人类需求之间的矛盾，科学技术不断发展。从简单的信息互联到万物互联，从简单的人机操作到今天的人工智能，新生事物进一步激发了经济发展和人的需求，再一次应运产生新的技术。

第三，从技术进步角度来看，“互联网＋”是因技术发展的累积和延伸所产生的结果。从信息化时代到互联网时代，再到“互联网＋”时代，纵观技术发展史，我们不难看出每一次社会大变革背后都是生产力在予以推动，生产力的发展都伴随着技术的不断累积、增强和自我进化。从历史的纵向上看，如图1－1所示，自公元前4000年前农业时代的锄头镰刀发展到1764年开启工业时代的机械设备，再到1946年信息时代的信息技术，技术的发展和生产工具的使用，都反映着当时的生产力水平。从历史的横向发展上看，自1946年信息革命掀起知识经济社会来临的浪潮，全球经济增长进入了新高潮。在“互联网＋”时代各国政府纷纷制定适合本国发展的战略坐标，即智能生产和智能工厂。技术进步就是对过往实践的总结和积累，并不断进行更迭和延伸。随着生产工具的广泛运用，技术又将再一次提升生产力，周而复始，螺旋上升。

第四，从资源配置角度来看，“互联网＋”是对生产要素的补充以及重新配置，如图1－1所示。自工业革命以来，经济的崛起常常伴随着对资源的占有、掠夺和消耗，但是资源的不可再生性导致资源日益匮乏，资源的过度使用导致环境污染、生态失衡。如何补充新的生产要素，如何解决经济发展和环境保护间的矛盾？“互联网＋”的出现，大大缓解了这一问题，它是经济社会可持续发展的必然要求。农业经济的生产要素主要是土地和劳动力，工业经济的生产要素主要是资本与能源，发展到知识经济的今天，信息和知识已经成为我们主要的生产要素，信息技术进步、“互联网＋”出现，都是对我们这个历史阶段生产资源的补充以及革新。此外，为了更好地提高经济效率，提升经济发展质量，还需要对原有资源进行重新配置，“互联网＋”在补充资源丰富性的同时，通过其互联网技术的优势更快更广更好地将信息进行传递和交流，从而引导生产要素的合理配置，优化经济的调控能力和管理水平。

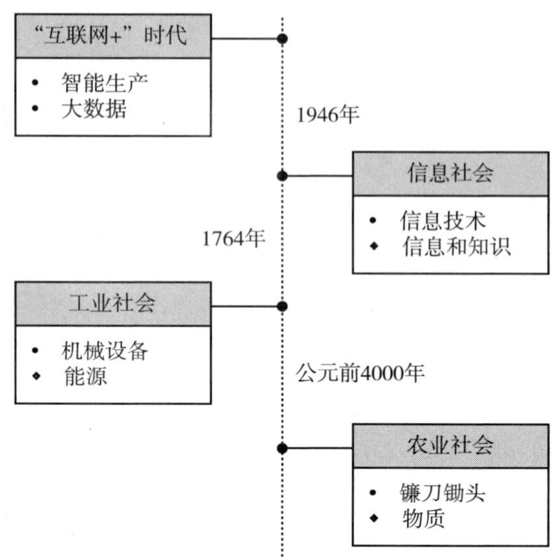

图1－1 生产工具（●）及生产要素（◆）发展示意图

资料来源：经作者总结整理所得。

第五，从辩证唯物观角度来看，技术是生产力的范畴，“互联网+”就是生产力的进步，也是生产力发展的客观必然，是不以人的意志为转移的，但它又是人的本质力量。“互联网+”时代的生产工具、劳动对象以及劳动者都发生了突破性的发展，人类征服自然、改造自然的能力得到了进一步的提升。

“互联网+”新模式与制造业擦出的火花打开了寻找新业态、新需求、新市场和新的经济增量的大门。让“互联网+”的思想、体验融入制造过程、最终产品和服务，进行要素的优化配置，解决生产效率和消费效率矛盾，提升生产力并进一步推进技术的变革是“互联网+”的内涵所在。如图1－2所示，“互联网+”不是简单的技术运用，也不是一味地强调新形态、颠覆传统经济的某种新思想。本书所述的“互联网+”包含技术基础驱动力以及技术与其他产业融合产生的融合驱动力，具体来讲就是运用物联网、大数据、云计算、人工智能等新兴技术刺激信息的交流，通过平台、数据、算法、芯片等更先进的技术以及技术和产业之间相互融合来推动高附加值产业的顶尖突破，加速相对落后产业升级，促进经济高质量发展的新动能。

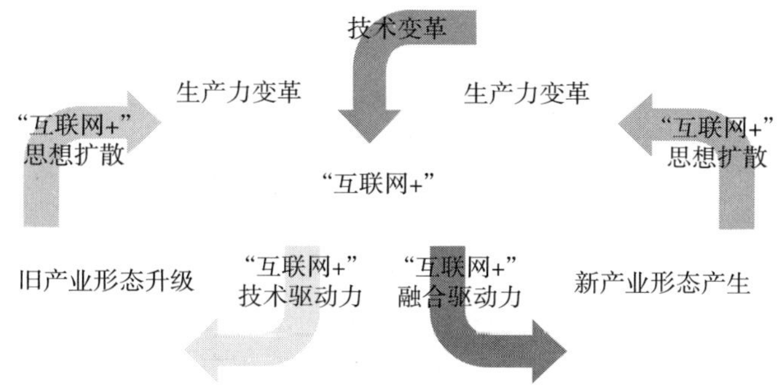

图 1-2 "互联网+"与产业升级的逻辑架构

资料来源：经作者总结整理所得。

二、制造业升级相关概念界定

（一）制造业相关概念界定

制造业的兴衰关系着一国经济的发展，是立国之本，强国之基，是构成国家竞争力的关键。自改革开放以来，我国制造业总体规模不断扩大，在世界舞台上也开始崭露头角，成为世界工厂。其中，"制造"就是对原材料的一种加工行为，主要是通过物理变化或者化学变化将采掘而来的自然资源或者农产品原料转换成为有效用价值产品的过程。"产业"就是实施这种行为的主体。所谓制造业，就是生产同类产品企业的集合。在我国，制造业是三次产业分类中的第二产业，我们也将其称为加工工业，一些老牌工业国家，包括中国台湾地区认为制造业就是第二产业，与工业无异，所以他们所说的制造业是对一切天然原材料进行加工的行业。按照2018年修订的《三次产业划分规定（2012)》中对于制造业的概述与分类，应当认为制造业就是指对于采掘业原材料和农产品原材料进行加工和再加工，以及对零部件进行装配行业的总称，是加工产品工业企业的集合。

制造业的类型分工细密，对于制造业划分也有许多方法。在第三次工业革命以前，划分标准以经验和主观判断以及产值测算为主。1971年联合国及西方发达国家为了统一产业分类，将经济活动分为十个大类。联合国工业发展按照制造业行业技术水平将制造业分为资源型产业、低技术型产业、中技术型产业以及高技术型产业。经济合作与发展组织（OECD）按照参与国的分类将制造业划分为高技术制造业、中高技术制造业、中低技术制造业以及低技术制造业，其中低技术制造业包括未经加工的初级产品①。

马克思在分析社会再生产的实质以及条件时，按照产品物质形态不同将制造业划分成进行生产资料生产的部门和消费资料生产的部门两大部类，马克思认为在两大部类之中每个部类都拥有所有的生产部门以继续进行社会再生产。马克思根据生产力发展水平和变迁，将物质生产分为农业、采掘工业、加工工业、运输业以及建筑业。后期，苏联学者在这个基础上又增加了资源产业。我国最早的区分方法源自苏联，是根据产品用途将其分为轻工制造业和重工制造业，轻工业主要是生产消费品的工业部门，重工业是生产生产资料的工业部门②。

我国按照标准产业分类法制定了《国民经济行业分类》，并将其分为门类、大类、中类和小类。为进一步与国际经济行业分类进行接轨，我国于2002年、2011年以及2018年对分类进行了调整。在2018年修订的《三次产业划分规定（2012）》中，制造业属于C门类，包括13～42大类，详见表1－1。在最新修订的版本当中，对2011年版本《国民经济行业分类》中规定的“石油加工、炼焦和核燃料加工业”的名称进行更改，更改后的名称为“石油、煤炭及其他燃料加工业”，并将该类名称中的小类进行增加，增加内容为2011年版本《国民经济行业分类》中4500部分内容和4120全部内容。

表1－1　《国民经济行业分类》（GB/T 4754—2017）

门类	大类	名称
C－制造业	13	农副食品加工业
	14	食品制造业
	15	酒、饮料和精制茶制造业
	16	烟草制品业
	17	纺织业
	18	纺织服装、服饰业

① 国家发展和改革委员会产业经济与技术经济研究所，王昌林．中国产业发展报告：我国产业创新与转型升级研究［M］．北京：中国市场出版社，2015：127.

② 张平．中国区域产业结构演进与优化［M］．武汉：武汉大学出版社，2005.

续表

门类	大类	名称
C－制造业	19	皮革、毛皮、羽毛及其制品和制鞋业
	20	木材加工和木、竹、藤、棕、草制品业
	21	家具制造业
	22	造纸和纸制品业
	23	印刷和记录媒介复制业
	24	文教、工美、体育和娱乐用品制造业
	25	石油、煤炭及其他燃料加工业
	26	化学原料和化学制品制造业
	27	医药制造业
	28	化学纤维制造业
	29	橡胶和塑料制品业
	30	非金属矿物制品业
	31	黑色金属冶炼和压延加工业
	32	有色金属冶炼和压延加工业
	33	金属制品业
	34	通用设备制造业
	35	专用设备制造业
	36	汽车制造业
	37	铁路、船舶、航空航天和其他运输设备制造业
	38	电气机械和器材制造业
	39	计算机、通信和其他电子设备制造业
	40	仪器仪表制造业
	41	其他制造业
	42	废弃资源综合利用业

资料来源：《国民经济行业分类与代码》（2018）。

为了方便学术研究，许多学者也对制造业行业划分进行了研究。霍夫曼（W. G. Hoffmann）将产业划分为消费资料产业、资本资料产业以及其他产业。钱纳里（Hollis B. Chenery）按照不同经济时期将制造业划分为初期行业、中期行业和后期行业三个类别。麦肯锡全球研究院按照制造业增加值比重将制造业分为满足本地市场进行全球创新的行业、地区加工型行业、能源和资源密集型行业、高度依赖全球研发和生产网络的全球性技术行业以及劳动力密集型贸易品行业五个群组①。国家发改委产业经济与技术研究所根据藤本隆宏基于产品结构的分类以及蒂斯根据产品属性分类，将制造业分为流程类、模块类和构架类三个大类②。格里芬（Gereffi G.，2001）按照驱动类型不同，从价值链视角将产业类型划分为生产者驱动型以及购买者驱动型。赫克歇尔和俄林（ELI Heckscher and Bertil Ohlin）提出要素禀赋论，其与奥林要素禀赋的差异是按照生产所使用的要素比例将制造业分为劳动密集型制造业以及资本密集型制造业③。

“要素密度论”是以国民经济增长的因素在产业经济活动中的结合方式和密度程度为特征将产业分为劳动密集型、资本密集型和技术密集型三种生产要素密集型产业。以生产要素进行划分，可以反映出制造业不同要素密集型企业发展技术特征和市场特征的变化，以及发展中对要素的利用情况。但是在学术界并没有进行统一的明确划分，只是概念性地将其进行区分。其中，劳动密集型制造业就是在生产过程中劳动要素的投入相对比其他要素投入高、依赖程度大的行业；资本密集型制造业就是在生产中单位产品的生产需要更多的投资，而使用的劳动、技术较少的行业；技术密集型制造业就是以知识性、技术性生产为主要方式，生产需要更多高级复杂的劳动以及工程技术和管理人员综合运用先进工程技术和管理技术从事的行业。在生产要素密集型制造业中，劳动密集型企业是最初的企业形态。当劳动密集型企业完成了资本的积累后，向资本密集型企业进行转变。

资本积累产生了产业的高度聚集，进一步提升了技术的发展，之后企业将进一步向技术密集型转型。制造业要素密集程度的变动是制造业企业变动的一个集合，是与各个企业生产的技术类型和技术进步相适应的。制造业要素密集的变动具有一定的时空性，从纵向截面上来说，每个企业和行业自身都是在不断进行演进和发展的；从横向截面上来说，产业的整体结构也是在不断上升中进行演进的。

本书根据生产要素密集程度对制造业类型进行划分，在国家统计局将

① Manyika J，Sinclair J，Dobbs R，et al.. Manufacturing the future：The next era of global growth and innovation ［R］. Mckinsey & Company，2012.

② 国家发展和改革委员会产业经济与技术经济研究所. 中国产业发展报告（2017：迈向中高端的产业发展）［M］. 北京：经济科学出版社，2017：46-47.

③ 丁冰. 瑞典学派［M］. 武汉：武汉出版社，1996：97-112.

制造业细分成30个行业的基础上，借鉴阳立高等（2018）关于制造业三大产业分类的研究成果，将制造业分为劳动密集型制造业、资本密集型制造业以及技术密集型制造业三大类型，见表1-2。

表1-2 制造业分类

制造业类型	所含细分行业
劳动密集型制造业	农副食品加工业-13、食品制造业-14、纺织业-17、纺织服装与服饰业-18、皮革（毛皮、羽毛）及其制品和制鞋业-19、木材加工和木（竹、藤、棕、草）制品业-20、家具制造业-21、印刷和记录媒介复制业-23、文教（工美、体育和娱乐）用品制造业-24、橡胶和塑料制品业-29、非金属矿物制品业-30、金属制品业-33、其他制造业-41、废弃资源综合利用业-42
资本密集型制造业	酒与饮料及精制茶制造业-15、烟草制品业-16、造纸和纸制品业-22、石油与煤炭及其他燃料加工业-25、化学原料和化学制品制造业-26、化学纤维制造业-28、黑色金属冶炼和压延加工业-31、有色金属冶炼和压延加工业-32、通用设备制造业-34
技术密集型制造业	医药制造业-27、专用设备制造业-35、汽车制造业-36、铁路（船舶、航空航天）和其他运输设备制造业-37、电气机械和器材制造业-38、计算机（通信）和其他电子设备制造业-39、仪器仪表制造业-40

资料来源：阳立高，龚世豪等．人力资本、技术进步与制造业升级［J］．中国软科学，2018（1）：138-148.

（二）制造业升级相关概念界定

传统的产业升级理论研究多集中于不同类型产业间的演变过程，或者是在某一特定产业内升级。马克思将扩大再生产划分为外延型扩大再生产和内涵型扩大再生产，外延型扩大再生产依靠增加生产资料和劳动力等生产要素的数量，内涵型扩大再生产依靠劳动生产率的提升，也就是说当某一产业的劳动生产率提升，则相应产业就会得到升级。在产业竞争中处于下游的企业，第一选择一定不是改变自己的产业类型，而是会首先选择降低成本和提升劳动生产率，通过提升自己的竞争力来获取利润。所以，当我们研究产业间升级时，必须将产业内升级即生产要素在同一产业中的配置考虑进来，产业内升级和产业间升级并不是完全独立和割裂的状态。

产业是生产同类产品企业的集合，所以产业升级通过企业升级得以实现①。产业升级的定义应当是三个方面的升级，第一方面是三次行业比例

① 张平．“十二五”规划战略研究［M］．北京：人民出版社，2010：715.

关系的演进，第二方面是劳动密集型、技术密集型和资本密集型制造业比例关系的演进，第三方面是各行业自身素质和效率的升级①。

1. 制造业升级目标是发展制造强国。

我国制造业的发展目标是要从制造业大国升级为制造业强国，从升级的动态过程来看制造业强国就是制造业产业间与产业内共同发展，其实质就是制造业结构与价值链交互升级的过程。对于制造业升级的研究一般分为两种视角，一种是以制造业结构升级为视角展开的研究，另一种是以制造业价值链升级为视角展开的研究。

2. 不同要素类型产业共同发展。

在社会再生产过程中不同要素类型产业的发展都会对整个产业有着重要的影响。多数劳动密集型制造业是为了发展社会生产、保证生产生活供应的企业的集合，资本密集型、技术密集型制造业的发展必然要求配置一定数量的劳动密集制造业，以提供配套的基础需求保障。发达国家如美国和德国在制造业升级的过程中，因为技术的强力保障，逐渐放弃了劳动密集型制造业的发展优势，将所有火力集中在对制造业结构的调整之上，但也保留了部分劳动密集型企业；而意大利和法国则通过不断强化劳动密集型企业的技术水平以及品牌效应，保持住了相当部分的劳动密集型企业优势。

3. 结构升级与价值链升级的关系。

结构升级和价值链升级是有区别的，但并不是孤立的两个过程，而是相互联系又有区别的，如图1-3所示。制造业结构升级是一个具有持续性的过程，是贯穿于价值链升级全过程之中的；制造业价值链升级作为结构升级的目的，也指导着制造业结构升级的发展方向。当制造业价值链分工嵌入全球一体化进程中后，国际分工中本国的制造业结构也随之发生变化，发展中国家会借助外来动力机制帮助本国制造业高速发展，印度和中国都顺利搭上价值链升级的班车，提升了本国制造业结构高级化和合理化水平，促进经济增长。但只依靠廉价劳动力和自然资源优势跻身全球价值链的外向型经济发展模式多数是位于价值链下端，长期处于“低端锁定”的道路上，在到达发展瓶颈时很容易面临国外制造业价值链优势的压制以及国内制造业结构失衡的限制，制造业如何解除“低端锁定”，如何向高级化、合理化转型亟待解决。对于我国来说除了注重全球价值链的升级，

① 白嘉．模块化产业组织技术创新与产业升级［M］．北京：中国经济出版社，2013.

制造业还应当把目光拉回国内市场，通过扩大内需、拓展和满足国内高端需求，构建国家价值链来突破全球价值链升级以及制造业结构升级过程中遇到的问题，实现制造业的进一步升级①。

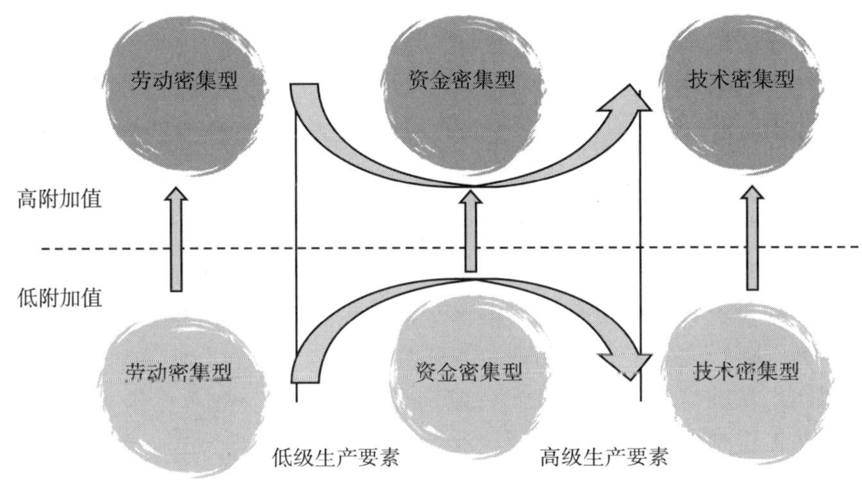

图 1-3　制造业螺旋式协同升级路径

资料来源：经作者总结整理所得。

（三）制造业升级的内涵

第一，从发展的角度来看，是劳动密集型制造业企业的发展拉动了对技术的需求，从而产生了资本密集型制造业以及技术密集型制造业企业。从产业自身发展的角度来看，每个产业都会有萌芽、发展到衰落的周期，不存在绝对的低端，同样也不存在绝对的高端，都是在不断的变化和发展。随着信息技术和新材料技术的革新，人的需求范围在不断扩大，社会生产力也在不断发展，经济生活中不断涌现出新的产业，并参与到产业结构的比例关系以及结合关系之中，产业升级的内核和外延也在不断进行演变。

第二，从资源配置的角度来看，产业升级是经济发展过程中内生的变量，是资源禀赋结构变化发展的结果②，制造业结构升级与价值链升级的

① 刘志彪．以国内价值链的构建实现区域经济协调发展［J］．广西财经学院学报，2017，30（5）：20-23.

② 林毅夫．中国的奇迹：发展战略与经济改革［M］．上海：上海人民出版社，1999：109.

差别在于在制造业结构升级中，资源从低端行业流向高端行业，资源禀赋从低级向高级转变；在制造业价值链升级中，资源在同一行业内的不同环节间流动，使资源从低附加值环节流向高附加值环节。

第三，从升级的动态过程来看，由于资源是有限的，使得企业间产生竞争、产业间产生竞争，企业不得不通过升级的方式增加竞争力，进而产生新的产品与服务、新的业态以及新的附加值，新产品和业态促进了产业结构升级，新服务和新的附加值促进产业价值链升级。所以制造业升级依靠要素禀赋的动态变化对产业结构升级与价值链升级的推动力。在要素禀赋变动中，升级的过程是一个具有持续性的过程，是贯穿于产业结构升级与价值链升级全过程之中的，是一种融合交互升级。产业升级可能会产生低级生产要素向高级生产要素的转变，也可能会产生低附加值向高附加值的转变；同样，升级的过程也可能产生同一生产要素内部的价值链提升以及向更高级生产要素的高附加值阶段跃升。

第四，从国家竞争角度来看，制造业升级就是制造业竞争力的提升，是制造业先进地位的竞争以及制造业行业标准制定权的竞争。制造业强国地位要求我国的制造业升级，必须是从工业2.0、工业3.0以及工业4.0三个方面一起入手，不仅要提升技术密集型制造业的竞争力，同时也要加强劳动密集型制造业的竞争力，达到不同行业的制造业在本行业全球价值链中的跃迁。

总而言之，本书所阐述的制造业升级的内涵，是制造业由低级生产要素向高级生产要素升级，低附加值向高附加值状态升级，以及低级生产要素和低附加值状态向高级生产要素、高附加值状态交互升级的演变过程。对我国而言，制造业升级的最终目的是打造制造业强国，是通过制造业全球价值链和产业结构的不断升级，从相对的后进地位追赶并迈入制造业强国阵营。故本书制造业升级将借鉴阳立高等（2018）的研究方法，若在三大类别的制造业中，劳动密集型制造业总产值占制造业总产值比重不断下降，资本密集型制造业总产值占制造业总产值比重先上升后下降，而技术密集型制造业比重则是不断增加的过程，则认为该地区的制造业处于产业升级的状态①。

① 阳立高，龚世豪等．人力资本、技术进步与制造业升级［J］．中国软科学，2018（1）．

第二节 相关理论基础

一、马克思主义技术进步思想、创新理论与产业升级理论

（一）马克思主义技术进步思想

马克思认为，科学和技术的进步可以推动劳动生产力的发展。“现实财富的创造，……较多地取决于劳动时间内所运用的动因的力量，而这种动因……取决于一般的科学水平和技术进步”①，科学和技术虽然有差别，但是科学必须依靠技术才能转化成为生产力。恩格斯对马克思技术进步理论进行总结认为，“在马克思看来，科学是一种在历史上起推动作用的、革命的力量”②。

马克思认为技术是人的本质力量，并进一步指出技术作为人的本质力量是人的活动器官的延长③。马克思认为科学技术的发展在历史进步中起到了基础性的推进作用。科学技术作为人脑的延伸，突破了人体和人脑的限制，再借助于机器和技术的力量极大提升人类改造自然和利用自然的能力。从农业社会开始，人类通过手工工具开发自然、增强体力和脑力；在18世纪后期，人类社会迎来工业化大发展，从手工技术发展到机械化、电气化技术，机械的力量使劳动生产率发生了质的变化；随后的信息社会通过电子化和信息化极大地拓展并延长了人的脑力，通过各种智能化产品进一步带动劳动生产率的提升以及科学技术的变化。科学技术在本质上反映了人对自然的能动关系，标志着人民利用自然、改造自然的能力，是“生产财富的手段”和“致富的手段”④。科学技术提升人民利用自然、改造自然的能力，改变了人民生产生活的方式，更是改变了人与人的交往关系，进而改变了一定的社会关系和政治关系⑤。

---

① 马克思恩格斯全集（第四十六卷（下））［M］. 北京：人民出版社，1980：217.

② 恩格斯. 在马克思墓前的讲话//马克思恩格斯全集（第三卷）［M］. 北京：人民出版社，1972：575.

③ 马克思. 1844 年经济学哲学手稿［M］. 北京：人民出版社，2000：89.

④ 马克思. 机器。自然力和科学的应用［M］. 北京：人民出版社，1978：206.

⑤ 马克思、恩格斯. 德意志意识形态（节选本）［M］. 北京：人民出版社，2018：16.

技术进步具有连续性，是对历史的不断总结与革新。从蒙昧时代的采集，到野蛮时代的刀耕火种，再到铁质器具和机械化大生产，每一次技术的进步都是从原有技术的利用和发展中得来的。马克思经历了第一次工业革命的浪潮，更是深深感受了第二次工业革命的孕育初期的大变革，看到了纺织机和蒸汽机的发明以及机器大工业时代的到来，他亲身感受到技术进步对于资本主义发展的巨大作用力，“大工业必须掌握其特有的生产资料，用机器来生产机器，才能建立起与之相适应的技术基础，才能自立”①。他认为随着大工业的发展，商品价值主要取决于科学和技术的应用，而不再是一般的劳动，只有掌握了科学和技术才能发展生产力。而科学技术的不断更迭带来的是劳动生产率的快速上升，这些都与产业升级发展相伴相生。

1. 相对剩余价值生产理论与技术进步思想。

对剩余价值的追求是技术进步的根本动力。相对剩余价值生产的关键是在工作日长度不变的条件下，通过缩短必要劳动时间而改变工作日组成部分的量的比例，缩短必要劳动时间的关键就是降低劳动力价值，降低劳动力价值的关键在于提高劳动生产力从而达到同量生活资料的价值降低。首先，资本的内在动力是追求剩余价值最大化，技术进步发展的关键来自获得超额剩余价值对资本家的吸引；资本的外在动力让资本家之间的竞争加速，迫使对手进行技术创新，才能获得竞争优势；内外动力要求必须要减少单位产品的劳动消耗，随着技术的扩散和仿制会进一步加速，技术被普遍采用时便会促进整个部门劳动生产率的提升。技术的提升带来了资本有机构成的提高，为了追求更多的剩余价值，资本家在资本聚集和扩大再生产的过程中对技术的改进以及劳动生产率有了更高的要求，而且会不断采用更为先进的机械设备来降低商品价值，于是生产技术水平就会越来越高②。其次，为了获得更多的剩余价值，资本家会再开启新一轮的技术进步。相对剩余价值生产走过简单协作、工场手工业以及机器大工业时代，技术进步已经完成了自动化、标准化生产并向定制化、即时化生产发展。在今天，“无人工厂”“无人车间”让劳动人员数量锐减却产生了更大的相对剩余价值的生产，其关键在于技术进步带来社会劳动生产率的提高，劳动力贬值以及分工协作效率的提升，从而引起劳动力价值的下降，缩短必要劳动时间。所以，技术进步可以不断促进相对剩余价值的生产。

---

① 马克思恩格斯全集（第二十三卷）［M］. 北京：人民出版社，1972：421-422.

② 肖涛. 马克思主义政治经济学原理［M］. 北京：经济管理出版社，1998：128.

2. 商品价值量与技术进步思想。

商品价值量与生产商品所需社会必要劳动时间成正比，与劳动生产率成反比。技术进步对劳动生产率产生决定性的影响，技术进步通过提升劳动生产率以及创造新产品来提升生产资料本身的价值及其转移速度。首先，技术进步让更多具有高技术含量的生产资料被用于生产，提升了劳动创造的价值。马克思指出，机器进入生产领域会作为不变资本的一部分而起作用，也即机器本身的价值会加到产品上，使商品价值由于加进生产其本身所需要的劳动时间而获得提升。其次，机器进入生产领域扩大了劳动外延，产生新的分工以及新的劳动，新的分工和劳动比原有劳动更为复杂和高级，从而在相同时间内可以创造更多的价值。最后，社会必要劳动时间的减少使相同时间内存在更多的可转移的物化劳动，并转移到新的价值创造中。

3. 资本积累与技术进步思想。

马克思对资本家将剩余价值转化为资本来实现资本积累的过程进行了充分的论证。资本积累以剩余价值为前提，剩余价值是资本积累的唯一来源，而劳动生产率水平的高低对资本积累起到决定作用。技术水平决定一国劳动生产率水平的高低，前面我们探讨了相对剩余价值以及商品价值量与技术进步的辩证关系，可以得出技术进步会导致劳动力的上升。第一，商品价值量与劳动生产率成反比，当商品价值量下降时，相对剩余价值增加，资本积累规模扩大；第二，劳动生产率提升会促使生产资料与劳动力价格下降，促使资本积累量增加。资本具有逐利性，资本家选择通过提高资本积累来提升利润，技术进步通过增加剩余价值生产的方式、降低必要价值量以及提高有效劳动时间来提高剩余价值率，获得更高的利润。

4. 扩大再生产与技术进步思想。

列宁对两大部类与社会再生产进行总结，认为技术进步是导致生产资料生产增长的主要原因，技术的进步不仅带来生产的繁荣，更进一步促使社会产生变革。在这一时期，技术发展转化为生产力使得就业结构也发生了重大变化，就业结构的变化又引起劳动力结构变化，依次引发社会大变革。“蒸汽、电力和自动纺机甚至是比巴尔贝斯、拉斯拜尔和布朗基诸位公民更危险万分的革命家。”① 当然，马克思认为技术进步是一个历史范畴，不是唯一推进社会进步的动力，技术进步的历程受到社会诸多因素的

---

① 马克思恩格斯全集（第十二卷）［M］. 北京：人民出版社，1962：3.

影响，技术的进步不是社会革命，它可以推进社会进步却又不能直接推进社会的变革。但是毫无疑问，历史的发展也进一步证明科学和技术的升级是工业社会发展的重要推力，更是工业化的前提和核心。

随着经济社会的发展，社会再生产已经呈现出从以外延型为主的扩大再生产向以内涵型为主的扩大再生产进行转移，从追加投资和增加劳动力数量实现扩大再生产向依靠技术进步提高劳动生产率实现扩大再生产转移的普遍规律①。马克思在对“货币资本的作用”进行论证分析时，阐述了在不增加投资的情况下实现内涵扩大再生产路径，第一是提高劳动工具的效率，第二是提高劳动对象的利用率，第三是通过提高工人技术扩大生产规模，第四是依靠科技进步提升劳动生产率，第五是提升资本集中度，第六是加速资本周转速度。

（二）马克思主义创新理论

创新是一个国家发展的不竭动力，是产业升级的根本动力。工业革命的演化史就是创新发展的演化过程，创新和科学技术的进步相互呼应，马克思指出“如果生产这些劳动资料的部门的劳动生产力发展了（劳动生产力是随着科学和技术的不断进步而不断发展的），旧的机器、工具、器具等等就为效率更高的、从功效来说更便宜的机器、工具和器具等等所代替。”② 马克思认为随着科学技术的不断创新，资本的有机构成不断增加，会导致劳动力的需要锐减，从而引发社会问题，进而阻碍科学技术的进一步创新，为了解决社会问题进一步推进创新就需要进行制度创新和社会变革。“随着一旦已经发生的、表现为工艺革命的生产力革命，还实现着生产关系的革命”③。马克思进一步指出，人是创新的主体，更是创新的本质，科学技术的创新和制度的创新都是以人的全面、自由发展为基本和目标的。熊彼特（Joseph Schumpeter et al.，1990）在《经济发展理论》一书中也指出熊彼特创新理论也只是包含了马克思创新理论研究的一小部分。

纵观我国经济发展的历史，我国科技发展的方向就是“创新、创新、

① 曾繁华. 积极创造从外延型为主的扩大再生产转移到内涵型为主的扩大再生产的条件[J]. 北京社会科学，1987（4）：111－115.

② 马克思恩格斯选集（第二卷）[M]. 北京：人民出版社，1995：59.

③ 马克思恩格斯全集（第四十七卷）[M]. 北京：人民出版社，1979：473.

再创新”①。1978 年，邓小平同志提出“干革命、搞建设，都要有一批勇于思考、勇于探索、勇于创新的闯将”；2000 年，江泽民同志提出“国家创新体系”；2006 年，胡锦涛同志提出要坚持走中国特色社会主义创新道路，提升自主创新能力，建设创新型国家；习近平同志在 2013 年欧美同学会成立 100 周年庆祝大会上强调“创新是一个民族进步的灵魂，是一个国家兴旺发达的不竭动力，也是中华民族最深沉的民族禀赋。在激烈的国际竞争中，惟创新者进，惟创新者强，惟创新者胜。”自党的十八大以来，习近平总书记更是多次以“创新”为着眼点，强调“创新”的动力源作用。2019 年 4 月，习近平总书记在第二届“一带一路”国际合作高峰论坛上指出“创新就是生产力，企业赖之以强，国家赖之以盛。我们要顺应第四次工业革命发展趋势，共同把握数字化、网络化、智能化发展机遇”。②

（三）创新、技术进步与产业升级间逻辑关系

马克思认为，技术进步促进了产业升级。马克思分析了分工合作和相对剩余价值生产，认为工业从产生、形成到成熟依赖于生产力的进步。马克思认为，决定人类社会发展规律的主要原因是社会生产方式中的生产力，特别是生产工具。生产力是人类征服自然、改造自然的能力，它包括三个要素：生产工具、劳动对象和劳动力。在“互联网 +”的时代，生产力的三个要素都发生了革命性的变化。首先，在工业时代，生产工具主要是一些机器设备，可以看作人体力的延伸；在信息时代，生产工具主要是互联网和信息技术，可以看作人脑的延伸。在“互联网 +”的今天生产工具与过去生产力中的生产工具相比已经产生了质的变化，它不再是一件孤立的物品，而是承载了一系列有序的分工的存在，包含物联网、大数据、云计算、人工智能等的有机结合。技术进步直接作用于生产工具之上，并对劳动对象和劳动力产生积极影响，即生产力的发展是因技术进步的推动作用产生的。其次，劳动对象也不再一样，农业社会的发展主要依靠物质，工业社会的发展主要依靠各种能源，而信息社会发展，依靠的是信息和知识，以及获得和处理信息知识的能力。最后，劳动者也发生了深刻的变化。在信息时代里，因为信息的传播和共享削弱了资本的重要性，劳动

---

① 习近平以创新点燃科技强国引擎［OL］. 央视网，https：//article. xuexi. cn/html/2378803313975487910. html? study_style_id = feeds_default&showmenu = false&source = share&pid = &ptype = －1&share_to = wx_single，2019 －1 －9.

② 习近平在第二届“一带一路”国际合作高峰论坛开幕式上的主旨演讲［OL］. 中国共产党新闻网，http：//cpc. people. com. cn/n1/2019/0426/c64094－31052479. html，2019 －4 －26.

者成为知识拥有者从而获得了空前的解放，谁掌有信息，拥有数据，谁就是“资本”的拥有者，就能够创造和积累更多的财富。

将剩余价值转化为资本，按其实际内容来说，就是规模扩大的再生产过程，而不论这种扩大是从外延方面表现为在旧厂之外添设工厂，还是从内涵方面表现为扩充原有的生产规模。[①] 从低廉的劳动力、低消费高存储的资本积累以及大量的外资等外延型驱动力向技术升级的内涵扩大再生产转变，就是要通过技术的不断进步提高劳动工具的效率、劳动对象的利用率、劳动生产率，扩大生产规模、加速资本周转速度并提升资本集中度。马克思还进一步指出，技术进步的本质是主体有目的的创造性活动，而技术进步的主体就是人。为了更好地扩大市场、满足需求、降低成本，资本家开始选择分工的形式开展制造，分工让技术得到不断地磨炼和提升。尽管技术革命的周期具有相似性，但是每个技术进步周期内技术的数量却呈现越来越密集的态势，从技术到生产的周期也显著缩短，技术从单一行业的影响力也逐渐扩大到整个产业。马克思以英国纺织技术的出现为例，认为技术进步不仅促进了纺纱业的进步，还促进了织布业的发展，进而促进了整个工业的发展。

马克思认为“新产业部门的兴起必然引起科学的进步”，也即产业升级同样会反作用于技术的进步。在技术进步不断推动着产业升级的同时，新的产业部门和产业的整体升级又推动着技术进一步的革新和发展。为了保持产业升级的硕果，拥有技术的资本家在竞争中会进一步提升技术。马克思以英国纺织业迅速发展为例，指出技术的革新导致生产规模扩张、新需求出现。为了满足新需求，获得更大利润，商人们开始研究如何能让技术更为进步，自此拉开了机械代替人力和畜力的时代篇章，逐步形成由机械代替体力劳动，人工智能代替脑力劳动的技术发展格局。

二、西方创新理论与产业升级理论

（一）创新理论

熊彼特将创新与历史的发展过程相结合，总结出创新可以提高生产效率而且能够促进生产要素和生产条件重新整合并作用于生产供给体系，通

① 马克思恩格斯全集（第二十四卷）［M］. 北京：人民出版社，1972：356.

过要素升级优化生产供给结构，提高生产供给质量和效益。熊彼特指出技术进步的根本来源于创新，其形式有破坏式的技术创新和渐进式的技术创新。熊彼特对小型企业进行总结分析，认为创新是生产的内生动力。他认为创新不同于发明创造，而是将我们所能支配的原材料和力量实现重新组合进行新的生产，包括采用新产品、新生产方法、开辟新市场、取得新供应来源和实现工业新组织五种方式[①]。这种经济规律被称为“熊彼特Mark1”。熊彼特在《经济周期循环理论》中提到“每次繁荣之后都有一次萧条，每次萧条后又跟着繁荣。一段时间后，繁荣结束，萧条又开始”[②]。熊彼特使用创新理论对资本主义经济周期进行解释，认为创新会引起经济的繁荣发展，经济的繁荣又将促使价格降低，一旦投资机会消失经济又将衰退，随之再反弹。在《资本主义、社会主义和民主》一书中，熊彼特通过对美国工业企业的技术创新活动进行总结，提出静态和动态效率二分法，被称为“熊彼特 Mark2”[③]。根据熊彼特的创新理论，李根等（2016）提出，国家的技术赶超分为三种不同类型的技术创新形式，分别为跟随型技术创新，如韩国消费类电子产品的创新；阶段跳跃型创新，如三星 D－RAM 的开发；以及创造型创新，如韩国 CDMA 手机和数字电视。

熊彼特的理论包含了技术创新、制度创新的思想。弗里曼（Christophe Freeman，1987）在熊彼特理论的基础上将技术创新分为四个类别，分别是渐进性创新、根本性创新、新技术体系和技术革命。弗里曼还根据日本产业崛起过程提出国家创新体系的概念。20 世纪 80 年代，诺思（Douglass C. North，1981）在其论著中对制度的变迁进行分析，认为制度变迁的影响因素有三个，分别是规模经济、技术经济和预期收益。[④]

创新驱动是由波特提出的，波特认为国家经济发展阶段在进入创新驱动阶段时，将以技术密集型产业为主导。最早启用创新驱动的国家是英国，认为创新驱动力来源于知识产权。党的十八大提出创新驱动战略，认为创新驱动要以科技创新为核心。我国学者刘志彪（2016）认为“创新驱动”是针对“学习”或者“模仿”而言的，是我国现阶段经济的推动力，应当由主要靠技术的学习和模仿转向依靠自主设计、研发和发明，以及知识的生产和创造。

---

① 熊彼特．经济发展理论［M］．北京：中国画报出版社，2012：68－72.
② 熊彼特．经济周期循环论［M］．北京：中国长安出版社，2009：4.
③ 陈劲，贾根良．理解熊彼特［M］．北京：清华大学出版社，2013：75.
④ 道格拉斯·C. 诺思．经济史中的结构与变迁［M］．上海：上海三联书店，2014：99－101.

（二）产业升级理论

1. 产业结构升级理论。

由表1-3可知，1672年，古典政治经济学家威廉·配第（William Petty）为了给统治阶级出谋划策出版了《政治算术》一书，该书第一次使用数学的方法来对经济问题进行研究，被马克思称为政治经济学的最初形式。在这本书中，配第通过对英、法、荷三国的人口、土地、资本、产业以及其他情况进行分析，总结出十条关于为什么英国比法国和荷兰更为强大的结论。在对比度分析过程中，配第发现国民收入以及经济发展的影响因素源于不同的产业结构，商业的收入高于工业高于农业，随着收益差距的拉大，劳动力会向收益更多的行业偏移。1940年，克拉克（Colin G. Clark）在配第的产业结构理论之上，通过对二十余个国家的具体数据的搜集整理和对比发现，劳动力将会随着国民收入的提升发生变化。克拉克认为随着国民收入提高，劳动力首先会由第一产业向第二产业转移，再向第三产业转移①。在出现收入差距之后，劳动力会从低收入产业向高收入产业移动，之后就会形成第一产业劳动力占比越来越小，第二、第三产业劳动力人数占比增加的现象，这种演变趋势被称为“配第—克拉克定理”。

表1-3　　产业结构理论发展

<table>
<tr><th>时期</th><th>代表人物</th><th>理论贡献</th><th>理论方向</th></tr>
<tr><td>17~18世纪理论起源时期</td><td>威廉·配第</td><td>第一次使用算术的方法来对经济问题进行研究</td><td>产业结构思想起源</td></tr>
<tr><td>20世纪30~40年代理论形成时期</td><td>C. 克拉克</td><td>发现经济增长和生产结构变动之间的关系</td><td>产业结构进一步研究</td></tr>
<tr><td rowspan="4">20世纪50~60年代理论发展时期</td><td>库兹涅茨</td><td>库兹涅茨产业结构论</td><td>主流经济学流派侧重分析经济增长中的产业结构问题</td></tr>
<tr><td>钱纳里</td><td>工业化阶段理论</td><td rowspan="3">发展经济学理论</td></tr>
<tr><td>赤松要/小岛清</td><td>雁行理论</td></tr>
<tr><td>罗斯托</td><td>起飞理论</td></tr>
</table>

资料来源：经作者整理所得。

① 周振华．产业结构优化论［M］．上海：上海人民出版社，1994：3.

在“配第—克拉克定理”的基础之上，库兹涅茨（Simon Smith Kuznets）使用实证的方法对国内总产值结构变动和劳动力占比变化进行分析，并进一步印证“配第—克拉克定理”的结论。库兹涅茨从1956年到1967年间，先后对多个国家50年来经济增长的数据进行分析，论证经济增长和生产结构变动之间的关系。他认为影响产业高级化的原因分别是：第一，在货物提供充沛的情况下，人的需求就从人均产值较低的“必需品”范围向人均产值较高的商品转移，需求结构的高度改变对生产结构产生影响；第二，对外贸易业务和对比优势为一国国内生产结构带来的改变；第三，技术革新的速度以及扩散范围①。库兹涅茨研究说明在整个工业化的发展过程中，工业占国民收入比重从上升到下降，经历了一个倒U形变化。

随后，钱纳里使用库兹涅茨的统计方法，对产业结构的变动进行更为深入的研究。钱纳里先后对超过100个国家在20年间的统计资料进行分析，认为人均收入提升将会导致需求结构的提升，资本累计增速已经超过劳动力增长的速度，技术水平的提升和国际贸易对经济结构的变化都有重要影响，这几点都印证了库兹涅茨的结论。钱纳里先将工业分为投资物品及相关产品部门、其他中间产品部门以及消费品部门，后来又改进为早期工业、中期工业和晚期工业。在对工业化进程进行研究后发现，在工业化初期第一产业比重高于第二产业，随着工业化程度提升，第一产业比重随之下降，第二产业比重提升，重化工业占主导地位。钱纳里主要研究的是在增长因素和增长速度方面国家间的异同，钱纳里还认为发展中国家的结构转变是因为人均收入增长导致需求、贸易、生产和要素使用结构发生变化②。

雁行理论由日本学者赤松要（Kaname Akamatsu）以日本的工业发展为起点，研究发展中国家工业结构顺序变迁提出的理论③。赤松要根据日本产业发展状况，在其发表的论文《我国羊毛工业的贸易趋势》中分析日本毛产品进出口情况，并提出两种雁行形态的发展概念；随后，赤松要在对棉纺织进出口发展中提出了三种雁行形态的发展概念。第二次世界大战后，赤松要对雁行理论进行拓展，提出“次层雁行形态”以及第二“次

---

① 西蒙·库兹涅茨．各国的经济增长［M］．北京：商务印书馆，2009：390－393.

② 霍利斯·钱纳里，谢尔曼·鲁宾逊，摩西·赛尔奎因等．工业化和经济增长的比较研究［M］．上海：格致出版社，2015：35－36.

③ 王乐平．赤松要及其经济理论［J］．日本学刊，1990（3）：117－126.

层雁行形态”。雁行理论的进一步发展是由日本学者小岛清（Kiyoshi Kojima）完成的，小岛清运用经济学工具探讨雁行理论的内涵以及运行机制，他认为雁行理论的实质是发展中国家的追赶模型，所以小岛清又称雁行理论为追赶的产品周期理论[①]。雁行理论认为一个具体的产业在不同国家之间的产业转移会历经从全部进口到国内大量生产再到出口的过程，这一过程分为四个阶段，其中第一阶段主要是指国家尚处于欠发达状态下，该国的生产出口产品为出口原材料和初级产品，进口产品一般为消费品；第二阶段主要是指新兴工业化国家，工业化发展使得生产能力提升，出口的产品一般为生产消费品，进口的产品一般为资本品；第三阶段是指成熟的工业化国家，生产出口产品为出口消费品和生产资本品，进口中资本品的份额减少；第四阶段则是发达国家水平，此时出口资本品占比最大，该国的消费品生产将会转移到其他国家，并且开始重新进口消费品[②]。雁行理论同样也可以说明一国产业结构升级与其在国际分工中的变动关系。

罗斯托（Walt Whitman Rostow，1988）提出“主导产业理论”，认为“起飞”就是结构的飞跃式变动，而这种飞跃式变动会推动经济增长。理论分为起飞准备、起飞、走向成熟和大众消费以及质量要求阶段。飞跃式产业结构变动将在两个方面对经济增长起到驱动作用。第一，这种结构飞跃式变动是在具有高增长率的主导部门上，主导部门之间的更替可以给经济增长提供强劲动力。第二，产业结构变动具有强扩散效应，可以驱动经济增长。产业结构升级的高度化主要依靠主导部门的带动力，但是制造业主导部门的高度化并不一定会产生制造业的升级。以我国为例，制造业结构高度化发展显著，但我国制造业整体却仍然长期处于全球价值链低端。

制造业结构升级是产业高级化和合理化发展，是指制造业的高技术、高附加值与高加工度，其高级化升级的核心就是生产要素从生产率较低的部门向生产率较高的部门进行流动，所产生的技术集约化现象。产业结构合理化是生产要素在产业内的合理化程度，以及产业间的协调能力和关联水平，并显示出一定的结构效应[③]。制造业合理化升级的核心就是部门内以及各部门间按照比例协调发展，生产要素的配置在各部门之间产生关联并形成合理比例。对于制造业高度化却没有伴随高附加值化的重要原因，

---

① 杨鸿．雁行模式与东亚经济合作［D］．复旦大学，2005.

② 张建华．基于新型工业化道路的工业结构优化升级研究［M］．北京：中国社会科学出版社，2012：48.

③ 吕明元，陈磊．“互联网+”对产业结构生态化转型影响的实证分析［J］．上海经济研究，2016（9）：110-121.

学术界还有各种形式的探讨。基于产业的协调程度、结构聚合质量和资源配置效率产生四种不同的学说，分别是产业协调论、产业功能论、产业动态均衡论和产业资源配置论①。不同学说都要求生产要素在各产业之间得到合理配置。周振华对产业结构高级化、合理化进行分析，认为开放经济条件下产业结构的高级化变动主要体现在需求结构变动、相对成本变动以及国际贸易变动方面②。

2. 产业价值链升级理论。

（1）全球价值链理论。全球价值链理论的产生源于国际分工的日渐细化和专业化，传统经济模式中产品研发、设计、生产和销售环节都是由同一个企业实施完成的，但是全球价值链分工下被割裂成诸多链条，由不同企业甚至不同国家和地区的企业去完成。最早关注并提出这一理论的学者是波特，他认为企业创造价值的过程可以分割成不同环节，环节相互关联所构成的总和叫作价值链，并将价值链划分为基本活动以及支持活动。根据波特的价值链理论，施振荣提出微笑曲线理论，并将产品的创造过程划分为研发环节、生产制造环节以及营销环节。这些产品创造环节组成的价值链的来源是产业内部的分工发展，分工理论最早可以追溯到亚当·斯密在《国富论》中对于劳动生产力进步以及工人技能提升的分析中，但是亚当·斯密对于分工的研究较为笼统，没有将分工进行具体的区分以及研究。马克思在亚当·斯密的分工理论之上，进一步对分工进行分析，对第一类分工和第二类分工的内涵进行剖析。

在《竞争优势》一书中，波特指出没有哪一个国家能够所向披靡，只出口不进口，实际上参与国际竞争的是具体的企业，每个企业都是设计、生产、销售、运输，形成产品和服务过程中的组成部分。这些产出产品活动过程的集合，性质不同但又彼此关联的生产经营活动组成的一个创造价值的动态过程叫作价值链，如图 1－4 所示。企业价值链附属于更大的价值体系之下，它的上游有供应商价值链、下游还有销售渠道价值链和客户价值链③。此外，波特还建立了钻石体系来说明国家是企业最基本的竞争优势，钻石体系是一个双向系统，每一项要素都会在企业和国家之间进行交互影响④。

---

① 孙宁华，韩逸平．地区专业化与制造业结构优化——基于省级面板数据的经验分析［J］．南京大学学报（哲学·人文科学·社会科学），2016，53（1）：34－44.

② 周振华．产业结构优化论［M］．上海：上海人民出版社，2014：49－97.

③ 迈克尔·波特．国家竞争优势（上）［M］．北京：中信出版社，2012：31－40.

④ 迈克尔·波特．国家竞争优势（上）［M］．北京：中信出版社，2012：63－68.

格里芬（Gereffi G.）最早提出全球商品链以及全球价值链的概念，认为全球化不是地理上跨越国界的经济活动，而是国际经济活动的一个集合体；价值链就是指产品的设计、生产和销售所涉及的一系列活动。格里芬在波特的基础之上建立了全球价值链分析框架，他认为工业的进步以及商业的发展都已经超出了一国的范围走向了全球化，在全球价值链体系之下发展中国家可以通过学习改善产品质量来提升国际分工地位，格里芬分别建立全球产业链生产者驱动模型和购买者驱动模型。其中，生产者驱动模型主要适用于飞机、汽车、电子等技术密集型企业，这种网络结构是垂直的，利润相对较大，企业会将利润价值低的部分外包出去。购买者驱动模型主要适用于一些既有品牌的大型采购商在发展中国家建立的生产网络，而生产过程往往是利润较低的环节，一般是一些纺织、服装等劳动密集型企业①。

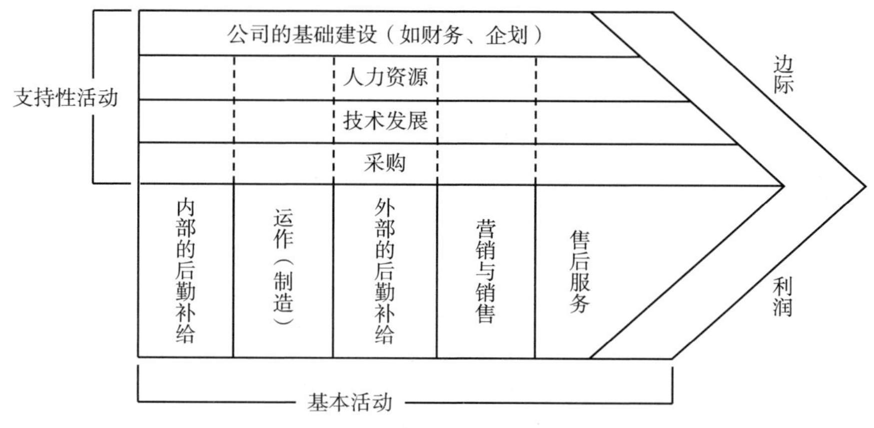

图1-4 波特价值链示意图

资料来源：波特在1990年出版的《国家竞争优势》一书中提出该理论。

汉弗莱和施密茨（2002）将产业升级分为四种情况，分别是过程升级、产品升级、功能升级和部门间升级。其中，过程升级是指通过生产系统的重组或者高技术的引用，而提升产出从而增加效率；产品升级是指投入数量更为丰富、质量更好的产品增加竞争力；功能升级是指获得新的产品环节；部门间升级是指企业进入新的价值链条。四种升级是阶梯式的关

① Gereffi G. Shifting Governance Structures in Global Commodity Chains, With Special Reference to the Internet [J]. American Behavioral Scientist, 2001, 44 (10): 1616-1637.

系，由一逐步向四进行发展，而推动它们发展的最大动力就是创新体系的建立①。

微笑曲线理论是中国台湾实业家施振荣先生针对发展企业技术研发和销售能力提出的理论，微笑曲线表示的是产业附加值的大小，曲线上的每个环节都是相互关联的，施振荣认为制造是中性的，也是最根本的，它的价值是由曲线左右两端的价值所决定的，曲线两端的高附加值是由知识经济带来的，越趋近于曲线两端则知识含量越高，应变弹性越大，创造的利润越大。施振荣认为产业的发展会延续“垂直分工，水平整合”的趋势②。

（2）国家价值链理论。迈克尔·波特在《国家竞争优势》中建立了钻石体系，他指出，任何一个国家的发展都必须要贯穿一国的生产要素和它的需求市场才能保有其竞争力。波特强调“国内需求市场是产业竞争优势中第二个关键要素”，母国市场的性质、大小以及成长速度以及需求的转换能力是产业发展的动力之所在③。

波特认为国家经济地位的攀升其实是国家产业竞争优势加强的过程。在加强国家竞争优势中，第一阶段要素驱动主要是依靠一国独有自然资源和劳动力资源禀赋，依靠绝对的成本优势参与竞争；第二阶段投资驱动主要是依靠资本要素，通过直接投资进行技术吸收和技术模仿，采用大规模、低成本的制造来获得价格优势；第三阶段主要依靠创新驱动经济发展，企业通过自主创新控制产业的发展，通过差异化战略获得更高利润；第四阶段要依靠已经获得的财富创造利润。

在一个国家制造业升级过程中，制造业升级和制造业转移相伴相生，是一个问题的两个方面。一直以来，按照全球价值链理论的发展路径，发展中国家以低端要素嵌入国际分工，获得低端要素换来的少数利润，而拥有高端要素的国家在俘获低端环节后，仍享有绝大多数的利润。作为“世界工厂”，我国是一个“世界底层的操作工”，不仅在低端受到资源匮乏、劳动力涨价的牵制，在中高端环节被发达国家在设计和研发维度排挤打压，又因低附加值产品的堆积而负累。面对一系列问题，除了向全球价值链高端跃进提升技术和创新思维，更重要的就是要利用国内市场扩大内需。扩大内需不仅是培育广大的国内市场，更重要的是链接国内东中西三

① John Humphrey, Hubert Schmitz. How does insertion in global value chains affect upgrading in industrial clusters? [J]. Regional Studies, 2002, 36 (9): 1017 - 1027.

② 施振荣．微笑曲线［M］．上海：复旦大学出版社，2014：39 - 60.

③ 迈克尔·波特．国家竞争优势（上）［M］．北京：中信出版社，2012：66 - 80.

元化的生产格局，将已经嵌入全球价值链的东部制造业延伸至国内庞大的制造链条中，运用间接方式将国内价值链嵌入全球价值链。

刘志彪（2016）根据施密茨的价值链理论，在《全球化与中国产业发展》一书中提出国家价值链（NVC），NVC是不同产业环节在一国国内市场展开的分工体系，这种分工体系发育完成后再进入全球价值链分工体系。并提出“决胜于国内，决战于国外”的理论，他认为在新一轮全球化下，发展国家价值链是我国与世界经济“再平衡”机遇中发展方式的转变，是在微观层面上最重要的战略选择，该战略选择下应当构建国内价值链载体平台模式以及领导型企业网络模式①。高煜（2011）基于格里芬的理论，将国内价值链分为生产者驱动型、购买者驱动型以及生产者与购买者共同驱动型，并提出驱动类型和治理类型的选择，以及国家价值链嵌入全球价值链的路径选择，如图1-5所示。

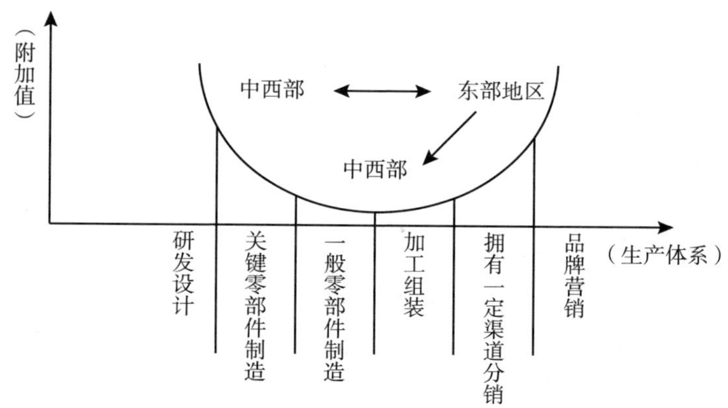

图1-5 国家价值链嵌入全球价值链的路径示意图

资料来源：高煜．国内价值链构建中的产业升级机理研究［M］．北京：中国经济出版社，2011.

（三）西方创新理论与产业升级间逻辑关系

本节通过梳理熊彼特以及新熊彼特的创新理论，总结出创新是驱动产业升级的重要原因。技术创新大幅度地充沛了产品的数量以及质量，使得人的需求从低级产品向高级产品升级，而需求结构的高度直接作用于产业升级，引致一国的制造以及进出口贸易共同发生变化。

① 刘志彪，张杰．从融入全球价值链到构建国家价值链［J］．学术月刊，2009（9）：59-68.

产业升级又再次推动技术的创新。技术创新让产品制造能力提升，让交易成功率大幅提高，使得市场进一步扩张。国内需求规模的扩大以及需求水平的提升为产业集群和技术的再创新提供了更多机遇。从需求角度来看，外部需求环节的变动有助于触发组织内部的动荡，从而瓦解固有状态加速创新活动，提升创新成功率。此外，为了更好地巩固一国的制造地位以及进出口贸易量，国家会通过制度进一步扩大和提升经济规模以及预期收益。

波特指出，在产业升级中，第一阶段依靠绝对的成本优势参与竞争，而技术创新在最大程度上降低了成本，获得优势；第二阶段依靠直接投资进行技术吸收的创新和技术模仿的创新；第三阶段自主创新驱动产业的进一步升级。

汉弗莱和施密茨指出，推动产业升级的最大动力就是创新体系的建立。制造业实现全球价值链跃迁升级的过程实质上就是由技术含量低、附加值低向技术含量高、附加值高演变的过程；当产业升级达到一个较高水平后企业通过开辟新的技术渠道，突破特定经济发展阶段的束缚，实现产业由低层次向高层次跃迁，相应地在全球价值链中也将实现阶梯式跃迁。

第二章

历史维度下“互联网+制造业”发展规律归纳研究

马克思指出“对现实的描绘会使独立的哲学失去生存环境，能够取而代之的充其量不过是从对人类历史发展的考查中抽象出来的最一般的结果的概况。这些抽象本身离开了现实的历史就没有任何价值。”① 马克思理论是“从人间升到天国”的理论，绝不是空穴来风，马克思认为科学的理论总是与历史相关的，在本章中将通过对每个时代制造业的现实发展过程以及活动的研究，总结事物发展的规律以及影响因素；并通过新工业革命争论与制造业范式演化过程梳理总结制造业升级的历史机遇与挑战，以指出“互联网+”促进制造业升级机理以及发展路径。

第一节　工业革命与制造业发展历史经验

一、工业革命演进与争论

18 世纪末，经济学家、社会学家、历史学家分别从统计数据中观察到，在经济方面，增长率得到了飞跃式的变化，将此总结为“工业革命”带来的变化②。历史学家认为 1799 年法国外交官路易斯（Louis Guillaume

① 马克思，恩格斯．德意志意识形态（节选本）[M]．北京：人民出版社，2018：18.

② 当然并不存在某一年的突发性飞跃，而是循序渐进，所以也有部分历史学家、经济学家、社会学家认为使用“工业革命”一词并不恰当，本书对于此问题不再予以探讨。

Otto）在信笺中，用当时时髦的用语形容法国非比寻常的变化，"工业革命"[①]一词首次出现；安娜·贝赞森（Anna Benson，1922）在讨论最早使用工业革命这一问题时认为"工业革命"是法国机械化发展的产物，英国历史学家汤因比（Arnold Joseph Toynbee）通过一系列关于工业革命的演讲让这个词语变成专有名词[②]。许多研究也都认为汤因比是工业革命的开山鼻祖。但早在《资本论》中，马克思就已经开始使用"工业革命"一词，并且将它置于他的历史重构工程中心[③]。恩格斯在《英国状况，十八世纪》中提到英国发生了重大意义的革命，他认为工业革命是资本主义工业化的开始阶段[④]。

除了专用名称的开启人，工业革命的驱动因素也一直在被学者们争论，认为驱动变革的因素有技术、国际贸易、资本、劳动力、企业家精神、组织形式、国家发展政策等。本书在这一章将对学者们提出的代表性观点进行梳理，整理出工业革命发展的影响因素以及其发展的一般规律。

（一）传统工业革命的争论

1. 传统工业革命划分和标志的争论。

对于历次传统工业革命的划分方式和标志有许多争论，详见表2-1，马克思认为革命的开端是代替工人但由工人制造的工作机的出现；而这次革命的结束是因为机器制造业本身中工人为机器所代替[⑤]。托夫勒（Alvin Toffler，1996）按照社会形态演变进行划分，将工业革命分为野蛮的农业革命、发展迅速但弊端严重的工业革命以及以白领工人数超过蓝领工人数为标志的信息革命等三次革命[⑥]；德国工业4.0工作组按照技术变迁对工业革命进行划分，分别是以蒸汽动力应用为标志的机械化生产工业1.0，以电力为动力的大规模批量生产工业2.0以及以信息技术、能源技术和自动化生产线为标志的高度自动化生产工业3.0[⑦]。尾木藏人（Kurando

① 克里斯·安德森，萧潇．创客：新工业革命［M］．北京：中信出版社，2015：50-53.

② Bezanson A. The Early Use of the Term Industrial Revolution［J］. Quarterly Journal of Economics，1922，36（2）：343-349.

③ 大卫·哈维．跟大卫·哈维读《资本论》（第一卷）［M］．上海：上海译文出版社，2014：220.

④ 马克思恩格斯选集（第一卷）［M］．北京：人民出版社，2012：87.

⑤ 卢森贝．《资本论》注释（第一卷）［M］．北京：生活·读书·新知三联书店，1963：252.

⑥ 托夫勒．第三次浪潮［M］．北京：新华出版社，1996：8-11.

⑦ 李克，朱新月．第四次工业革命［M］．北京：北京理工大学出版社，2015：7.

OGI，2017）认为每一次的工业革命都是由于技术创新和社会变革引起的，而三次不同的工业革命都为第四次工业革命的发生起到了基石作用；他按照德国工业 4.0 工作组四次法将工业革命分为 18 世纪末利用水力和蒸汽机驱动机械设备的工业 1.0；20 世纪初开始大规模生产、分工模式及使用电力的工业 2.0；20 世纪 70 年代利用电子技术、IT 技术的应用促进自动化的生产升级工业 3.0①。托马斯（Thomas McGraw，1999）认为工业革命只是一个时代的划分，划分工业革命的依据是不同的产业程式和代表性的产品。第一次工业革命是以蒸汽机、煤炭、棉纺织品为代表的工厂时代；第二次工业革命是以火车、钢材、新型耐用消费品为代表的大企业时代；第三次工业革命是以集成电路、电脑、软件、新型药品为代表的“巨无霸”公司时代。彼得·马什（Peter Marsh，2013）认为多次革命之间存在时间重叠，不存在突然间的改变，每一次新革命都是建立在已有技术体系基础上，而相对旧的技术仍然会持续性地影响未来，所以不能因为技术的沿用和基础就否定新革命的到来；他认为第一次工业革命是以自动纺纱机和少量定制为标志的生产革命；第二次工业革命是以蒸汽驱动的火车和铁壳或铁壳船，以及少量标准化为标志的运输革命；第三次工业革命是以廉价钢材、马达、发动机、化学品等与大批量标准化生产为标志的科学革命；第四次工业革命是以电子计算机、半导体和大批量定制生产为标志的计算机革命。里夫金（Jeremy Rifkin，2012）认为工业革命的划分是依据能源和通信结合的不同方式，他认为第三次工业革命之前整个人类文明都建立在石炭纪储存的碳资源之上，第一次工业革命是由水力和风力向煤炭能源转变，石油和内燃机以及电话形成了第二次工业革命中新型通信+能源综合体②。麦基里（Paul Markillie，2012）认为第一次工业革命是纺织迈向机械的变化，第二次工业革命是小规模生产迈向流水线生产的变化，第三次工业革命是制造业数字化大发展的变化。克劳斯（Klaus Schwab et al.，2016）以技术的变迁将工业革命划分为四次，第一次是以铁路建设和蒸汽机发明为触角的机械生产时代，第二次是以电力和生产线为触角的规模化生产时代，第三次是以半导体技术和计算机为触角的计算机革命时代，而我们现在正处于第四次工业革命之中。

① 尾木藏人．工业 4.0：第四次工业革命全景图［M］．北京：人民邮电出版社，2017：7.
② 杰里米·里夫金．零边际成本社会［M］．北京：中信出版社，2014：40+46.

表 2－1　　工业革命划分和标志

学者	名称	标志
马克思	工业革命	工人制造工作机代替工人
	工业革命	机器代替工人
托夫勒	农业革命	社会形态演变和发展的规律
	工业革命	
	信息革命/知识革命	
德国工业 4.0 工作组	工业 1.0	蒸汽动力/机械化生产
	工业 2.0	电力动力/大规模批量生产
	工业 3.0	信息技术、能源技术/自动化生产线
	工业 4.0	CPS 技术、智能制造以及智能工厂
尾木藏人	工业 1.0	水力和蒸汽机驱动机械设备
	工业 2.0	大规模生产、分工模式及电力的使用
	工业 3.0	IT 技术的应用促进自动化的生产升级
	工业 4.0	CPS 技术
托马斯	工厂时代	蒸汽机、煤炭、棉纺织品
	大企业时代	火车、钢材、新型耐用消费品
	“巨无霸”公司时代	集成电路、电脑、软件、新型药品
彼得·马什	生产革命	自动纺纱机/少量定制
	运输革命	蒸汽驱动的火车、铁壳、铁壳船/少量标准化
	科学革命	廉价钢材、发动机、化学品/大批量标准化生产
	计算机革命	电子计算机、半导体/大批量定制生产
	新工业革命	新兴产业/个性化量产
里夫金	第一次工业革命	煤炭能源
	第二次工业革命	石油、内燃机、电话
	第三次工业革命	互联网信息技术与可再生能源的结合
麦基里	第一次工业革命	机械
	第二次工业革命	流水线生产
	第三次工业革命	制造业数字化大发展

续表

学者	名称	标志
克劳斯	第一次工业革命	铁路建设、蒸汽机发明、机械生产
	第二次工业革命	电力、生产线、规模化生产
	第三次工业革命	半导体技术、计算机
	第四次工业革命	物理、数字、生物三方面的技术大趋势

资料来源：作者根据相关文献整理所得。

2. 推动工业革命的因素的争论。

对于工业革命的起源，马克思认为生产方式的革命是从劳动力变为劳动工具开始的，劳动工具以机器为核心，所有发达的机器都是由发动机、传动机和工具机或工作机构成；前两个机构的作用是把运动传给工具机，由工具机作用于劳动对象，所以机器中的工具机才是18世纪工业革命的起点，蒸汽的胜利是来源于以工具机为出发点的机械革命溢出效应扩散到动力方面发动机部分①。罗杰·奥斯本（Roger Osborne，2016）认为，英国成为第一次工业革命诞生地的原因在于当时英国同时具备了以煤炭为动力的技术革新和经济形态。英国用了200年的时间完成了从以自然能源为动力的经济形态向以煤炭为动力的经济形态的转变，而且以前用来种植当作燃料的木材的土地被用于种植食物，获得了农业领域的新高度和人口的不断增长。随后因为纺纱技术、织布技术以及机器制造技术的出现，英国人掌握了利用河流提供水力和利用煤提供燃料，使得兰开夏地区诞生了纺织业。因为兰开夏地区特殊的气候条件让铁的产生较为容易，大量廉价铁的产生推动了机械的普及以及交通工具的诞生。罗伯特·艾伦（Robert Allen，2012）通过对英国以及同一时期其他国家的对比发现技术变革是工业革命的起源点，无论是纺织机、蒸汽机，煤炭、焦炭和冶铁，抑或是社会化进程、资本积累、收入提高和生产力提升都是新技术的产物；他认为尽管18世纪的英国比其他国家都保持了更高的人力成本，但是因为英国煤炭资源丰富、价格低廉，用机器代替人工的愿望要比其他国家更为强烈，导致使用煤炭进行生产的蒸汽机、纺纱机、织布机、冶铁工业可以得到迅速发展和推广；高工资下的社会教育也推进了民众对于技术的接受程度与学习能力，这也是罗伯特所强调的非技术因素对于新技术供给量的促

① 马克思.资本论（第一卷）[M].北京：人民出版社，1975：429.

进作用。

对于推动工业革命的因素，学术界也存在诸多争论。托马斯（2000）从供给和需求方面对第一次工业革命进行了总结，认为在供给方面，蒸汽机、动力织布机以及可拆卸零件的机器在技术上为生产进行了突破；在需求方面，商人们通过营销手段建立了消费者的习惯和消费行为，为利润创造空间。弗里斯（Vries J D，1994）认为工业革命是资源再分配的过程，它增加了商品和劳动力的供应，增加了市场对商品供应的需求。克里斯（Chris Anderson，2015）认为，社会的发展主要依靠人们对提升生产效率、改变寿命长度和生活水平以及住所、人口数等各个方面技术发展带来改善的需求，人类都需要这样的产品才会出现贸易，进而贸易推动技术发展和工业革命的进程。布罗代尔（Fernand Braudel，1992）认为技术是人类改造世界的主要驱动力，革命是通过对技术的不断改良才实现的，他认为先有技术的铺垫和进化才会有革命的加速前进，就像在第一次工业革命前夕经过了很长的准备阶段，直到蒸汽机的出现迅速将社会的一切推动起来。但同时，布罗代尔认为技术之所以可以被推广，是因为社会对技术的需求；磨坊之所以没有得到更大的发展，一部分原因是技术的不发达，但是主要原因是所在地不需要更多的动力。“蒸汽机发明以后很久才推动了工业革命，如果历史仅仅表现为科技发明的时间，我们从中看到的就是一片幻景，就比如美洲之所以得而复失，是因为欧洲当时不需要美洲。”

引起经济周期性波动的原因来自渐进式技术创新和破坏式技术创新，其中破坏式技术创新会引起工业结构的重构，进而引发工业革命。彼得·马什（2013）认为工业革命主要的影响因素是新技术和新的制造模式。周友光（1996）认为第二次工业革命的确认是因为社会生产力发生了历史性的飞跃而引起的阶段性的重大变动，详见表2-2。

表2-2　　两次工业革命社会生产力对比

分类	指标	第一次工业革命时期	第二次工业革命时期
原料类	钢产量/万吨	52	7600
	生铁产量/万吨	1200	7900
	煤产量/万吨	21800	79000
	石油产量/万吨	80	2000

续表

分类	指标	第一次工业革命时期	第二次工业革命时期
设施类	铁路总长/万公里	21	110
	船舶总吨位/万吨	1600	3460
	电报线总长/万公里	150	430

资料来源：周友光．两次工业革命概述［M］．武汉：武汉大学出版社，1996.

内福（1958）认为第一次工业革命是从1780年出现的前所未有的工业进步和加速开始的；森伯格（1982）、帕克都认为人力资源，尤其教育是工业经济的推动力和标准；龙多·卡梅伦（Rondo Cameron）认为可选择从煤炭资源和人力资源两个方面探讨工业革命，他认为机械工业的发展和冶金工业的发展，离不开煤炭，而教育也是其他资源所不能替代的一种资源①。卢卡斯（Robert E. Lucas，2016）认为，一小群悠闲自得的贵族可能会创造出希腊哲学和葡萄牙航海术，但是绝对无法诱发工业革命，真正工业革命的推动力量，一定是一个在数量—质量权衡中，大多数家庭会有人力资本投资的机会。

里格利（E. A. Wriglpy，2013）认为引发工业革命的因素本质是由两类不同的经济增长类型构成的，其中第一类是高级有机经济阶段，第二类是矿物能源经济阶段。马松（Musson A. E.，1989）认为工业革命并不仅仅是科学技术结合的产物，例如在冶铁的过程中，在纺丝和纺织中，以及在许多机械行业，能源都发挥了极其重要的作用。里夫金认为能源机制的变革是工业革命的划分标志，他认为"能源机制塑造了文明的本质，决定了文明的组织结构、商业和贸易成果的分配、政治力量的作用形式，指导社会关系的形成与发展"。

诺思认为，工业革命的重点是技术，但技术变革不是在制度真空中发生的。工业革命是创新率的一种加速，规定的更完备的产权制度改变了旧的要素和产品市场，市场规模因此扩大，并再一次引起专业化分工，交易费用再次增加，使得企业选择进行组织变革来降低成本，与此同时市场规模进一步扩大。也正是扩大的市场规模和对发明的完善的产权规定提高了创新的收益率等一系列发展为技术革命（将科学和技术结合）铺平了道路②。

① Cameron R. A New View of European Industrialization［J］. Economic History Review，2010，38（1）：1-23.

② 诺思．经济史上的结构和变革［M］．北京：商务印书馆，2009：180.

不同学科、不同学派以及不同学者对工业革命的划分标准以及划分时代都持有不同的见解。以社会形态中政治、经济、文化的巨变作为工业变革的标准，以新需求要求工业进步产生的不同革命为标准，以新技术革新带来的不同时期工业变革为标准，再或者是以新能源的发现和获取能源方式革新为标准，不同的标准和划分的共识也是有目共睹的，那就是新技术的产生推动了工业发展，新能源和获取能源的方式革新推动了工业发展，新需求和新社会关系的出现让工业不断得到发展，以及新工业革命的产生还伴随着新的制造范式和组织范式。

（二）中国工业革命的四次尝试

在过去的两百年里，世界已经经历了数次工业革命，生产力有了极大进步。早期的中国，特殊的历史背景和资源禀赋让农业产值远高于工业，并在长时间内选择以农业生产为主导。中国工业的发展一直以经验追随的方式进行发展，较先发国家还是有可发展空间①。

19 世纪 40 年代，我国被迫打开国门，第一次接触到工业革命的浪潮。但是由于缺乏手工业工场的环节，我国工业的初步发展是直接从家庭手工业跳跃到工厂生产，主要集中在机械制造、纺织工业等传统工业中②。以棉纺织为例，19 世纪 60 年代洋纱排挤土纱，洋布倾销使中国手工棉织业从根本上遭到了毁灭性的破坏③。

在新民主主义时期，受到来自列强资本的排挤以及官僚资本压榨，我国民族资本在夹缝中艰难求生，最终还是未能完成工业革命的历史使命。在一个半殖民、半封建的国度里，想要发展工业是多少人的梦想，却一再破灭④。到 1949 年，工业比重占我国国民收入的 12.6%，与此同时，美国工业增加值占比为 48.4%，德国工业增加值占比超过 55%⑤。

新中国成立后，经过三年国民经济的修复发展，我国在 1952 年提出建设社会主义工业化道路。这一次工业化尝试通过学习苏联社会主义工业化道路的经验与教训逐步形成了一定的工业化基础，获得了瞩目的成绩。

---

① 郭铁成．中国制造 2025：智能时代的国家战略［J］．人民论坛・学术前沿，2015（19）：54－67.

② 孙建国，村上直树，陈文举．中日工业化进程比较［M］．北京：社会科学文献出版社，2013：24－25.

③ 孔经纬．简明中国经济史［M］．长春：吉林大学出版社，1986：159，163.

④ 毛泽东．论联合政府［M］//毛泽东选集（第三卷）［M］．北京：人民出版社，1991：1080.

⑤ 梅新育．中国制造业向何处去［M］．昆明：云南教育出版社，2013：21.

作为时代的产物，中国第三次工业革命的尝试还是存在不可避免的局限性，对于中国来说，从零开始的发展需要比较充分的实践基础以及几代人的探索与尝试①。我国第三次工业革命的尝试仍然没有让我国制造业出现历史性转轨。

直到党的十一届三中全会，我国提出要走自己的道路，建设中国特色社会主义工业化道路。在汲取了历史的经验以及我国本土发展需求与现实状况的基础上，第四次工业革命的尝试让我国制造业得到高速发展，在短时间内就追赶上前两次工业革命的进程，并且在第三次工业革命中取得相当瞩目的进展。自 2008 年我国宏观经济开始缩短与西方强国的距离，随着新一轮革命进程的到来，我国也在积极举措以抓住机遇跻身制造业强国阵营。

中国百年的工业化尝试就像一幅画卷，展现了立国之本、兴国之器、强国之基的制造业发展的全脉络，自 18 世纪中叶开启工业文明以来，世界强国的兴衰史和中华民族的奋斗史一再证明，没有强大的制造业，就没有国家和民族的强盛。

二、制造业结构升级一般规律

产业结构的发展、工业革命和技术创新是协同演化的。工业革命的发展不可能一蹴而就，技术创新也需要持久的生命力，依赖一国制造业结构的合理化发展，这也是为什么工业革命的发展在不同国家、不同地区以及不同时代具有差别的重要原因之一。工业革命不是一个单一部门的变革，而是一个时代的变革。起初从机器的一部分扩散到机器的另一部分，再从个别机器扩散到机器体系，进而从一些工业部门扩散到另一些工业部门，直到影响了运输业和全部工业②。从历史梳理中我们可以看出，制造业升级路径是依靠改变生产要素或者说密度要素进行的，是沿着劳动密集型制造业、资本密集型制造业向技术密集型制造业发展的过程。

（一）以劳动密集型制造业为代表的时期

在第一次工业革命中自动纺纱机的出现让机器代替劳动力的时代拉开

① 高伯文．中国共产党与中国特色工业化道路［M］．北京：中央编译出版社，2008：161 + 163.

② 马克思．资本论（第一卷）［M］．北京：人民出版社，1975：252.

帷幕。在这一时期，以价格低廉、技术简单、市场需求最为广泛的轻工业消费品为主导，生产这些产品的机器相对简陋且易于推广，生产资料可以普遍获得，产品的生产周期相对较短。这些轻工业消费品的特征让资本的周转和积累速度加快，也从另一个角度推动了其他部门的发展。马克思以英国纺织业为例，说明纺织的出现不仅促进了纺纱业的进步，而且还促进了织布业的发展，进而促进了整个工业的发展。最开始时5~6台纺车要不停运作才能满足一台织机所需要的棉纱，为了满足市场，资本家要求提高纺纱的产量，由此产生了纺纱机，并将操作技术改进到可以由一人进行操作；随着纺纱机的发明，织布行业由此落后，随即又产生了机械织布机。而这两个产业又促进了漂白业、印花业、染色业的发展，漂白业、印花业、染色业要想更好地发展必须通过力学和化学的革新。随着机械的发明和发展，木质工具渐渐被淘汰，对于铁的需求激发了机器制造的发展。

尽管出现了机器生产，但这一时期的制造业依旧处于无标准的小型生产模式中，机器的生产、运行、维护都需要大量人力；在这个阶段因为飞梭、纺纱机、多轴纺纱机、水力纺纱机、机械织机、蒸汽机以及焦炭技术、搅拌炼铁技术等技术的产生，形成了以纺织业、冶金业和初级食品加工业等劳动密集型制造业为代表的产业结构。

（二）以重工业为代表的时期

在第二次工业革命阶段，随着电机的发明出现了标准化机械生产替代无标准的小型生产的变化。随着大机械动力广泛地代替蒸汽动力以及人力和畜力，让劳动生产率大幅上升，人均资本也随之提高。起初，劳动密集型制造业吸引了大量农村剩余劳动力进入城市从事生产。当脱离土地进入城市的劳动力与资本结合时，人均收入进一步提升，市场需求急速扩张，资本规模迅速扩大，这一时段的生产方式从劳动密集向资本密集逐渐转化。

大型机械以及现代运输工具极大地提升了劳动生产率，部分小型工厂被淘汰出局；技术的发展也进一步刺激社会需求的提升，产生了大量对钢铁、化学品、能源等原材料以及电器的需求，部分劳动密集型产业开始转型。重工业技术具有极强的溢出效应，在这个阶段随之出现了许多新的生产生产资料的工业部门，包括金属加工业、电气材料制造业、化学制品业、汽车工业、航空工业等资本密集型制造业和技术密集型制造业，逐渐形成以重工业为主要发展方向的产业结构。但是农村剩余劳动力毕竟是有限的，因此在没有技术进步的条件下由资本密集所带动的人均资本和人均产量的提高也是有极限的①。也就是说当劳动力带动和资本带动达到相应发展水平时，只有技术的不断进步才可能再次刺激制造业的发展。随着各国对于技术的重视与发展，制造业结构开始向以技术密集型制造业为主导的方向进行转型。

（三）以新兴技术制造业为代表的时期

在第三次工业革命阶段，电子管、晶体管、电子计算机的出现以及信息技术的发展让大批量标准化生产成为可能，大量需要复杂工艺的耐用消费品出现，工业部门从以原材料生产为中心向以深加工精制造为中心进行转型。在这个阶段城市化进程基本实现，基础设施建设基本完成，加上材料技术、集成电路技术、航天技术都得到空前的发展，一些本来依靠资本进行发展的产业转向依靠技术进行发展。技术密集型制造业不断涌现，产生了计算机、通信和其他电子设备制造业，石油工业，原子能工业等一批新兴技术制造业。这一阶段的市场产生了大量对于制造业服务化的要求，信息技术水平成为工业技术发展的关键因素。

（四）制造业结构升级的规律

产业之间互相影响、互相升级，新业态越来越多，制造业分类越来越细密，制造业结构沿着工业化演进的方向进行转型。根据制造业的变动规律，我们可以看出制造业结构沿着效率更高的方向发展，从轻纺工业阶段发展到重化工业阶段，再从高加工工业阶段发展为信息化工业阶段，其实质就是劳动密集型制造业向资本密集型和技术密集型制造业升级。从各行业占比情况来分析，也与第一章中本书对制造业升级的内涵分析相对应，制造业升级就是劳动密集型制造业占比不断下降，资本密集型制造业占比先上升后下降，技术密集型制造业比重则是不断增加的过程。

三、制造业价值链升级一般规律

在工业革命的发展历史中我们可以总结出市场规模创造了劳动的分工，劳动分工带来了利益和量产。亚当·斯密认为分工使得劳动技能和劳

① 龚刚，马丽．从中美贸易战看中国对外开放模式的转型［J］．财经论丛，2018，11：1－13.

动生产率提升原因有三，分别是分工提升了劳动者劳动的熟练程度、节约了更换劳动所损耗的时间以及节省劳动机器的发明代替了许多劳动者的工作①。一些生产部门因为劳动率的相对下降被削弱甚至挤出市场，一些生产部门因为需求的加大而扩张，还有一些因为新的生产关系产生而产生的生产部门，分工的变化使得社会内部的各种结构和比例也随之发生变化。从历史发展的角度来看，资本主义的发展是以技术发展为基础的。马克思在阐述生产方式变革和生产力水平提升时指出"生产方式的变革，在工场手工业中以劳动力为起点，在大工业中以劳动资料为起点"。在工场手工业时期，劳动者数量不断增多，劳动力的聚集和协作进一步提升了劳动力的生产水平，逐步形成劳动力的专业化和技能化。而在这一时期，工场手工业中部分拥有专业化技能的劳动力让劳动工具得到改进，这种改进再一次推动工场手工业时期工业的生产力水平。机器作为简单生产工具的集合，是由工厂手工业时期创造的物质基础发展而来，并在生产过程中不断促使社会分工发生变革②。

马克思认为第一类分工是彼此独立的商品生产者，第二类分工是资本主义手工场内社会分工的划分，所以马克思将分工分为社会分工和工场内分工。马克思认为工业革命的发展带来劳动力的聚集，随着劳动过程发生扩大，产品数量发生变化，市场也就更为广泛，资本家为了更好地逐利促使机器大工业时代到来。机器大工业时代的资本主义需要国外市场，例如新印度之于英国纺织业，夺取新市场可以创造新部门、新的经济关系、新的价值，创造新的繁荣，还能够避免旧市场所带来的危机。更重要的是为了让工业不落后、不消亡，一方面资本主义国家必须通过对国外市场的掠夺来实现自己工业的进一步发展；另一方面还要保持垄断，保证其他国家工业水平停留在很低的水平上。马克思在《哲学的贫困》一书中说到，由于机器和蒸汽的运用，分工的规模已经使大工业脱离了本国，完全依赖于世界市场、国际交换和国际分工③。当可以用于交换的市场范围扩大时，生产规模也随之进行扩张，新需求、新生产关系以及新的分工又一次产生。从经济发展史来看，国际分工经历了三个阶段，分别是第一次工业革命与第二次工业革命前期的工农业分工阶段，第二次工业革命后期开始的

① 亚当·斯密．国富论：强国富民的西方经济学"圣经"［M］．北京：人民日报出版社，2009：6－7.

② 马克思恩格斯全集（第二十三卷）［M］．北京：人民出版社，1972：408－433.

③ 杨圣明．马克思 恩格斯 列宁 斯大林论国际贸易［M］．北京：中国社会科学出版社，2013：14.

发达国家与发展中国家之间按照要素禀赋进行的产业间“垂直分工”以及通过国际直接投资方式产生的产业内垂直分工和水平分工交叉并存的国际分工。

为了更好地扩大市场降低成本，资本家开始选择离市场更近的地方开展制造。结合波特产品创造过程环节划分，从生产环节来看，随着工业革命带动世界经济的融合的效率提升，资本家开始考虑把自己的生产费用同整个世界市场的市场价格进行比较，这些价格包括生产地劳动的支出、研发技术费用的支出等。随着生产环节的细化，产品也变得更为精致和多样。从营销环节来看，资本主义的生产不能与对外贸易分割，资本主义必须有国外市场，不是因为产品不能在国内市场实现，而是因为资本主义不能在不变的条件下以原有的规模重复生产①。

随着技术的发展导致区域资源价格上涨，先发地区的劳动密集型产业逐渐被资本密集型和技术密集型产业所替代，出现向后发地区转移的情况，逐渐形成价值链。事实上，结构性升级就是一国制造业的对内升级，是最宏观的外在表现形式；价值链升级就是一国制造业的对外升级，是一国制造业发展的根本目的②。制造业升级是价值的升级，这一点在工业4.0的新工业革命中尤为突出。全球消费行为改变驱使产品生命周期缩短，制造业者如何满足客户少样大量、少样少量需求成为赢得订单的条件之一，企业必须提高制造能力以及生产效率以满足多变的客户需求，才能创造产品附加价值进而维持竞争力。

四、制造业竞争力演进一般规律

马克思指出“工业较发达的国家向工业较不发达的国家所显示的，只是后者未来的景象”③。发达是一个相对的概念，历史证明只有保持制造业竞争力处于高技术水平，才能够保持相对发达国家的行列不被赶超。而对于相对落后的国家而言，新技术的出现是赶超的关键。追赶、赶超理论是格申克龙（Alexander Gerchenkron）在1962年提出的从发展先后的视角来定义不同发展阶段国家的理论，该理论将不同发展阶段国家分为后进国家和先进国家，认为后进国家可以参考先进国家的经验、引进先进国家的

① 列宁全集（第三卷）[M]. 北京：人民出版社，1984：544-545.
② 王国平. 产业升级论[M]. 上海：上海人民出版社，2015：92+94.
③ 马克思. 资本论（第一卷）[M]. 北京：人民出版社，1975：8.

技术而享有后发优势。先进国家的技术积累转移到后进国家后产生溢出效应，使得后进国家经历的错误减少，技术进步过程加快，达成快速增长、缩短升级时间的目的。从第二次工业革命开始，每一个新工业革命的浪潮对各国来说都是一次挑战，也同样是一次难能可贵的机会。它既可以使一些国家由落后一跃变为先进，也可以使一些国家失去原先的优越地位。后进国家在发展的过程中会形成三种不同模式的发展路径[①]。第一种是对新技术发展作出迟缓反应的国家，由于没有抓住新工业革命的浪潮，并且国内制造业结构不合理导致制造业发展相对缓慢。第二种是对新技术发展敏锐度较高的国家，借助新技术的推动力使得该国制造业能够在较短时间内得到发展。第三种是抓住革命浪潮的国家，在技术的推动下积极进行制造业结构的调整和优化，不断刺激技术进一步发展，在短时间内完成工业化准备起飞和起飞阶段，从较为落后的发展顺序中实现快速追赶，甚至赶超。

历史的发展伴随着竞争，工业发展决定了各国的国际地位，技术水平决定了各国的竞争力。工业发展存在渐进式的发展模式和跃进式的发展模式，在竞争中必然会产生不同发展阶段国家之间的追赶。国家间的地位是相对的，表2-3展现了国家地位的变迁没有永远的第一，后进国家抓住工业革命的契机就会存在赶超机会。后发国家对发达国家的经济赶超存在三种不同的路径：第一是跟随型路径；第二是跨越型路径；第三是创新型路径[②]。第一次工业革命中，英国首先发展成为世界的制造中心，被称作"日不落帝国"。第一次工业革命的技术扩散让诸多国家的经济呈现起步状态。第二次工业革命与第一次工业革命不同的是第一次工业革命中英国独占鳌头的形势被改变。交通运输业的发展让竞争出现在了更大的规模中，由于不同国家的接纳能力、学习能力以及资源禀赋有较大的差别，技术的扩散在不同国家也显示出了不同的技术含量。德国和美国抓住第二次工业革命的契机，不断促使产业升级，进入大国行列，并出现了德国追赶并超越英国，美国追赶并超越英国、德国的新势头。

---

① 周友光．两次工业革命概述［M］．武汉：武汉大学出版社，1996：73.

② Lee K，Lim C. Technological regimes，catching-up and leapfrogging：findings from the Korean industries［J］. Research Policy，1999，30（3）：459-483.

表 2-3　　三次工业革命技术、产业与国家地位变迁

工业革命	核心国家	革命性技术	先进产业	国家地位
第一次	英国	纺织技术、蒸汽革命	纺织业	“日不落帝国”
第二次	德国	内燃机技术、电力技术	化学工业、汽车业	追赶并超越英国
	美国		原油业、汽车业、机电制造业	追赶并超越英国、德国
第三次	美国	信息技术、生物技术、新材料和新能源技术	信息通信业、生物制药业、新材料与新能源业	引领世界

资料来源：经作者整理所得。

20 世纪初期，因为传统制造业的统治地位根深蒂固，英国没能够抓住产业转型的时机，开始陷入相对停滞的状态，制造业的停滞造成英国竞争力急剧下降。托马斯（2000）认为英国被赶超的主要原因是在第一次工业革命中英国不论是在资本方面还是体制方面均得到了大量的沉淀，原有工业机器的运转就可以带来庞大的垄断性利润使得英国对工业化的进一步发展缺乏兴趣和热情。德国凭借其优先发展高技术、高产值工业部门的战略，保证了德国在第二次工业革命中高效、高速、高质量的工业化进程。美国在第二次工业革命时期，不仅要在全国范围内完成第一次工业革命的建设，还需要抓住机遇完成第二次工业革命带来的历史任务。在这一时期，美国的发展路径并不是像英国、德国先发展轻工业，再发展重工业，而是直接将发展的中心放在第二次工业革命的核心即重工业之上，尤其是抢先发展新兴工业并且全力发展运输业，再用重工业的先导力量引导和改造其他产业的发展①。以汽车行业为例，福特公司用短短的十年时间占领了世界 2/3 左右的汽车市场②。美国利用新兴工业的快速发展，在三四十年的时间内就成功赶超英国，成为世界制造的中心。第三次工业革命中持续性的改良为日本带来了强大的竞争力，使其成为许多制造标准的拥有者；而德国因为在第二次工业革命中所表现出的优势正好与第三次工业革命相反，导致德国在第三次工业革命中的表现并不尽如人意。也就是说，要想保持制造业在世界的先进地位不被赶超，就必须具有技术的持续创新能力。英、德、美三国的工业道路都显示了其极强的创新能力，想要成为

① 周友光．两次工业革命概述［M］．武汉：武汉大学出版社，1996：82-83.

② 道格拉斯·布林克利等．福特传：他的公司和一个进步的世纪［M］．北京：中信出版社，2005：213.

一个时代的引领者并保持引领地位则必须具备持续的创新能力，这也和美国在新工业革命浪潮来临时提出的 AMP 计划相互印证。

从历史的发展来看，相对落后国家能够实现赶超的基础是具备相应的产业结构和技术创新能力。相对落后国家必须能够充分利用后发优势促进制造业不断升级以实现对相对发达国家的追赶和赶超。赶超的一般形式就是相对落后的国家通过参与国际分工获得学习先进国家成功经验和先进技术的机会，再通过进一步的消化和适应实现进一步缩小和发达国家的技术差距。在生产和贸易的全球一体化之下相对发达与相对落后国家之间依存度越来越高，相对发达国家既离不开相对落后国家的资源禀赋以及开放的市场，又不能够让相对落后国家实施赶超，夺取既得利益。所以后发国家的制造业的发展一定会遇到先发国家的遏制和阻碍。而真正实现赶超，掌握自主权，需要跨越的就是自主创新这条根本上的鸿沟。如今的新工业革命也伴随着新一轮的国家间后来者居上的竞争，以德国最先开始，中国、印度、日本、英国等国家也纷纷参与到竞争当中，但相对落后的国家面临的竞争环境将更为恶劣。

第二节 历史维度下制造业发展影响因素

历史是一面镜子，折射出的是事物发展的内在作用机制与未来的发展方向。制造业升级的本质是在竞争中获得更高的利益，根据制造业发展历史，我们可以看出其发展的内在作用机制就是通过制造业结构升级与价值链升级的耦合发展方式不断提升制造业竞争力，实现国家的追赶与赶超，达到先进地位。从历史的时间序列来看，历次工业革命背景下制造业升级的主要驱动因素有需求、技术、人力资本、能源机制与制度。从历史的角度来看，先进的需求和技术进步是各个国家发展驱动力的共有特征；人力资源、能源机制和政策制度却各因不同地域、不同时间有所不同。

一、因素一：需求面驱动

从需求角度来说工业革命是具有需求面特征的供给侧现象①。从第一

① Vries J D. The Industrial Revolution and the Industrious Revolution [J]. Journal of Economic History, 1994, 54 (2): 249-270.

次工业革命来看，英国成为“日不落帝国”的原因在于其社会快速发展使得炼铁使用的木炭供给困难，为了获得更多能源，蒸汽机被发明出来。最初，蒸汽机的发明是用来抽水以达到让煤井更为高效地产出煤炭进而为生产提供更多的能源。廉价的煤炭资源满足了不断增长的工业制造的需求，为了能够满足日益增长的对煤炭的需要，又直接促进了最初的交通运输事业的发展。马克思指出畜力、水、风作为动力不能够满足纺织的需求，产生了飞轮和蒸汽机，而飞轮在之后的大工业中起到了极大的作用，蒸汽机更是成为推动性的力量①。

交通的便利以及英国享有的制海权，让市场得到进一步的扩张，生产规模也随之扩张，新的更大的需求产生。为了满足更大的需求获得更大的利润，促使商人们寻找更快提升生产力的办法，人们开始研究如何能让动力变得更为强劲，因此拉开了机械代替人力和畜力的时代篇章。而同时代的法国由于机器的使用对于资本家来说是增加了成本（因为劳动力的价值与机器的价值不存在差额，甚至是更为廉价），没有需求使得新的动力和技术看起来多余且不可能。

里格利（2013）认为，工业革命显著的特征和最重要的原因就是人均实际收入稳定且大幅度的提升；而哈巴库克指出，人均收入高的国家享有丰富的消费品，这是英国工业革命的主要原因②。以第一次工业革命为例，在19世纪，英国国民收入增长了八倍③，德国克虏伯公司在1825～1845年，从只有10名工人发展到115名工人，工资种类从三类变更为十七类；西门子公司中，同一工种中熟练工工资比半熟练工工资高出38%④。马克思认为“分工是国民财富增进的唯一源泉”。当某种劳动产品获得新的市场时，产量就会增加。产量的增加有两种原因：一种是因为其他产品的牺牲而获得的，另一种是因为新产品的改良或者合作帮助劳动产品获得的成果。马克思认为，生产过程的诸多环节存在空间分离的现象，一旦每个生产者都向其他人供应不同的商品，又从其他人处获得自己需要的产品，职业分工就产生了，随着职业分工的细化，每个劳动者工作的范围越来越小，反复进行同一种劳动使得劳动者对该种劳动技能的掌握程度有效

---

① 马克思．资本论（第一卷）［M］．北京：人民出版社，1975：432+433.

② 弗里曼．光阴似箭：从工业革命到信息革命［M］．北京：中国人民大学出版社，2007：180.

③ R. R. 帕尔默等．工业革命：变革世界的引擎［M］．北京：世界图书出版公司，2010：14.

④ 彼得·马赛厄斯，D. C. 科尔曼，M. M. 波斯坦．剑桥欧洲经济史（第七卷）：工业经济：资本、劳动力和企业［M］．北京：经济科学出版社，2004：480+602.

提升以及劳动生产率上升[①]。当英国家庭的收入超过他们的基本需求时，“共同专业化”的分工模式产生，在这种模式下当衣服的需求增加时，妇女们制衣量的增加就要牺牲妇女们创造家庭生活必需品的劳动，而家庭生活必需品就需要从交换中得到。这种“共同专业化”的分工模式不仅满足了个人和家庭的需求，还极大地促进了制造业整体发展的需求[②]。在新工业革命下，为满足多元化的需求，制造业的升级沿着大规模自动化生产向个性化大规模生产发展，新的生产方式不仅和大规模生产方式下的成本相同，消费者还可以根据自己的喜好选择产品的设计，实现了即时生产、快速生产、定制生产和绿色生产的一体化。

与需求的正面作用相当，我国制造业对于高技术发展的需求对我国在全球价值链攀升中起到了割裂创新的负面作用。在我国被俘获后，我国企业怠于且难以通过技术创新来取代劳动力优势，导致产生“需求排挤与替代”效应，使得我国难以拥有高技术含量的自主创新，恶化了我国制造业发展的环境和未来，出现了诸如“中兴事件”等案例。

二、因素二：技术面驱动

工业从产生、形成到成熟依赖于生产力的进步，技术进步是推动生产力发展的主要动因。乔尔·莫基尔（Joel Mokyr，2008）认为“技术革新是富裕的杠杆”。先进国家和后进国家的区别并不是因为先进国家更有钱，而是因为它们生产了更多的让人觉得有用而且愉悦的产品和服务，这一切的主要原因是技术的发达，而先进国家利用这样先进的技术控制和利用了大自然以及劳动力。从科学技术的角度来看，尽管新工业革命对于何种新技术将推动新的浪潮还存在争论，但是对于已经到来（也有学者认为是即将到来）的新工业革命是以技术以及技术的融合驱动为核心的认知是毫无疑问的。技术对制造业发展的驱动作用也与在传统革命的探讨中总会提到的纺织技术、冶金技术、信息技术相映衬。本书所探讨的“互联网+”就是在工业4.0的技术范畴之上，包含技术驱动力以及技术与其他产业融合产生的驱动力。

---

① 约翰·穆勒．政治经济学原理及其在社会哲学上的若干应用［M］．北京：商务印书馆，1991：145.

② 罗杰·奥斯本．钢铁、蒸汽与资本：工业革命的起源［M］．北京：电子工业出版社，2016：289－291.

历史不断向我们展现技术的颠覆能力。在机械化制造时期，蒸汽机的发明让技术和经济发生紧密的联系，最开始的蒸汽机只是用于抽水和提盐水（尽管当时蒸汽动力带来的收益远不如水力动力），但是随后改良版蒸汽机的发明促进了能源的利用以及交通运输的发展。在电气化制造时期，技术的发展改变了单纯依靠增加劳动强度来增加产值的发展情况。信息化制造时期的信息通信技术、计算机技术、互联网技术的发展都为“互联网+制造”铺平了道路。

技术的发展有两个规律，第一个是每一次相对先进的工业革命和前一次工业革命相比，新技术都是由旧技术激发得到的，而新技术的影响在未来的社会发展中更为明显。随着世界距离的缩进，万物互联让新技术的推广更迅速更广泛，新技术转化为生产力的速度也更快。统计学家通过对人类社会600年来的技术发展进行研究，总结出“曲棍球杆曲线”式的发展趋势，所以也有学者认为我们现在所处的时代是“加速度的时代”①，这和戈登·摩尔（Gordon Moore）提出的摩尔定律②呈现出一样的发展趋势。第二个是技术的发展是从机械力取代体力到智能力取代脑力，尽管马克思只经历过孕育中的第二次工业革命，完全没有体验之后技术和工业革命发展的浪潮，但是他指出，只要机械动力代替人的肌肉来推动机器，工厂生产就会出现③，这就是技术发展的第二个一般规律。

三、因素三：人力资本面驱动

有学者认为驱动社会进步的是发明技术、拥有资本的人。第一次工业革命下，蒸汽技术对技工的要求提升，学徒制度的发展让教育改变了技术推广和传承的模式。“在18世纪，最有助于英国经济增长的因素是科学精神，它影响了文化、支持了技术发明。”④ 这些优秀的品质也是第二次工业革命中德国发展的动力。发达的科学教育以及对先进和未来强烈的向往，让第二次工业革命时期的德国处于正在起步的新兴工业从一开始便能利用先进的技术装备，而高技术的发展也一直位于世界前列。1901～1917

① 布雷特·金．智能浪潮：增强时代来临［M］．北京：中信出版集团，2017：8.

② 价格保持不变的情况下，以18～24个月为一个周期，集成电路中元器件的数目会增加一倍，性能也提升一倍。

③ 马克思．资本论（第一卷）［M］．北京：人民出版社，1975：529.

④ 弗里曼．光阴似箭：从工业革命到信息革命［M］．北京：中国人民大学出版社，2007：214.

年，德国诞生了15位诺贝尔自然科学奖获得者，1927～1931年连续5年的诺贝尔化学奖获得者也都是德国裔的科学家[①]。科学精神传入美国，尊重科学和技术成为美国经久不衰的特征[②]。科学精神来源于发达的教育，这也是美国能够长期引领科技潮流的重要原因。

尽管各国在人力资源方面实施的制度具有较大差异，但是完成工业革命的各国都是具有相对富裕劳动力的国家，这些富裕的劳动力成为工业革命最初的发展动力。在新的工业革命时期，新工业革命的号角掀起了又一次人才培养的浪潮，各国纷纷开启了企业、研究机构、高校联合人才培养的模式，无论是物联网还是云计算，想要跟得上技术的发展就必须具备与新技术相匹配的技能。尤其是教育行业，肩负着培养掌握新技术人才的重任。里夫金强调教育必须要跟上新工业革命的步伐，调动学生对新工业革命标志的热情，教育要提供分散合作、个性化、定制化和差异化的教育模式[③]，教育的目标是培养和调动科学精神、培育能够追踪最新科学发展的人才。人，才是一切发展的中心和根源。

四、因素四：能源机制面驱动

第一次工业革命之前，木头和木炭是最基本的燃料来源，在食物土地和生物燃料土地之间的竞争使二者的成本都有所提高；后来用煤就可以挖掘到石炭纪时期存储的能源，用石油就可以挖掘到白垩纪时期存储的能源，哈维（2014）认为是能源解放了工业。以能源资源最为匮乏的日本为例，为了完成工业革命，日本必须通过转变能源结构、进口能源以及掠夺能源的方式来发展工业，能源是每一个制造大国都不能忽略的重要课题。

随着工业的发展让工业文明陷入困境，极大的污染和资源消耗对能源革新提出了更高的要求。当然，从历史中我们还看到了在社会发展中商人们不会听从劝说，而是选择花费比必要成本高的代价，低成本的能源总是有办法赢得胜利，哪怕是会造成更为残酷的后果[④]，如何让新能源成本更为低廉和可得才是真正能够广泛推广新能源的最好途径。新一轮的能源变

---

① Explore prizes and laureates ［OL］. https：//www. nobelprize. org/prizes/，2018－12－1.

② 弗里曼．光阴似箭：从工业革命到信息革命［M］．北京：中国人民大学出版社，2007：214.

③ 里夫金．第三次工业革命：新经济模式如何改变世界［M］．北京：中信出版社，2012：244.

④ 威廉·罗森．世界上最强大的思想［M］．北京：中信出版社，2016：323.

革以植入信息技术的清洁能源大规模开发利用为特征。在新的能源系统中，将围绕碎片化的发电模式发展分布式能源体系，围绕清洁能源发展绿色化能源体系，由可再生能源全面替代化石能源。新能源技术+信息技术的突破，被里夫金称为第三次工业革命的标志。

五、因素五：制度面驱动

马克思指出，如果不是存在受法律限制的正常工作日，资本根本不会意识到在一定量资本中如果想提高剩余价值，就必须要减少工人人数，而是继续选择推动资本拼命延长工作日，以提升相对剩余劳动和绝对剩余劳动，以补充被剥削工人人数的相对减少①。当法律强制缩短工作日时，不仅推动了生产力的发展，还使得劳动凝结到只有在缩短了的工作日中才能达到的程度②。因为工作日的限制，资本家不得不在生产费用上精打细算，由此才产生了机器结构的改进、规模和数量的扩张以及新技术的诞生③。相对先进的劳动管理制度对于第二次工业革命发展也至关重要，美国福特的员工流动率一度达到380%，导致流水线无法正常运转。经过“利润分享”，福特劳动力的流动率降低了90%，旷工率更是从10%降到了0.3%，越来越多的优秀技术人员和熟练工人被吸收进入福特，自此福特流水线才真正实现了机械化大生产④。在第三次工业革命中，日本建立了极富特色的法人相互持股以及终身雇佣的企业制度，极大地凝聚了企业的生产能力和创造能力。

许多学者指出，如果不是18世纪英国的专利法和政策激发和保护了技术的创新，就不会产生第一次工业革命的浪潮⑤，以爱迪生为例，爱迪生一生的发明基本上是由上一项专利的经费作为启动资金。无论是国家层面还是企业层面，体制的变化对于经济的发展、技术的变迁、制造业的升级都起到了至关重要的作用。以美国工业化历程为例，美国政府并不是持自由放任的态度。在工业化初期，支持“自由贸易”的美国政府选择使用高达25%的关税保护本国制造业发展；在工业化浪潮中，美国政府通过

① 马克思．资本论（第一卷）［M］．北京：人民出版社，1975：269+468.
② 马克思．资本论（第一卷）［M］．北京：人民出版社，1975：470-472.
③ 马克思．资本论（第一卷）［M］．北京：人民出版社，1975：455+474.
④ 李江静．我国家族企业管理机制创新研究——基于福特公司利润分享制分析［D］．河北大学，2013.
⑤ 克里斯·安德森．创客：新工业革命［M］．北京：中信出版社，2012：48.

《谢尔曼反托拉斯法》《克莱顿法》、反垄断局等手段限制垄断大企业形成，促进了制造业的繁荣发展；在完成工业化的今天，美国提出“再工业化”，用政府行为刺激高端制造业进一步提升发展。有效适宜的政府政策和社会制度让制造业的发展有了更为宏观的参与和引导，有效避免了市场的盲从和信息不对称，提升了制造业结构升级的能力。

第三节 新工业革命与制造业范式选择

一、新工业革命浪潮：“互联网+”

西门子技术研发 CEO 认为，新到来的工业革命是一次全球共同发展的革命，不存在任何一个企业、一个国家单枪匹马地变革的可能性①。第三次工业革命的概念最初由杰里米·里夫金（2012）、保罗·麦基里（2012）提出。里夫金（2012）认为第三次工业革命是互联网信息技术与可再生能源的结合。“将自然的馈赠转化为商品和服务这一过程提供养料，从而维持经济的持续运行和繁荣”，他将通信技术比拟为生命系统中的中枢神经，这个中枢神经会通过控制、监督、协调的方式促进经济的有序进行。他认为第三次工业革命的支柱主要包括向可再生能源转型、将每一大洲的建筑转化为微型发电厂以便就地收集可再生能源、在每一栋建筑物以及基础设施中使用氢和其他存储技术以存储间歇式能源、利用互联网技术将每一大洲的电力网转化为能源共享网络、将运输工具转向插电式以及燃料电池动力车。克里斯（Chris Anderson，2015）认为新一轮的创客保持了小型化与全球化的共同发展的能力，让制造不但可以拥有手工匠人的原始，还能实现低成本的创新，尤其是具有创造出我们尚未了解的产品的能力，是一种由商业模式变革引起的新的制造模式变革。

李杰等（2017）认为，工业革命的主要核心是为了消除人与社会还有经济发展之间的矛盾，第一次工业革命主要解决的是人与动力之间的差距，第二次工业革命解决的是人与生产之间的差距，第三次工业革命解决的是人与距离产生的差距，尚在进行的第四次工业革命则解决的是人与看

---

① 李克等．第四次工业革命［M］．北京：北京理工大学出版社，2015：9.

不见的世界之间的问题。德国工业4.0工作组认为，即将到来的新工业革命是第四次工业革命，而工业革命的主要驱动力就是信息物理融合系统（CPS）技术、智能制造以及智能工厂；新的技术更是颠覆了生产技术和消费方式，并且通过打破市场格局的方式进行发展[①]。韦格纳认为，工业4.0就是IoT（物联网）和IoS（互联网服务）的组合[②]。彼得·马什（2013）认为我们所处的时代，是以新兴产业，例如新生物技术、新材料技术、新能源技术以及个性化量产为标准的新工业革命时代。胡迪·利普森（Hod Lipson et al.，2013）认为驱动新工业革命的是用一台可以随时随地移动的打印机，通过对原材料的沉淀、黏合，利用三维实体技术进行制造的3D打印技术，3D打印技术带来了敏捷制造，让制造能够兼具大规模生产和手工生产的特征，将改变人们的吃穿住行以及教育和审美，而且不再会有污染；他认为3D打印技术的全称“增材制造”非常恰当地描述了3D打印机的工作原理。亚力克（Alec Ross，2016）认为新工业革命与往常不同的是生产资料的变化，他认为谁掌握了大数据（不再是土地和钢铁），谁就进入了新的时代，只有掌握大数据技术才能更好地推进变革。维克托等（Viktor Mayer-Schönberger et al.，2013）认为已经到来的大数据时代源于人类测量、记录和分析世界的渴望，之前的工业革命将注意力一直放在技术上，而新的革命将会把注意力移回信息本身。大数据战略重点实验室（2015）认为，DT时代的三个重要标准是块数据社会、慢数据决策和流数据价值。克劳斯（Klaus Schwab，2016）认为新的工业革命是基于数字革命的基础发展而来的，这次的工业革命中数字技术更为精深，一体化程度更高，变革的驱动力是创新，是互联网的无处不在和移动性能的大幅提升以及传感器体积更小、性能更好、成本更低的特性；具体来说是物理、数字、生物三方面的技术大趋势；其中，物理方面的技术大趋势包括无人驾驶技术、3D打印技术、高级机器人和新材料；数字类的技术为物联网；生物类方面的技术为生物基因工程。詹姆斯·穆迪等（James Moody et al.，2011）认为资源的利用效率将推动即将到来的创新浪潮，他的实现方式是通过对废品和自然资源定价并通过清洁技术实现迅速扩张。李彦宏（2017）认为，我们正在经历数字化时代，即将到来的是人工智能从组织信息、完成任务和丰富经验三个维度一起推动人类的进步。日本政府提出未来是由人工智能、物联网、大数据等技术造就的网络空间与现实

---

① 李克等．第四次工业革命［M］．北京：北京理工大学出版社，2015：7+46-48.

② 日经商务周刊，华制智能．第四次工业革命［M］．北京：机械工业出版社，2016：11.

空间融合的“超智慧社会”，详见表2-4。

表2-4　新工业革命浪潮的标志

学者	标志
杰里米·里夫金	互联网信息技术与可再生能源的结合
克里斯	数字制造和个人制造的结合
德国工业4.0工作组	CPS技术、智能制造以及智能工厂
韦格纳	IoT和IoS的结合
彼得·马什	新兴产业、个性化量产
胡迪·利普森	3D打印技术
亚力克、维克托	大数据
大数据战略重点实验室	块数据社会、慢数据决策和流数据价值
詹姆斯	资源的利用效率
克劳斯	物理、数字、生物三方面的技术大趋势
李彦宏	人工智能
日本政府	建立网络空间与现实空间融合的“超智慧社会”

资料来源：经作者整理所得。

无论是里夫金笔下的第三次工业革命，德国、日本的工业4.0，抑或是彼得·马什的第五次工业革命，大相径庭的争议却指向了同一个方向，那就是我们已经处在变革的时代。在这个时代新技术将改变制造、改变生产，进而改变人们的生活和未来。以“互联网+”为核心的互联网信息技术与可再生能源融合、数字制造技术、CPS技术、智能制造技术，以及IoT和IoS、3D打印技术、大数据技术和人工智能技术等，都将对经济发展、产业升级发挥重要的推动作用。以人工智能为例，透过机器深度学习的各种算法、不断提升的晶片运算能力，做到模拟人脑进行决策，当然，人工智能不是一个单一的技术，而是基于大数据、算法、物联网等信息技术的发展和汇聚而产生的，人工智能的发展尤为需要万物互联的准确性、大数据筛选和整合能力以及精准的算法。无论是哪个学者的主张，我们都明确地看到新时代的驱动力无法离开物联网、大数据、云计算等技术的相互作用，这也和我国提出的“互联网+”相对应。面对已经到来的新工业革命的核心技术，物联网、大数据、云计算等“互联网+”技术已经成为我国制造业发展的主攻方向，也是我国从“中国制造”向“中国质造”

和“中国智造”发展的主要手段。

二、制造业范式演化与选择

根据德国提出的“工业4.0”战略以及以上探讨的工业革命争论，结合已有的学术探讨，本书将制造业发展划分为四个时期，分别是机械化制造时期、电气化制造时期、信息化制造时期和“互联网+”制造时期，详见表2-5。

表2-5 制造业变迁

名称	动力	能源	全球人口	全球人均 GDP	主导技术
机械化制造	蒸汽	煤炭	9.7 亿人	>1200 美元	工具机等机械制造技术
电气化制造	电力	石油	16.5 亿人	2600 美元左右	电力技术、电磁通信技术
信息化制造	电子信息	原子能、核能	37 亿人	6000 美元左右	传统技术深化、微电子等新兴技术
“互联网+”制造	虚实融合	互联网+可再生能源	75.3 亿人	10714 美元	工业互联网、大数据、云计算、人工智能等

资料来源：作者总结，数字信息来源于世界银行及《数位时代杂志》2017年10月刊。

在历史维度下，变迁的过程一直伴随着人口数量以及经济水平的不断增长，如图2-1所示。世界银行公开数据显示，在2018年初公布了全世界人口已经突破75.3亿人，全世界人均GDP达到10714美元。

经济的不断变迁在制造业的发展中显现为技术的革新、动力的革新以及资源禀赋的革新。当机械力的积累达到一定的量时，就需要能量更大的动力对它进行驱动进而产生电力动力；当自动化完成市场对量的需求时，市场对质的需求产生，要求生产过程向智能方向发展。马克思指出，各种经济时代的区别，不在于生产什么，而在于怎样生产，用什么劳动资料生产①。量变都将引起质变，新的时代会要求全新的制造范式和组织范式，详见表2-6。

① 马克思恩格斯文集（第五卷）[M]. 北京：人民出版社，2009：210.

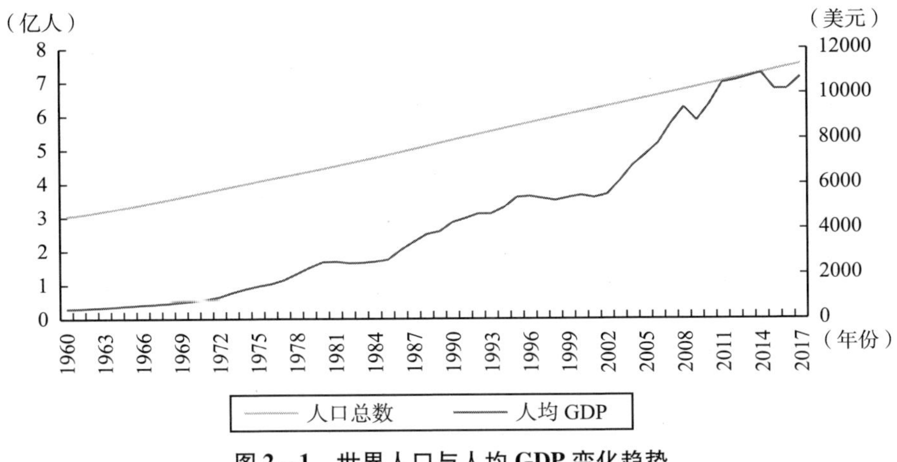

图 2－1　世界人口与人均 GDP 变化趋势

表 2－6　制造范式和组织范式变迁

范式	表现范围	机械化制造	电气化制造	信息化制造	“互联网＋”制造
制造范式	生产模式	简单协作、机械化少量生产	标准化流水线生产	系统化、自动化大规模生产	个性化大规模智能生产
	生产工具	纺织机、蒸汽机	电灯、电车流水线	计算机自动化生产线	物联网、3D 打印、CPS、人工智能
组织范式	组织模式	工厂制、合伙制	公司制巨型企业	跨国公司、网络公司	云端制小微化、平台企业
	组织结构	私人企业合伙	层级化垂直化、垄断组织	集权与非集权并存、垂直与水平一体化	扁平化、新合伙分散式一体化

资料来源：经作者整理所得。

（一）制造业制造范式变迁

简单协作和少量生产、劳动资料从工具转换为机器是这一时期最突出的两大特点，这两种制造业的生产模式都还停留在小作坊模式上，当然也正是这种小作坊孕育了人类历史的大发展。保尔·芒图（Paul Mantoux）在描述 18 世纪产业革命时说，一个有好名声的青年人，总会借到钱去购买其所需要的羊毛，并成为老板兼工匠。在 16 世纪到 18 世纪的英国，基本上每一个村镇、每一户人家都会把毛纺工业作为家庭副业，在工业革命开始之前的制造范式就是家庭手工业，产品是在由工匠和学徒在家庭式的作坊中生产出来的，而只要具有简单的技能和拥有简单的工具就能够参与生产。第一次工业革命是从家庭手工业向轻工毛纺织手工工场发展开始的，纺织机和蒸汽机为工场生产提供了动力，组织家庭式中的工匠和学徒到城市地区，由资本家提供原材料和生产工具进行生产。马克思认为，从以劳动力为起点的工场手工业发展到以劳动资料为起点的大工业，是生产方式变革的表现①。尽管机械化制造时代的制造范式是机械化小批量生产，但是产品的种类已经有明显的增加，也逐渐开始出现熟练的技术工人。

在电气化制造时代，规模化流水线生产的最突出例子就是福特T型车组装线。1913年福特汽车开创了规模化生产新范式，一辆车的组装过程是沿着轨道从第一个岗位移动至第二个岗位，在每个岗位上T型汽车都将被安装一个新的零部件，这种移动的组装线包含了一系列部件装配功能和部件生产功能，是电力化生产的集中体现，被称为装配流水线。索伦森在回忆录中写到福特T型车的产量每年都会翻1倍，1914年，福特汽车的销量就超过了全世界其他汽车制造商的总和。这种规模化的流水生产线分工更为细致化和专业化，也因此带来了更高效的生产和更低廉的成本。1927年，高端的T型汽车的售价大约为每辆360美元。A型单排敞篷车售价大约每辆385美元，而早在1914年福特工人的日薪就已经达到5美元，也就是说福特工人两个半月的工资就可以购买一辆高档福特汽车。一辆代表着新时代的交通工具却仅需要普通的价格，让科技立刻飞入了寻常的百姓家，一时间汽车的需求以惊人的速度开始增长。1927年，美国注册的1100万辆T型车中，每3台中即有2台福特②。

20世纪后期，信息化时代制造范式是通过计算机编程对自动化生产线进行控制，利用自动化制造系统和运营管理系统让制造更加高效和快捷。这一时期的制造业以计算机辅助设计系统代替了曾经手工制图设计和控制，通过精确的数字化集约达到自动化的大规模生产为特征。为了追求生产效率与标准，必须要在制造时对设计和生产同时进行控制，后期的自动化大规模生产开始出现系统化特征。

标准化产品生产让人们对于数量的需求得到极大满足。产品数量繁荣的制造时代进入了一个对质量和花样提出更多要求的新阶段。个性化大规模生产增加了产品种类、提升了制造弹性，有别于自动化大规模生产时代地域聚集性生产方式，技术进步使得生产可以进行远程操控，出现了更多

① 马克思．资本论（第一卷）［M］．北京：人民出版社，1975：427.

② 道格拉斯·布林克利等．福特传：他的公司和一个进步的世纪［M］．北京：中信出版社，2005：102+111+208+213.

而且规模更小的生产基地。这种新型生产方式不仅使得产品更接近消费者，还完成了一体化制造—服务模式。在大规模定制时代，产品附加值提升主要依靠客户的需求来产生，将产品和服务直接对接消费者，极大地节约了生产成本，提升了制造业的附加值。以传统服装制造业为例，相同的技术和生产线让衣服的感观愈加趋同，大批量标准化生产造成了一系列产品库存堆积，如何进行定制化量产至关重要。个性化大规模生产不是在产品定制后直接进行大批量生产，而是运用技术让大批量生产出的产品满足每一个定制化需求。听起来还像出现在电影小说中的故事，事实上却已经出现在我们周围。以服装产业为例，为了解决婴儿穿衣的诸多问题，出汗即变色、衣服变小活动拘谨即出现标志的衣服已经被广泛适用；为了解决不同需求产生的智热鞋垫，APP 通过对数据的收集，有效记录走路形态，矫正走路姿势；在淘宝上可以轻松购买的石墨烯鞋垫通过和 APP 连接，让简单的鞋垫能够根据每个客户的不同情况改变温度，针对脚部出汗可以烘干和供凉气，脚部温度过低会自动升温，保持脚部舒适；再平常不过的电动牙刷，可以通过用户使用情况，自动提醒以矫正错误刷牙方式，对于清洁过度区域会自动降低振动频率，每次洁牙后都会形成报告，针对没有洗刷到的盲区定制"提醒补刷"方案。个性化大规模生产已经成为新时代制造模式的主攻方向。

（二）制造业组织范式变迁

第一次工业革命前，纺织仅作为冬季耕种之余的产业存在。随着制造业范式出现简单协作的机械化生产，纺织渐渐由农余制造变为专业制造。尽管出现过早期的工厂，但是生产并没有被广泛接受，农民不愿意放弃耕地从事专业生产，而生产规模也比较小、产业集中度较低，导致工厂组织模式松散，工人流动性大。为了更好地促进生产、降低成本并且规避风险，出现了与其相对应的小规模合伙和小工厂。直到双动力蒸汽机出现以及铁路运输开通后，生产才开始具有一定规模。在这一时期，手工工场仍然保持了产品设计—生产的一人制，产品生产效率低下，为满足量的供应需要大量的劳动力。为了降低对数量持续增长的劳动力进行监管产生的成本，工厂出现承包制，由具体承包人组织生产、管理和机器维护。在更为昂贵的电力动力机械出现后，承包制度得到不断革新，由此逐渐形成了层级化的组织结构。

在电气化制造时期，机器和技术具有一次性投资的特征，而劳动力、厂房等费用属于持续性增长。由于机器的成本高、边际成本效率低，只有不断地扩大生产才能够更好地降低生产成本。为了创造更低的生产成本、扩大销售能力，就必须要扩大生产的组织规模，公司制大企业兴起。在这一阶段，流水线生产范式极大地推动了劳动生产率的提升，产品种类和数量都得到了空前的发展。在激烈的市场竞争中为了占有更持续、更广泛的市场，企业间选择不断合并、扩张，保持企业的低成本生产能力和销售能力，逐渐出现了各种垄断性经济组织。

规模化生产技术与具有层级制、集权制的组织范式相伴相生，但是信息通信技术的发展则改变了这一规律。英特尔研发的处理器让信息化成本得到有效控制。随着传统生产方式被替代，人们的消费需求也在不断上升。不同地域、不同发展地区的需求产生了巨大鸿沟，要求制造业向更为柔性化和灵活化的方向进行发展。在信息网络联通下，公司管理者可以跨越地域障碍对公司进行管理，更为先进的企业组织范式产生。在这一阶段，组织模式形成了最低限度的集中控制，鼓励远程操控和因地制宜的组织结构，在这种组织范式中集权与非集权结构并存，垂直与水平一体化并存①。

随着技术不断发展，能够感知的物联网、虚拟生产技术、CPS 系统的出现让个性化大规模智能生产成为可能，并且得到不断推广。为了更好地适应个性化大规模智能生产，出现了云、网、端分散式，制造服务一体化生产组织模式。云、网、端分散式生产是指这一阶段企业组织模式呈现出云端制小微化企业和平台企业形式。其中，平台企业从产品平台向服务平台过渡，呈现出制造服务一体化，是一种对虚实资源的深度融合和配置，运用云、网、端相结合的信息传导模式，构建高度一体化的云端制生态生产—服务体系。在这种组织范式中，企业管理更为开放，分布更为广阔，生产更为碎片化。生产不再强调规模化、扩张化和集中化，而是强调以多种多样的小微化企业和平台企业为集合的发展模式，这种分散式生产不但没有让组织模式更为疏远和复杂，反而使企业与企业之间、企业与消费者之间的关系越来越紧密和融合。

---

① 弗里曼．光阴似箭：从工业革命到信息革命［M］．北京：中国人民大学出版社，2007：330－331.

三、历史维度下中国“互联网+制造业”升级历史机遇

“互联网+”是新旧长波①的交叉点，“互联网+制造业”是历史新时代中发展和演变的关键节点，如果能够积极把握，并且积极作出相应调整和优化，则会实现迅速的发展。

第一，从技术方面来说，工业化发展是顺着革命浪潮发展方向一同演进的。技术创新占据主导权是建立在革命浪潮发展中的，必须要把握时代发展最前沿。新工业革命不是孤立的，也不是承继的，其产生赶超的关键在于不断发展中具有革新的技术能力。人类文化、经济社会的发展是一个动态过程，历史每一次发展和演变都是一个机会，也是一个挑战，每一个参与其中的国家都必须作出选择。在过去的半个世纪中，我国一直在积极发展基础建设，取得了相当的成绩，但是传统的发展方式显然已经不能够对我国经济的发展起到更大的推动作用。“互联网+”的发展和把握，是新浪潮下我国经济发展对新动力的需求和必然要求。

第二，从市场方面来说，马克思认为在开放的贸易中，资本不断进行外国市场扩张是制造业发展的必然。在国际贸易中，要想保持制造业竞争力，使得自身生产产品占有市场，就必须在技术创新方面占据主导权，而且要持续拥有引领优势和独占的地位优势。

第三，从表现形式方面来说，新工业革命的本质就是新技术的出现和变革，是能够导致工业、产业以及社会发生重点变革的事件，其变革形式就是出现了新业态和新制造模式、组织模式②。

（一）“互联网+制造业”发展起跑线具有主动性

从成本效益来说，面对新的技术革命，由于发达国家在原技术中投入更多沉没成本，新旧技术转化则会给发达国家造成更多负担。英国为了长久保持优势地位、阻止技术传播，曾经严禁机器在国别间销售和运输；直到1825年，英国发生了第一次生产过剩危机后才放弃这项法令。历史的车轮展现出的是技术的流动性和全球经济的联动。1770年，物美价廉的英

① 弗里曼在《光阴似箭：从工业革命到信息革命》第150页中指出，多数学者都根据技术革命和康德拉季耶夫长波的特征，将已经发生的三次工业革命进行分类，弗里曼认为信息技术革命的长波就是“第三次工业革命”。

② 芮明杰．第三次工业革命与中国选择［M］．上海：上海辞书出版社，2013：55.

国纺织品出现在了整个欧洲市场，到了1860年英国4/5的棉织品运往外国市场并形成垄断，高额的垄断利润同时也切断了英国对第二次工业革命来临的热情。一旦充分认识到创新扩散和需求因素之间强反馈的重要性，就容易明白现有老技术减慢创新的扩散。例如18世纪蒸汽动力在扩散时，由于老技术厂商常常靠过去供养，充分补偿投资，很大程度上减弱了对新技术的需求，使水力技术进一步延长了老技术的寿命①。相比而言，后进国家具有更多来自成本超脱的优势，显得更为轻松，德、美、日纷纷抓住这个优势，在新工业革命提供的平等平台中脱颖而出。

（二）“互联网+制造业”发展具有更多选择权

每一次工业革命都伴随着新技术的出现。根据摩尔定律，随着技术的发展新技术以及新技术范式将会以指数幂形式出现，创造更多选择权。当新技术和新技术范式兴起时，对于后起国家来说，一个暂时的机会窗口就打开了，而较早进入新技术系统是追赶过程的决定性因素。新革命是后起国家实现赶超的机遇，因为一旦新技术和新技术范式出现，必然会导致新产品市场的出现。新产品市场必然会带来新的机会窗口，正确处理好新旧技术和产业间的关系，紧紧抓住新机会窗口，就会享有更多的选择权。

四、历史维度下中国“互联网+制造业”升级面临挑战

想突破红皇后效应②实现赶超，首先必须具备相应的产业结构和持续的技术创新能力，其次，就是一定要把握住时代的风口，顺势而为。今天的中国就站在这个风口之上，新革命为我们提供了更多的机遇。同样，对于新革命的把握必须深耕于合理的制造业结构和持续的技术创新能力之下。我国“互联网+制造业”的风口事实上是建立在悬崖峭壁之上的，左手边是新工业革命给予的希望之绳，可以继续攀越顶峰；而右手边却可能是无知的黑暗。空中楼阁式的发展不但不可能真正地抓住时代的机遇，还会让一国工业化中断甚至夭折。

---

① G. 多西．技术进步与经济理论［M］．北京：经济科学出版社，1992：571.

② 《爱丽丝梦游仙境》中红皇后曾说过，如果你要维持在原来的位置，你必须很快地跑，如果你想要突破现状，就要以两倍于现在的速度去跑。

（一）“互联网＋”下我国制造业信息化水平较低

大多数制造企业科技含量低，信息化和自动化水平低，缺乏核心竞争力。在自动化制造与信息化管理方面，虽多数大型企业均已嵌入自动化设备，但与智能制造还尚有距离。而中小企业则尚未导入，平均制造水平介于工业2.0到工业3.0之间，也就是半自动化到自动化之间，这样的状态离智能制造仍有很大差距。在设备物联网与传感器应用部分，只有半导体单一产业应用程度较深，其余都有很大的进步空间，平均工业水平仅在约半自动化水平。其他项目如弹性与最佳化制造能力、巨量资料分析、数位设计与制程模拟，以及数字化产品生命周期管理，众多业者尚停留在较低层次。我国制造业升级，需要工业2.0、工业3.0与工业4.0并进。

（二）我国“互联网＋制造业”有待进一步结合自身优势统筹发展

经济的发展、制造业的升级不是个人主义，仅依靠部分地域、部分行业和企业是不能够得到长久和真正的升级的，还必须要依靠宏观环境制度的影响。我国地域发展不平衡，使得我国区域经济发展以及资源禀赋具有较大的差异性。在不同的经济发展水平下，各地应当结合劳动力水平差异、经费投入差异的具体情况制定不同的技术创新政策和制造业发展政策。不同的资源禀赋也对制造业的发展有着不同的要求。随着“互联网＋”的飞速发展，我国政策趋势愈加显著，区域同质化和产业同质化严重，不分地域和产业的“一步到位式”技术升级路径被广泛使用。在不考虑人力资本、研发资本和发展硬件环境等差异的情况下盲目选择升级路径，单一地强调自主创新，忽视客观事实，不但无法促进各地域、各行业制造业的升级，而且会进一步加重制造业负累。

（三）“互联网＋”下我国制造业自主创新能力相对薄弱

佩蕾丝和苏蒂（Perez & Soete）将技术的发展分为初始引进期和市场成长期，并认为不同时期有不同的成本和要求。我国制造业起步晚、底子薄、基础设施相对落后，技术也与发达国家存在一定的差距，依靠庞大的劳动力资源和粗犷式的生产，在没有资本和经验的情况下嵌入全球价值链的低端环节，度过技术的初始引进期并获得发展。但随着我国制造业基本矛盾的进一步升级，技术初始引进期所积累下来的问题逐步暴露出来。

习近平同志就曾指出：“我国与发达国家科技实力的差距，主要体现在创新能力上。这些年来，重引进、轻消化的问题还大量存在，形成了‘引进—落后—再引进’的恶性循环。当今世界科学进步日新月异，技术更替周期越来越短。今天是先进技术，不久就可能不先进了。如果自主创新上不去，一味靠技术引进，就难以摆脱跟着别人后面跑、受制于人的局面。而且，关键技术是买不来的。”①

① 习近平论科技赶超战略：应该有非对称性杀手锏［OL］. 中国共产党新闻网，http：//theory. people. com. cn/n1/2016/0303/c40555 －28216844. html，2016 －3 －3.

第三章

空间维度下“互联网+制造业”发展战略比较研究

世界历史的发展伴随着竞争，先进制造业发展水平决定了各国竞争力，处于先进地位的各国更是积极出台“互联网+制造业”相关战略和计划以保持本国制造业持续处于升级前沿。各国先进制造业战略表明，制造业深刻转型的突破方向就是“互联网+”技术。各国先后建立技术服务平台、创新网络、技术标准和人才培养机制抢占新方向转型的领先地位，并通过技术垄断保持制造业竞争力。身处前堵后追困境的中国必须重视历史发展的新机遇，通过进一步提升开放环境下的核心技术控制能力，跻身制造业强国阵营。

第一节　外国“互联网+制造业”战略梳理

一、各国先进制造业战略

（一）德国工业4.0战略

1. 工业4.0战略背景与发展核心。

准确地说德国工业4.0是一场上下穿插融合的革命，目的是为了保持德国制造业在全世界的领先地位，并向着最前方的引领地位发出冲击。根据德国联邦经济技术部公布的《数字平台与德国工业企业五年比较》可知①，通过2012～2016年德国大型企业与国际高科技企业的营业年均增长率情况的比较，德国认为本国工业企业已经陷入路径依赖的"锁定效应"中，如图3－1所示。

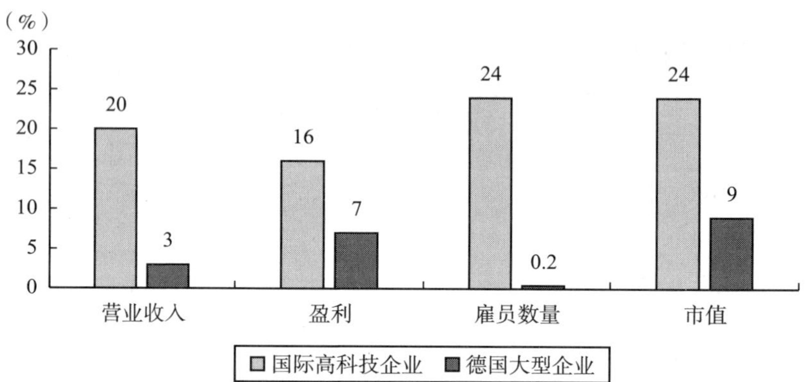

图3－1 数字平台和德国工业企业五年比较

注：国际高科技企业包括：谷歌（Alphabet/Google）、亚马逊（Amazon）、苹果（Apple）、脸书（Facebook）、腾讯；德国企业包括：巴斯夫（BASF）、拜耳（Bayern）、戴姆勒（Daimler）、汉高（Henkel）、西门子（Siemens）。

2010年，德国政府颁布《德国2020高科技战略》，目标是对德国国家创新结构进行调整。作为长期规划的创新战略，该战略涉及气候能源、保健健康、电动车、智能化发展以及专利审查五个方面，尽管并未推出工业4.0，也没有具体的工业技术发展要求，但是已经将德国智能化制造的发展战略和创新思想推向世界。在德国举办汉诺威工业博览会后的第二年，博世公司向德国政府提出工业4.0。在2012年以及2013年，德国连续推出创新行动计划《高科技战略行动计划》与《德国工业4.0战略计划实施建议》，工业4.0正式拉开帷幕。

在《高科技战略行动计划》中，德国政府提出的十大计划包含工业4.0。计划主旨是要积极推进软件与系统的嵌合，进一步与网络融合，有效达成虚拟世界和现实世界的整合，透过虚实整合进一步推动制造业的发展。2013年德国政府投资两亿欧元推广技术、建立模范厂商，并对德国工

① 德国联邦经济技术部：https：//www.bmwi.de/Redaktion/DE/Infografiken/Digitale－Welt/weissbuch－02.html，2018－11－21.

业 4.0 进行全球性营销。

德国在《德国工业 4.0 未来项目实施建议》以及《德国工业 4.0 实施战略报告》中，进一步将工业 4.0 的主旨细化为物联网和服务联网相结合以及 CPS 技术的运用。德国认为 CPS 系统是新工业变革下制造业发展的基础，是形成以智能生产和智能工厂为特征的生产模式的根本。德国工业 4.0 通过人、机、网互联，构建一个虚拟世界与现实世界交互的端对端式制造—服务网络空间。在这个网络空间中，产品具有从生产到服务一体化的全生命周期特征，这种端对端的生产模式依赖于制造业横向集成与纵向集成。其中，由互联网、信息技术与机械生产的融合力对网络空间价值链进行水平整合，形成制造业横向集成，用以解决企业与企业之间、环节与环节之间的信息互联，是制造过程的拓展；对生产过程的各个环节进行垂直整合，形成生产纵向集成，为企业内部管理提供解决手段。将智能化融入每一个步骤，进而让制造业的生产组织结构形成高度的一体化，实现分散式端对端的互动，提高效率、降低成本和加快反应速度。

2017 年 12 月德国经济与能源部公布《数字化经济 2017 监测报告》，报告认为德国制造业的创新集中在六大领域，分别是工业 4.0 改造、物联网、智能服务、大数据、人工智能与传感器生产。其中 14% 的企业已投入工业 4.0 改造，集中于机械制造业，11% 的制造业企业开始使用传感器进行制造[①]。2018 年德国在数字经济建设中增加 108 亿欧元，在 ICT 产业创新研究中增加 48 亿欧元[②]。

2. 工业 4.0 战略任务与具体内容。

德国工业 4.0 战略打造了以 CPS 系统为核心的两个具体战略和八个工业 4.0 举措，详见表 3－1。其中，核心构成是 CPS 系统在智能工厂和智能生产中的运用，包括制造系统、机械设备以及仓储、服务等各部分以及相互之间能够自动产生反馈并交换信息，再通过中央系统控制实施各项具体工作。工业 4.0 的提出来自博世公司，博世公司的 MES 车间制造执行系统就是以 CPS 系统为核心的智能生产管理系统，包括环节追溯及质量管理、流程管理和绩效管理体系。MES 系统通过制造—服务的全过程监控和实时反馈，做到生产销售决策的准确性和即时性，实现资源的优化配置以

① 数字化经济 2017 监测报告［R/OL］. Innovation 4.0 网站，https：//www. innovation4. cn/library/r22585，2018－1－21.

② 德国经济与能源部．数字化经济 2018 监测报告［R/OL］. 德国经济与能源部官网，https：//www. kantartns. de/wissensforum/studien/pdf/bmwi/mrwd－2018－standortindex－kurz. pdf，2018－10.

及生产的全自动化。德马吉森（DMG MORI）公司通过 CPS 系统进行接单、定制、数据采集和设备集成，做到个性化定制制造，实现了实用与先进的融合，以此不断拓展海外销售市场。

表 3-1　　工业 4.0 战略任务及重要内容

战略重点	战略任务	重要内容
一个核心	CPS 系统	物联网和服务联网相结合 生产智能化 组织结构一体化
两个战略	领先供应商地位	保持智能产品市场份额领先地位
	CPS 新市场	建立 CPS 技术和产品新市场
八个举措	标准化和参考体系	建立技术标准化和开放标准参考体系 形成跨企业价值网络与集成 通用模型，适用于所有产品和服务
	复杂系统管理模型	利用模型实现生产自动化以及数字世界与真实世界的结合
	宽带基础设施	保障数据交换的数量与质量 保障数据交换的速度与安全
	安全保障机制	技术系统操作安全 数据和服务系统安全
	创新工作的组织和设计	灵活的制造业组织模式
	培训和持续职业教育	新组织和运营结构 组织和协调虚实生产 设备控制与生产管理系统间交互
	监管制度	提升监管部门应对复杂问题的能力
	资源利用率	建立处理资源利用率的专门工作组

资料来源：作者根据《高科技战略行动计划》和《德国工业 4.0 战略计划实施建议》整理所得。

两个具体的战略就是德国要保持和打造其在 CPS 技术市场领域的领先供应商地位以及在世界市场上的领先地位。德国制造业要着力于互联网、信息技术与工业制造的结合，继续保持其在世界市场的份额以及在智能产品出口方面市场份额的领先地位。与此同时，德国希望成为 CPS 系统和产品的新市场，并借力新市场发展工业 4.0。德国 SAP 公司以“致力于帮助每位客户打造智能企业，实现最佳运营，并让世界运转更卓越”为发展策略，通过云计算、物联网、大数据、ERP、CRM 等技术运用，已经在全球拥有超过 1.1 亿位的客户，与超过 180 个国家的企业产生合作关系，并建立了 100 余所创新中心，2017 年顾客忠诚度净值达到 17.8%①。

八个举措是基于技术角度而制定的八个优先行动计划，包括标准化和参考体系、复杂系统管理模型、宽带基础设施、安保机制、创新工作的组织和设计、培训和持续的职业教育、监管制度以及资源利用率。从产品生产到产品销售再到产品服务，端与端隔离发展成为端与端互联，在这个过程中，需要通过技术对决策信息进行采集、交互、集成。提出八个举措的目的就是更好地推广新技术在信息采集、交互、集成的过程中的运用和运行，并解决技术推广中的一系列阻挡问题。

此外，工业 4.0 战略还提出十个重点发展的产业和技术，分别是加工业、汽车产业、机械产业、电子产业、信息产业、CPS 技术、机器人技术、创新生产系统、运筹以及信息通信技术。

（二）美国先进制造伙伴计划

1. 先进制造伙伴计划背景与发展核心。

法国投行那提西银行（Natixis）发布报告表示，经过对 1980 年至今美国生产效能与生产要素效能变化的研究，他们认为美国生产效能增速减缓，经济出现结构性恶化②。美国认为财富和制造的关键就是制造业，想要解决经济结构性失衡以及生产效能增速减缓的问题，必须要振兴制造业，保持美国制造业领先地位不被超越。为此，奥巴马于 2009 年提出《重振美国制造业框架》。该框架构建了进一步巩固美国经济和制造业领先地位，提升制造业竞争力的发展方向，在这个方向的指引下，美国政府提出一系列“再工业化”战略，其中的关键就是美国先进制造伙伴计划。美国提出的先进制造伙伴计划由 2012 年 AMP1.0 和 2014 年 AMP2.0 构成，计划强调提升美国制造业的创新能力，进一步帮助制造业回流美国，加强美国竞争力。

2011 年美国发布《保障美国在先进制造业的领导地位》报告，2012

---

① SAP Facts and Information［OL］. SAP 网站，https：//www. sap. com/corporate/en/company. html，2018-12-13.

② 美国经济出现结构性恶化的五大原因［OL］. 东方财富网，http：//www. gubaf10. eastmoney. com/news，cjpl，787507384. html，2018-10-17.

年美国发布《获取先进制造业国内竞争优势》报告，两个报告的目的都是进一步促进官产学研合作，培养掌握关键性技术的人才，以缩小技术研发与商业运用的距离，推动美国创新发展。计划主要关注点在新材料、新能源以及机器人技术。同年，美国将工业互联网上升为国家战略，工业互联网由美国 GE 公司首先提出，很快获得思科、IBM 等公司的支持，并成立工业互联网联盟解决技术孤岛，达到虚拟和现实制造的集成，优化制造业发展。随后，美国发布《加速美国先进制造业》报告，即美国先进制造伙伴计划 2.0。

无论是一代美国先进制造伙伴计划还是二代美国先进制造伙伴计划，都是朝着一个核心目标前进，那就是如何进一步保持美国制造业创新和新兴技术领域的重要领先地位。在实施手段上，也都是选取以实体空间和网络空间融合为手段，培育人才、创建标准、促进产学研合作，以刺激制造业进一步创新，维持美国先进制造的领先地位。在这个核心目标之下，美国政府将计划重点放在共性技术的开发和推广、人才培养和商业环境优化之上，认为共性技术是保持制造业地位的基础，决定了制造业的国际竞争力，是一个关乎国家安全的重要命题。为此，美国国家制造创新网络（NNMI）计划先后建成 14 个先进制造业创新机构，详见表 3-2。其中，AM、AFFOA、AIMPhotonics、NextFlex、PowerAmerica、ARM、Smart、DMDII 都涉及传感器、人工智能、数字技术、自动化等技术，是"互联网+制造业"的集中体现。ARM 是 NNMI 机构于 2017 年建立的最新创新机构。

表 3-2　NNMI 机构及其研究内容

机构名称	缩略名	研究内容
国家增材制造创新机构	AM	3D 打印（增材制造）
数字制造与设计创新机构	DMDII	数字设计与制造的集成
轻质材料制造创新机构	LIFT	轻金属制造技术
下一代电力电子制造创新机构	PowerAmerica	宽带隙半导体
先进复合材料制造创新研究所	IACMI	复合材料
美国集成光子制造创新机构	AIMPhotonics	集成光子电路
柔性混合电子制造创新机构	NextFlex	柔性电子器件
高级功能纺织创新机构	AFFOA	开发面向未来的纤纺织品
智能制造创新机构	Smart	智能制造

续表

机构名称	缩略名	研究内容
过程强化部署快速提升	RAPID	化学生产能源集约化快速推进
国家生物制药创新中心	NIIMBL	生物制药
先进生物组织制备	ARMI	再生医学/组织工程
节能减排创新中心	REMADE	材料重用和再制造技术
先进机器人制造	ARM	机器人制造相关技术

资料来源：作者根据美国商务部、总统行政办公室、国际科学与技术委员会、先进制造国家项目办公室联合颁布的《国家制造创新网络（NNMI）年度报告和战略规划》以及《振兴美国制造与创新法案》总结所得。

2. 先进制造伙伴计划任务与具体内容。

2014 年，美国先进制造伙伴计划 2.0 提出三个支柱、三个技术领域以及技术方面八个举措。在三个支柱中，首先，通过制定国家先进制造研究网络、先进制造业门户以及产学研机制等手段加快创新速度。其次，通过改变制造业传统观念、投资高水平教育以及认证技能培训等方式培养人才，确保技术实施。最后，通过政策实施改善投资贸易环境，更好地发展先进制造业。

三个技术领域分别为建立先进材料制造技术（AMM），虚拟化、信息化和数字化制造技术（VIDM）以及先进传感、控制和平台系统（AS-CPM），详见表 3－3。三个技术领域的国家制造技术战略，主要集中在三个新兴的、具有国家战略意义的技术领域，是制定更全面的国家制造技术战略的基础。推行三个技术领域的战略，有助于提升美国制造业尖端技术水平以及提升相对落后的中小企业制造水平，减少新技术的市场风险，增加先进制造业中小型企业对投资的吸引力。

表 3－3　　美国先进制造伙伴计划 2.0 任务

战略	战略内容
一个目的	保持美国领先地位
三个支柱	加快创新
	人才培养
	贸易环境改善

续表

战略	战略内容
三个技术领域	先进材料制造技术（AMM）
	虚拟化、信息化和数字化制造技术（VIDM）
	先进传感、控制和平台系统（ASCPM）
八个技术举措	确保新兴制造技术优势
	美国先进制造业顾问联盟
	建立制造业研发基础设施
	先进制造业制程和标准
	建立国家制造创新网络
	支持全国制造日活动
	劳动力技能认证系统
	先进制造业在线培训

资料来源：作者根据《加速美国先进制造业》（美国先进制造伙伴2.0）整理所得。

在八个具体技术行动中，确保新兴制造技术优势是所有技术措施行动所围绕的核心，也是实施技术措施的目的。首先，要建立美国先进制造业顾问联盟，通过专业且独立的第三方机构对技术的研发、推广进行指导与调解，有效地进行资源配置与工作划分。其次，提升制造业竞争力，必须要建立与之相对应的基础设施建设与国家制造创新网络，第三项行动与第五项行动计划的主旨就是促进产学研的合作机制，提升作为共享基础的信息技术设施的建设。国家制造创新网络以促进技术转型、加速制造业人才培养以及加速基础建设为目标，通过建立卓越制造业中心与制造业联盟、国家制造创新网络连接，进行一体化的统筹调配，让更先进的技术和人才都能知悉并聚集在最前沿的技术研发中。第四项行动计划是制定先进制造业制程和标准，减少企业开发和采用新解决方案的风险。进一步规范数据标准、交换标准、产业标准有助于提升制造业整体的发展，加速新技术采用。其余行动计划均结合网络空间和物理空间，提出技术人才和技术思想的培养要求和计划。

（三）日本 Society 5.0 计划

1. 日本 Society5.0 计划背景与发展核心。

与美德不同，日本“互联网+制造业”发展计划完全是自下而上进行推动的。为保持制造业的领先地位实现进一步赶超，日本产业界首先形成了工业 4.1J 计划。4.1J 计划是日本氯乙烯工业和环境协会（VEC）及日本电报电话公司（NTT Communications，NTT）基于其进行的关于技术发展实验案例所提出的，在此计划之前，尽管日本多次出台政策强调对于新一代信息技术与制造业的关注，但是都未制订具体的行动计划。工业 4.1J 计划产生的背景是日本劳动力严重短缺，需要人工智能对劳动力进行补充，为此工业 4.1J 计划将目标锁定为推动人机融合，主要关注点定位在云端技术与物联网传感器、控制系统的结合以及人工智能开发之上。工业 4.1J 计划主要聚焦在云端数据采集、云端数据计算和云端数据分析三个方面，以此进行生产检测并提出修正建议。

结合工业 4.1J 计划，日本政府提出《机器人新战略》，该战略以建设世界机器人创新中心、成为世界高水平机器人国家、促进日本机器人技术标准全球化为三大目标。随后日本推出第五期科学计划，即 Society5.0 计划。Society5.0 计划重点是以物联网、大数据与人工智能等新技术的运用将创新与社会紧密联系在一起，并构建了三个空间层级，将其称之为“超智能社会”。“超智能社会”通过网络空间与物理空间的高度融合，细致地应对多样化需求，应对社会问题并实现经济增长，是以人的发展为中心的社会。

2. 日本 Society5.0 计划任务与具体内容。

Society5.0 将“超智能社会”分为三个层级，详见表 3-4。其中，网络空间通过收集跨组织和跨行业各种类型的数据，利用人工智能等高效且高速的数据处理技术对多个数据源采集到的数据进行加工、分析，形成网络空间中数据供应链的实时动态变化系统。在物理空间中，不断增加能够运用网络空间数据的机械设备，并通过数据分析和决策进行自动触发和控制。连接层级之间的就是人工智能、物联网、大数据等新兴“互联网+”技术，为更好提升“超智能社会”连接之间的技术发展，日本 Society5.0 计划从技术角度构建了六个举措。六个举措围绕构建“超智能社会”的基础技术以及技术应用的人才培养展开，包含网络安全技术、大数据分析技术、机器人技术、人体界面技术、人工智能技术、设备技术等 ICT 技术。

表 3-4 “超智能社会”层级与技术举措

	分类	内容
“超智能社会”三个层级	第三层网络空间连接	收集、存储、处理信息、分析跨层级组织数据信息
	第二层物理空间连接	增加物理空间与网络空间的联系
	第一层企业间的联系	通过适当的治理管理各个企业组织
“超智能社会”六个技术举措	订立标准	接口和数据格式的标准化
	技术开发和系统结构调整	QZSS 系统、DIAS 系统等共性技术
	强化社会测量功能	发展应对系统性大型化、复杂化基础技术
	信息安全	个人信息保护、社会规范制造商及服务提供者的责任
	人才培养	“超智能社会”创新服务人才
	医疗与健康	科学技术创新与健康医疗战略

资料来源：日本中央省厅经济产业省网站：http://www.meti.go.jp/shingikai/mono_info_service/sangyo_cyber/wg_seido/wg_bunyaodan/pdf/001_05_00.pdf。

Society5.0 计划目标是追踪未来产业创新和社会变革挑战、协助地方科学技术相关创新并进一步推动科学技术发展，有效提升日本制造业整体竞争力，并达到与社会生活发展的平衡。网络空间和物理空间中的制造业，需要建立新型化多层次数字化合作制造模式，通过人机互联和融合，达到人工智能对人的替代和补充，实现新兴技术对制造业生产能力和竞争力的强化作用。

日本 Society5.0 计划认为，ICT 技术发展相对于 IT 技术更强调交流，所以提出未来的制造是跨区域、跨国别的全球化制造，需要在企业间、产业间以及国家间合作与交流，所以计划在全球化框架下构建了以创造新价值和新服务为基础的数据库、促进数据库的灵活运用、推进知识型产权战略和国际标准化、推进规章制度共识以及推进能力研发和人才培养五个发展平台。

二、各国先进制造业战略关键：“互联网+”

随着制造业竞争的不断加剧以及新技术的不断进步，越来越多的国家将先进制造业作为经济增长的首要任务。2013 年德国宣布启动工业 4.0 战略；美国政府自2011年启动先进制造伙伴计划后，又于2014年启动国家制造业创新网络以及先进制造伙伴计划2.0；2016年，日本在机器人新战略的基础上推出“超智能社会”。对比和总结三个国家的先进制造业战略，详见表3-5，我们可以看出以物联网、大数据、云计算为基础的“互联网+制造业”技术是战略发展的关键。“互联网+制造业”技术拉开的新一轮竞争已经形成一种新的生产模式和组织模式，个性化大规模智能生产以及云、网、端平台式与制造—服务一体式模式成为制造业发展的新特征。这一发展趋势与工业革命的进展具有一致性，在新一轮工业革命的浪潮中，制造、服务、管理的效率越来越高，国家间的竞争也越来越激烈。

表3-5 德、美、中、日先进制造业战略对比

	德国	美国		中国	日本
时间	2013年	2012年	2014年	2015年	2017年
名称	2020高科技战略工业4.0	先进制造伙伴计划1.0及2.0		中国制造2025	Society5.0
目标	巩固全球市场领先地位	保持制造业的领先地位		制造业强国转型	建立“超智能社会”
核心	CPS系统、智能制造和智能工厂	CPS技术（ASCPM技术、VIDM技术、AMM技术）		“互联网+”技术	ICT技术、人工智能

资料来源：经作者整理所得。

（一）先进制造业战略发展核心一致性

早期制造业发展多以生产力来测度发展水平，随着全球化发展，制造业也被纳入世界框架之中，更多偏向于以测度制造业竞争力来衡量发展水平。各国制造业发展压力分别来自内部结构升级和外部价值链升级，国际间激烈竞争下各国均想保持制造业竞争力持续增加，用智能制造技术和抢先一步占领新市场的方式带动社会整体经济发展，达到保持或者实现赶超目的。以德国为例，大力发展“互联网+制造业”技术是为了更好地实现国内制造业结构的升级，促进制造业持续、高效的发展，尽快摆脱“路径依赖”的负面效应以面对强劲的美国、日本等制造业大国和以中国为代表的新兴国家在国际市场上的高水平竞争。对于美国而言，一方面需要振兴

国内经济的发展、增加就业率和软实力，另一方面又要排除竞争隐患巩固发展。以日本为例，对内需要用“互联网+制造业”技术解决劳动力的极度短缺问题，外部需要进一步抓住新技术的机遇和推力，实现超常规的追赶和超越。

三国战略的提出均是在充分分析国际和国内制造业发展形势上进行的，战略核心指向智能制造技术。不同国家对于技术的追踪和侧重有所不同。美国更强调在本国先进制造业中发展智能制造，通过发展替代性较强的先进技术为本土制造业寻找新的突破口。德国目标锁定生产模式、组织模式转型，强调智能制造技术标准的制定和技术在生产—服务及管理中的推广，希望率先占领新市场、成为技术领先者和标准制定者，引领全球制造业的发展。日本首要目的是解决国内劳动力匮乏的重要问题，其次是争夺先进制造业国际标准制订地位，以此提升先进制造业的竞争力。

（二）先进制造业发展策略一致性

各国均将战略重点放置在先进制造技术之上，以促进“未来制造业”个性化、智能化、协同化的发展。在围绕技术发展首要地位的基础上，各国纷纷建立相应的技术服务平台、创新网络、技术标准以及人才培养机制，详见表3－6。

表3－6　　德、美、日三国策略对比

<table>
<tr><th>国别</th><th>德国</th><th>美国</th><th>日本</th></tr>
<tr><td rowspan="3">技术服务平台</td><td rowspan="3">复杂系统管理模型
宽带基础设施</td><td>先进制造业顾问联盟</td><td rowspan="3">技术开发和系统结构
强化社会测量功能</td></tr>
<tr><td>建立制造业研发基础设施</td></tr>
<tr><td>建立国家制造创新网络</td></tr>
<tr><td>标准</td><td>标准化和参考体系</td><td>先进制造业制程和标准</td><td>订立标准</td></tr>
<tr><td rowspan="3">人才培养</td><td rowspan="3">培训和持续职业教育</td><td>支持全国制造日活动</td><td rowspan="3">人才培养</td></tr>
<tr><td>劳动力技能认证系统</td></tr>
<tr><td>先进制造业在线培训</td></tr>
<tr><td>技术安全</td><td>安全保障、监管机制</td><td>先进制造业制程和标准</td><td>信息安全</td></tr>
</table>

资料来源：经作者整理所得。

1. 技术服务平台。

德国建立复杂系统管理、宽带基础设施、安保机制、监管制度来促进和保障关键技术的发展和推广；美国建立先进制造业顾问联盟以及制造业研发基础设施，两国的目的都是为解决新技术在全面推进过程中遇到的各项问题，保障技术安全和可推广性，让新技术在制造业各个部门能快速广泛地应用。建立技术平台的关键在于推广和强化关键共性技术，以提升制造业的核心竞争力。在先进制造业的战略推广中，中小企业智能化对提升整个国家制造业竞争力起到了重要作用。由于中小企业资源的局限与障碍，更需要政府提供技术的服务，不少企业怠于也未意识到新技术的趋势，尤其是智能制造深度融合的发展蓝图，所以技术服务平台的工作技术促进了中小企业主动适用和参与共性技术的研发和推广。

2. 技术标准与技术安全。

在不同的制造系统中，无论是硬件设施还是软件系统都存在不同的集成元素，为了更好地推广技术和抢占市场，各国都在积极制定符合国际化的技术标准。德国旨在建立通用、开放的参考体系以形成跨企业、跨地区、跨国家的价值网络与集成网络；美国制定先进制造业制程和标准，希望减少企业开发和采用新解决方案的风险；日本大力推广 QZSS 系统、DIAS 系统等共性技术以促进跨产业、跨地区间的数据公用。标准是国际竞争的基本手段，是制造业的“游戏规则”，作为新生产物，先进制造业的标准规则成为发展的先机。三个国家都不遗余力地在世界范围内推进智能制造技术的运用，提升本国先进制造业在全球范围的运筹能力，并提出“技术是没有国界的”，其中主要原因就是谁先掌握了技术标准，就拥有了新技术面对的广阔市场。智能制造技术的运用要保障技术的安全性，三国在战略中均提到要建立相应的安全保障机制，并将信息、技术的安全保护和监管上升到国家级战略。

3. 官产学研合作与人才培养。

以先进制造业为主导的新工业革命已经得到政府和企业的重视，进一步鼓励制造业的技术创新，支持先进制造业的发展，需要支持官产学研协同创新以及培养高水平人力资源。官产学研协同创新和人才培养都是政府引导下知识和资本的结合。持续性的劳动技能培训、职业教育培训以及技能认证都是为了推进“才”成为“财”，更好地扩大技术的传导作用与扩散作业，刺激先进制造业竞争力蓬勃发展。

（三）各国先进制造业战略意图的一致性

1. 先一步抢占新浪潮转型领先地位。

先进制造业发展直接影响各国在全球的竞争力。各国制造业发展策略的选择具有一致性说明各国对新技术的发展持有相同的看法，并且看好新技术带来的新机遇。智能制造技术的发展对于每个国家来说，都是一个新兴领域，具有极大的未知性和极强的可拓展性，这也就是说新技术改变了各国的比较优势，给各个国家提供了同一竞争平台。“未来工厂”将会是先进制造业的集成，是物理空间和网络空间的融合，德国、美国、日本都重视“互联网+基础设施”的建设，争取在智能化转型过程中占据领先地位，并抢占技术标准制订地位和领先地位。创新一旦分散在不同产业和部门中，就难以保障前沿领域的创新密度和创新高度，所以各国纷纷将发展战略指向高技术制造业转型，希望通过抢占新技术的领先地位保证和增强制造业竞争力。

2. 积极促进本国制造业升级。

在17世纪配第就指出，经济发展的根本动力机制就是产业由低劳动生产率向高劳动生产率方向转移。经过四个世纪的发展并没有改变产业的历史规律，各国先进制造业战略方向就是波特所指出的产业升级中的第四阶段，即依靠已经获得的财富创造利润实现后工业社会的智能化生产。

新技术—经济范式与制造业的融合产生了新产品、新业态、新模式以及新的生产关系。在制造模式与组织模式的重构过程中，各国希望通过“互联网+制造业”实现制造业升级。抢占新技术制高点就是抢占新技术的市场份额，所以加快先进制造业的发展成为各国选择的上层战略；推行新技术、垄断技术标准就是通过先一步的发展，锁死后进国家发展的可能性，稳固链主位置。

3. 保持和提升制造业竞争力。

各国积极抢占时代的风口，其核心目的是为了保持和提升制造业竞争力。先进是一个相对概念，制造业发展是渐进的过程，当技术出现跃进式发展时，相对落后国家就存在一个上升的空档，为了不被赶超，发达国家也必须全力奔跑。与此同时，先进国家还需要保护已占有的技术以及技术标准，制造业的发展趋势就是“互联网+制造业”技术的融入，在抢占新浪潮转型领先地位的同时，需要不断提升产品制造能力和服务的价值，因为历史证明只有持续处于产业不断升级的状态中，才能保持相对的先进状态，获得持续的增加值。

第二节　制造强国战略选择

一、制造强国战略背景

（一）中国制造业发展的历史选择

自工业革命诞生以来，我国一共经历过四次工业化尝试，前两次发生在中华人民共和国成立以前，分别是清政府和民国政府发起的工业化发展。第三次是中华人民共和国成立初期，在探索工业化的道路上我国选择直接效仿苏联社会主义工业化道路，即从高投入、高消耗的重工业入手带动经济发展的路径。三次尝试都没能达到工业革命应有的变革作用，直到1978年我国新经济改革带来的第四次工业化尝试才真正地将中国的能力释放出来。

从我国工业化历年数据来看，我国在20世纪90年代以前的乡镇企业大发展中就已经成功完成第一次工业革命的历史任务；21世纪时我国已经经历了第二次工业革命高潮并且站在第三次工业革命的浪潮中，尽管我国还没有完成工业化，部分地区、部分行业和企业的发展仍然是处于第一次工业革命的水平之上①。但历史的发展告诉我们，中国如果依靠西方的经验主义路径，是不可能达到发展目标的；尽管我国工业化的发展路径与其他国家也有许多相似之处，例如工业化前提和发展要求具有与之相对应的制造业结构；工业化发展需要技术支持，需要市场需求引致，需要政策体制的推动等。但是中国制造业的发展必须要根植于中国具体国情，必须要找到属于自己的发展路径才能得到真正发展。

20世纪70年代末，邓小平提出要从中国“人口多、底子薄”的特点出发，走出一条中国独有的工业化道路。我国制造业没有继续走重工业主导路径，而是选择“小康社会”作为发展目标，首先，建立起低技术含量、低附加值的劳动密集型乡镇企业。乡镇企业同时吸引了大量农村劳动

---

① 文一．伟大的中国工业革命［M］．北京：清华大学出版社，2016：7－13.

力，使得他们成为消费者，形成了我国最开始的供应链和市场。其次，我国制造业发展抓住了全球化机遇，通过开放经济，利用制造业产业国际转移的机会，参与到了国际分工和国际贸易中。这一次的工业化与以往最大的不同是触发了我国开启劳动力资源禀赋的制造业大发展，从计划经济的重工业大发展到劳动密集型制造业的繁荣，我国都运用数量可观的人口作为驱动力，但是中国工业化道路下的庞大人口，不再只是产业的劳动力，更是劳动密集型制造业产品的消费群体，二者的有机结合，让人口红利变成我国经济发展的强大驱动力。最后，空前开放的经济冲击拉开了我国经济发展的新篇章，通过传统的储蓄和出口大量劳动密集型制造业的产品获得一定的资金积累后，我国不断引进、吸收外国资本和先进技术，通过充分的借鉴和仿制，满足着巨大的市场需求；进而巨大的市场需求又不断地消费着技术的更新、产品的更新和产业的更新，这就产生了中国工业化道路下的第二次工业革命，以电气化为标志的标准化流水线生产。在这一阶段，我国仍旧以生产技术档次低的劳动密集型制造业为主，但是开始以国际分工的形式参与到组装、制造发达国家资本密集型产品和技术密集型产品以及零配件的过程中。

随着信息化的展开和互联网的运用，信息传递的畅通也让国内需求水平不断得到提升。为了更好地满足人民日益增长的物质文化需求，制造业的技术持续进步，产品在日益更新，供应和生产高档消费品的能力显著上升。在技术选择方面，中国的技术进步和产品更新不再仅仅依靠引进和吸引外国先进技术，而是通过参与国际分工的过程，以“干中学”的方式植入我国自己的偏好和习惯，以及我国技术的自主创新。在制造业结构方面，轻重工业出现协调发展的态势。在工业发展方式方面开始从粗放式增长向集约式增长过渡。

我国制造业发展经历了工业化初期劳动密集型制造业阶段，随之发展到工业化中期以资本密集型制造业为主导的重化工阶段，并随着信息化和国际化的发展渐渐向以技术密集型制造业为主导进行升级。我国现在已经处在工业化中期，是一个新的工业发展阶段。历史的发展已经向我们展示了落后就要挨打的现实，也证明照搬发达国家先进经验是不可取的，必须尊重生产力发展规律并深耕于我国独特国情。历史已经向我国制造业提出了新的要求，从制造业大国向制造业强国转型是中国制造业发展的历史选择，而发展的方向也已经明晰，更好地发展必须要把握住新浪潮的方向，抓住“互联网+制造业”的新机遇。

（二）中国制造业发展的现实选择

纵观历史，除去引发第一次工业革命的英国，其他后续发展起来的国家都是沿着工业化发展道路进行制造业升级，但是毫无疑问，越晚实现工业化的国家，面临的国际环境越是苛刻。低端制造业外迁、高端制造业回流，使我国在实现制造业价值链攀升时，在国际贸易中遇到上下夹击。习总书记在谈到我国科技创新时提到的“形势逼人，挑战逼人，使命逼人”，是对我国制造业在全球价值链升级中所面临挑战的精准总结。

面对低端价值链制造环节，廉价的劳动力和粗放型资源经济已经不再是我国的竞争优势，劳动密集型制造业存在被赶超的风险。自改革开放以来，我国一直依靠劳动力禀赋发展经济，近年来不论是农村劳动力转移增量还是新增劳动力总量都在逐年减少，加上我国制度的完善导致劳动力工资不断上升。联合国 ILO 数据库数据显示，2010～2014 年我国月平均工资增长率达到 54.3%，尽管越南月平均工资增长率达到 77.57%，但是我国劳动力成本还是高出东南亚国家许多。根据 2017 年国际统计年鉴可知，2017 年我国月平均工资 4697 元，泰国月平均工资 2513 元，越南月平均工资 1342 元，用工成本的相对劣势也导致外资制造业大批量外迁①。

面对中高端价值链制造环节，自主创新薄弱以及关键技术受制于人，让我国技术密集型制造业持续发展的阻力越来越大。随着发达国家逐步实施再工业化战略，导致高端制造业出现回流现象，发达国家的再工业化战略直接阻碍了我国外资的吸收和制造产品的出口，进一步恶化了我国核心技术缺失、产品同质化严重、缺乏自有品牌等问题。在我国制造业参与国际贸易时，发达国家多次阻碍中国标准进入市场。此外还设置多重技术贸易壁垒、环境保护壁垒，以及关于技术和产品质量方面的针对性标准。

尽管我国拥有大国优势，但是长期处于产业链低端地位，以低端环节参与全球价值链分工，产生了诸如幼稚产业安全问题、技术依赖，以及从依靠资源优势向创新优势升级的过程中因路径依赖而产生的知识产权陷阱等问题。面对中高端价值链制造环节，以今天的国际环境来看，我国只是名义上的“世界工厂”，因为实质上一个缺乏自主知识产权的国家就只能够沦为“世界的加工厂”。

---

① 相关数据来自《2017 年国际统计年鉴》。

二、制造强国战略核心

（一）制造强国是我国制造业升级目标

我国制造业强国战略有三个层次的要求。第一层次是迈入制造业强国阵营，要求我国制造业要完成全面的工业 2.0 补课，以及工业 3.0 的普及。与其他发达国家不同，我国制造业基础不扎实，技术含量不高，关键共性技术受制于人，在大国变强国的发展中，我们首先要彻底全面地完成从“世界加工厂”到“世界工厂”的转型，争取在 2025 年追赶上世界的先进水平，迈入制造业强国的阵营。第二层次是要达到制造强国阵营中等水平，要求我国制造业要掌握关键共性技术，高技术制造业要有所突破，劳动密集型制造业要普及工业 4.0。这个阶段制造业升级的实质作为后进国家对先进国家的相对赶超，虽然在制造业的发展上仍存在差距，但是要争取达到发达国家制造业的中等水平。第三层次是综合实力要进入世界制造强国前列，要求我国制造业要全面完成工业 4.0，并且高技术制造业要突破 4.0，掌握我国制造业发展的主动权，实现制造业的绝对赶超，达到国际领先水平。

（二）创新驱动是制造强国的核心手段

从我国工业和信息化高质量发展、加快建设制造强国和网络强国的战略内容来看，提升“互联网＋”关键技术产业能力、创新应用能力和资源供给能力是核心手段。通过“互联网＋”技术的应用，推动制造业设计能力、生产能力、实验能力和管理能力的全面升级，提升差异化产品、复杂化产品的制造能力。在信息时代，“互联网＋”技术已经在企业生产经营活动中得到越来越广泛而深入的应用，其逐渐成为企业重要的组织要素。只有实施有效的整合才能充分发挥创新的驱动效应，实现自主创新和开放创新。整合创新网络的过程中就会产生一个整合成本，进而提升交易成本。“互联网＋”技术应用将为整合创新网络提供环境和手段，降低因整合交流互动而产生的交易成本，有助于创新主体间的创新资源共享、创新活动协调、创新成本分担，最终促进制造业创新能力的提升。

全球价值链下，我国制造业的发展一方面受到来自发达国家再工业化对于技术密集型制造业的挤压，另一方面又受到来自发展中国家对于劳动密集型制造业的挤压。在外部的双重挤压下，还遭遇到我国制造业结构的不合理与高度化升级困难的现状。我国制造业发展应该意识到仅依靠初期技术引进路径是走不通的，直接跳到新技术、新模式路径也是行不通的，必须吃透、吃精旧技术，夯实、提升制造能力，把“中国质造”作为发展根基，“中国智造”作为发展方向，才能打开制造业的新局面，从而建设制造强国、网络强国。《中共中央关于制定国民经济和社会发展第十四个五年规划和二〇三五年远景目标的建议》要求我国要坚持创新发展，强化国家战略科技力量、提升企业技术创新能力、激发人才创新活力、完善科技创新体制机制，为打好关键核心技术攻坚战，提高创新链整体效能，进一步发展具有持续创新能力的制造业，攀升全球价值链中高环节，为打造制造业强国提供支持。

三、空间维度下中国“互联网+制造业”发展战略机遇

自改革开放以来，尤其是21世纪以来，我国制造业不断创造世界奇迹，对我国经济腾飞乃至世界经济发展都起到不可忽视的作用，被誉为世界的制造工厂。2010年我国制造业增加值超越美国，成为名副其实的制造业大国。2016年，德勤中国调查的全球制造业竞争力榜单显示，我国位居制造业竞争力榜首，后三位依次是美国、德国和日本①。新革命为我们提供了更多机遇，明确了新浪潮的发展方向。上一章我们通过对历史的梳理，可以看出“互联网+制造业”将为我们打开新工业革命的大门，但是想要突破红皇后效应实现赶超，不仅要把握住历史发展方向，还需要国家、产业、企业合力创新。

（一）“互联网+”背景下我国制造业发展将更具有平等性

以美国为首的发达国家提出再工业化战略，会促使外资在我国资本密集型制造业、技术密集型制造业回流，但是由于我国劳动力红利不再、经济增长趋缓，劳动密集型制造业向东南亚国家转移，这样的国际环境促使我国必须要对制造业进行结构调整。我国制造业发展依靠开放的资本引进和技术引进，但是我国仍然是一个内生发展的国家，每一轮改革的红利都

① 德勤中国：2016全球制造业竞争力指数［OL］. 德勤中国官网，https：//www2. deloitte. com/cn/zh/pages/manufacturing/articles/2016 - global - manufacturing - competitiveness - index. html，2018 - 12 - 15.

是依靠内部突破与创新，我国技术创新能力距世界发达国家还有距离，我们需要意识到市场开放不仅是资本的开放、物质的开放，更需要思想的开放与碰撞。严峻的国内以及国际环境倒逼我国技术以及政策战略的革新，要求我国必须加快产业升级和技术的自主创新，尽早将制造业发展的主动权掌握在自己的手中。中国制造业的发展要想拥有主动权就必须能够做到关键技术不受制于人，享有掌控能力。

但是面对“互联网+制造业”的新工业革命，赢家究竟是谁无从知晓。无论是经济霸主美国，抑或标准的制定者德国、日本，中国与它们现在都站在同一起跑线上。先进国家和后进国家在这一个相同的起跑线上均拥有平等的竞争力。

（二）“互联网+”背景下我国制造业发展将更具有竞争力

顺势而为的逻辑在资本的全球化发展中是不可逆转的，生态供应链和一体化让利润的吸引变得突破国界，资本就会不断在全世界流动，尤其会停留在那些能够让资源配置更为优化、利润更为可观的地区。也就是说，无论美国是否实施“再工业化”，苹果、亚马逊这种超大公司，都还是会选取成本最小化的生产方式，以获得更多收益。从这个意义上讲，只要中国能够成为资源配置更为优化、利润更为可观的地区，那么无论是美国，还是欧盟，都会是我们生意上的朋友。当然，随着知识经济的发展，技术密集型制造业对技术的要求大于对劳动力资源的要求，所以在这一背景下，要提升我国制造业的竞争力就一定要注重人才的培养，让我国能够从“人口红利”转型为“人才红利”。

我国开始部署“互联网+制造业”战略，国际合作是建立在一国内生发展基础之上的，中国制造业相比其他国家更有让资源配置更为优化、让成本更为可控的优势，并且拥有广大的市场前景，显然在“互联网+”背景下，我国制造业发展将更加具有竞争力。

四、空间维度下中国“互联网+制造业”升级面临挑战

尽管我国制造业近年发展稳步提升，但是与德、美、日等制造强国相比还是有上升的空间，在全球制造业发展中整体呈现出产业结构单一、制造产品附加值较低、制造模式较粗放、制造业竞争力稍弱的特点。现阶段，从国内来看，我国制造业的挑战来自全社会不断增长的对高质量制造

产品和服务的需求与我国制造业发展能力不均衡、不充分之间的矛盾愈演愈烈，产业结构亟待升级；从国际来看，制造业增加值持续下降，技术的高度依赖和上流链主的技术封锁对我国抓住新工业革命的机会造成根本性冲击，价值链攀升难上加难。

（一）“互联网+”下我国制造业比较优势渐失

劳动力价格的上升以及自动化水平的提高，让我国制造业长期依赖的比较优势逐渐丧失。自 2012 年以来，东南亚国家的劳动密集型制造业出现井喷式增长，近年来非洲国家也效仿“中国模式”参与到低端制造竞争中，面对劳动密集型制造业和全球价值链的低端制造环节的低门槛，我国已不再具有优势。据《中华人民共和国 2017 年国民经济和社会发展统计公报》可知，自 2012 年起我国劳动年龄人口总数连续下降。这种严重缩减的劳动力数量，导致制造业在运行过程中需要承担最低每人 3000～4000 元的人工成本。随着人口老龄化和环境、资源问题的日益突出，东南亚越南、菲律宾等低成本国开始逐步取代我国展开低端制造，我国已丧失了原本的人工成本优势。同时生态工厂的循环式制造技术在国内还没有得到普及，大批中小型、高污染的制造企业给资源和环境带来了巨大压力。

（二）“互联网+”下我国关键共性技术受制于人

我国制造业在全球价值链中处于低端环节，自主创新能力较弱，对外依赖程度高，缺乏核心技术控制能力。以机械制造业为例，从我国需求来看，80% 集成电路芯片制造装备、40% 大型石化装备、70% 汽车制造关键设备等均需要依靠进口，我国自主品牌出口的机械产品不足 20%①。2018 年，中国集成电路进口额达到 3120.6 亿美元，出口额达 846.4 亿美元，逆差达 2274.2 亿美元②。中兴公布的 2017 年财务报表显示，其营业收入约 1088.15 亿元，净利润约 45.68 亿元，仅为 4%③。诸如芯片，由于我国技术的自主创新能力薄弱，我国许多高技术产业都需要依赖外国技术予以发展，进口美国的产品中多数产品也难以找到相应的替代品。对上游产品

---

① 黄群慧，李晓华，贺俊．“十三五”时期工业转型升级的方向与政策［M］．北京：社会科学文献出版社，2016：5.

② 集成电路贸易逆差 2274 亿美元［OL］．人民网，http：//it.people.com.cn/n1/2019/1211/c1009－31500286.html，2019－12－11.

③ 中兴通讯股份有限公司年度报告 2017［OL］．中兴官网，https：//res－www.zte.com.cn/mediares/zte/Investor/20180326/C1.pdf，2018－3－26.

的完全依赖，让美国一系列政府行为像利剑一般，刀刀直插我国制造业的靶心。

（三）“互联网+”下我国制造业“质”造和“智”造能力欠缺

在“互联网+”时代，制造业的竞争不再是简单的大数量、低成本竞争，而更要求质量和智能水平的竞争。“互联网+制造业”的基础建立在良好的制造能力基础之上，但我国在全球市场上长期扮演“世界加工厂”的形象，发达国家一直占据高端生产和高质量生产的地位，使得我国制造业“质”造能力和“智”造能力与发达国家之间差距较大，本土水平差异明显。

（四）“互联网+”时代我国制造业升级愈加困难

1. 我国制造业结构升级困难。

制造业作为国家和地区经济发展的重要部分和支柱产业，其发展不仅能推动国家和地区的经济发展，而且也是一国经济发展综合竞争力的集中体现。随着工业化进程加快，我国制造业得到持续性的飞速发展，在发展门类上已经逐渐齐全并形成了相对独立和日益完整的产业体系。但是我们也必须清楚地看到，我国制造业的高速增长付出的是高投入、高消耗和高污染的沉重代价，技术水平和附加值较低、资源与环境已不堪重负、产能过剩与竞争过度问题日益凸显，随着工业化和信息化的发展，对中、高端个性化制造产品日益增长的需求与大规模同质生产的矛盾越来越突出。

创新不足、技术受限、信息化水平低、比较优势丧失等情况让我国制造业低端产能过剩无法满足高端需求，制造业结构升级愈加困难。高技术制造业难以得到突破性进展，难以发挥主导产业宽辐射、大规模的带动作用，无法实现低端产业向高端产业升级。资本密集型制造业难以获得高水平技术投资，同质化使得产能过剩情况严重。我国劳动密集型制造业整体信息化水平较低，多数企业仍然处于以大量低质产品占领市场的阶段，使得我国制造业竞争力进一步被弱化。区域发展的不协调，让我国中西部地区的比较优势难以发挥作用。产业结构的低端性与区域发展的不均衡性让我国上下产业链呈现脱耦状态。我国制造业在诸多方面与世界发达国家制造业均有着较为显著的差异，总体来说我国制造业仍然是大而不强。

2. 我国制造业价值链升级困难。

国际分工的变化给我国制造业发展带来极大冲击，成本要素上升、国内制造业产品需求升级，以及全球价值链中低端制造业环节的激烈竞争让我国制造业向价值链中高端攀升成为必然。位于价值链中高端的制造业大国为了不会出现将利润拱手让人的情况，会竭力阻止后进国家的技术创新与技术标准推广，并会选择开展更为强烈的保护措施。

针对全球价值链低端环节来说，现阶段受环境、成本和市场的制约，劳动密集型制造业的竞争优势进一步弱化，亟待发展新的竞争模式。由于国际市场容量有限，有限的市场资源和生产要素让我国制造业发展面临着竞争、资源及环境的挑战，现有的制造业集群丧失劳动力成本优势，劳动密集型制造业迁出，技术密集型制造业还未到来，通过制造业升级与构建国家价值链促进区域协同发展将成为我国制造业的必然选择和唯一选择。

针对处于价值链中高端制造业国家来说，受智能制造技术的影响产品生命周期缩短，面对少量多样与大量个性化定制的制造模式市场需求变化加速，竞争频率明显加快。由于自主创新难度大风险高，而且我国自主创新动力不足，致使我国制造业技术缺乏重大突破，关键技术受制于人，共性技术十分匮乏，让我国制造业在全球价值链攀升路径上受阻。如何突破核心技术难关，掌握制造业发展的主动权是我国现阶段亟待解决的重要命题。

第四章

“互联网+”促进制造业升级机理研究

第一节 “互联网+”促进制造业升级机理分析

在探讨“互联网+”促进我国制造业升级机理和路径之前，对历史规律变迁和国际环境变化进行梳理和分析的必要性在于“成功的超越，最初是建立在新方向奔跑的基础上”。发达国家与发展中国家均看好新工业革命的到来，各国都希望能够沿着“新方向奔跑”实现制造业的追赶和赶超，跻身更高的国际地位。近年来，各国为能维持和提升世界制造地位，相继推出制造业升级计划，全球制造版图与制造模式出现了重构性的变革。其中发展中国家以抢占低端量产市场为目标，发达国家以抢占高端个性化市场为目标。发展中国家抢占低成本市场，发达国家强力推动制造业回归，我国传统制造业依靠成本优势参与国际竞争的局面难以为继①。

目前，我国制造业正处于转型的关键期，制造业必须突破传统模式寻求新的发展动力促进产业不断升级。我国颁布了一系列政策来推动“互联网+”与制造业的深度融合。2015 年的政府工作报告就明确提出“互联网+”行动计划，目的就是以此来促进移动互联网、云计算、大数据、物联网等高端信息技术与现代制造业深度结合，并将其作为下一轮经济增长的驱动力。“互联网+”作为技术进步的重要表现形式之一，对产业升级特别是制造业升级具有重要的促进作用。在这一重要大背景下，研究“互

---

① 王喜文．中国制造 2025 思维［M］．北京：机械工业出版社，2016：32.

联网+”对中国制造业升级的影响具有十分重要的意义。

一、三模型拓展与“互联网+”促进制造业升级动因理论

（一）技术—经济—制度协同演化模型

马克思指出，危机在资本主义经济中是呈周期性的。曼德尔（Ernest Mandel）结合历史偶然性的超经济因素，认为长波是一个资本积累理论和利润率理论①。曼德尔认为技术制度等外生因素对解释经济长波也至关重要。随后，佩蕾丝建立了技术—经济—制度协同演化模型来解释经济的发展，如图4-1所示，认为技术变迁的蜂聚式创新引发了历次技术革命，并促使生产结构进一步发生变革；面对变革，技术—经济比社会—制度受到的竞争压力要更大，它们会产生相互的作用和影响②。

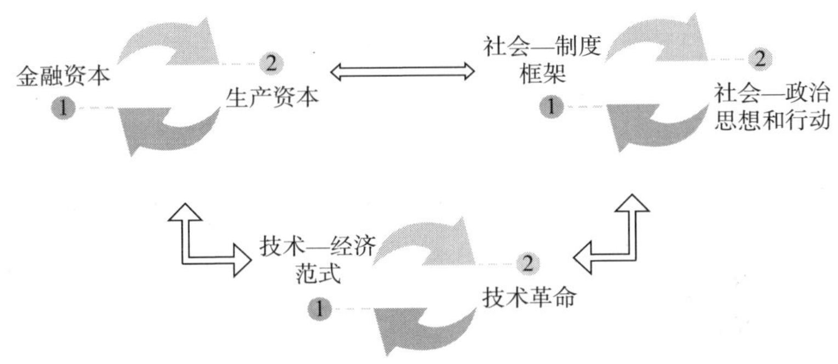

图4-1 佩蕾丝技术—经济—制度协同演化模型

（二）技术创新动力三元论模型

熊彼特技术创新理论认为竞争程度、企业规模和垄断程度是技术创新的影响因素。随着技术创新理论的发展，莫威里和罗森伯格（Mowery and Rosenberg）基于卡特—威廉斯“技术推动模型”以及梅耶—马奎斯“需求拉动模型”的研究指出是技术和市场需求的耦合驱动了创新获得。莫威

① 欧内斯特·曼德尔．资本主义发展的长波：马克思主义的解释［M］．北京：商务印书馆，1998：9.

② 卡萝塔·佩蕾丝．技术革命与金融资本［M］．北京：中国人民大学出版社，2007：167-168.

里和罗森伯格认为市场需求通过市场传递的所有价格信号被识别出来，这些信号为合理的经济决策提供了基础①。市场需求拉引模型认为，技术创新始于市场需求，具体过程是市场对产品和技术提出明确要求，引导应用研究与开发研究，研制出适应市场需求的创新产品或工艺，推向市场满足市场需求。随后技术创新三元论模型在市场需求引致和技术推动理论之上加入政府行为。该模型认为政府通过制定并实施相关的宏观经济政策、法律法规，以及提供经济上的援助政府行为，激发创新的意愿并合理保证了创新结果的收益权，从而提升技术创新的效率②。

（三）经济增长四要素模型

罗默（Paul M. Romer）认为技术是经济发展的驱动力。罗默基于 AK 模型③建立了 R&D 模型④。罗默在 AK 模型中给出生产函数为：

$$F_i = F(k_i, K, \overline{x_i}) \tag{4-1}$$

其中，F_i 为 i 厂商的产出水平，k_i 为 i 厂商生产某产品的专业化知识，$\overline{x_i}$ 为 i 厂商生产要素的向量，所以社会知识累计水平为：

$$K = \sum_{i=1}^{n} K_i \tag{4-2}$$

由于式（4-2）本存在均衡解，且逻辑结论与经济显示不吻合，卢卡斯在其基础上提出人力资本积累模型⑤。随后，罗默对原模型进行修正构建了 R&D 模型，认为模型存在三个前提，第一是技术进步是经济的核心，第二是技术进步的产生在很大程度上是因为对市场激励作出反应的人采取了有意识的行为，第三是知识与其他经济商品本质不同，具有多次利用的特征。

罗默认为影响经济发展的四要素分别为资本、劳动、人力资本和技术水平。R&D 模型存在三个部门：第一是研究部门，利用人力资本和现有的知识存量来产生新的知识，生产新的设计；第二是中间产品部门，使用研究部门的新设计，产出耐用资本设备；第三是最终产品部门，使用劳动

---

① Mowery D, Rosenberg N. The influence of market demand upon innovation: a critical review of some recent empirical studies [J]. Research Policy, 2006, 8 (2): 102-153.

② 汪泽英. 技术发展多元驱动力研究 [D]. 北京：中国社会科学院研究生院，2002.

③ Romer P M. Increasing returns and long-run growth [J]. Journal of Political Economy, 1986, 94 (5): 1002-1037.

④ Romer P M. Endogenous Technological Change [J]. Nber Working Papers, 1989, 98 (98): 71-102.

⑤ 辜胜阻，李正友等. 创新与高技术产业化 [M]. 武汉：武汉大学出版社，2001，22-23.

力、人力资本和耐用资本设备，产出既可以消耗，也可以作为新资本保存的产品。模型中的最终产出 Y 表示为劳动力 L、投入最终产出的人力资本 H_y 和中间品，最终产品以扩展 Cobb – Douglas 生产函数的形式表现为：

$$Y(H_y, L, x) = H_y^{\alpha} L^{\beta} \sum_{i=1}^{\infty} x_i^{1-\alpha-\beta} \tag{4-3}$$

当技术进步不存在时，式（4－3）中的生产函数是一阶齐次的，资本积累将导致边际产品无限递减；当技术进步存在时，资本积累不会对边际产品产生无限递减的作用。

L 和 H_y 是固定的最终产品所耗费劳动力和人力资本总额，给定 H_y 和 L 的值，就可以从一个以其为条件的最大化问题中得出耐用品的总需求：

$$\max_x \int_0^{\infty} [H_y^{\alpha} L^{\beta} x(i)^{1-\alpha-\beta} - p(i)x(i)] di \tag{4-4}$$

由微积分知识计算，此最大化问题的一阶条件为：

$$p(i) = (1-\alpha-\beta) H_y^{\alpha} L^{\beta} x(i)^{-\alpha-\beta} \tag{4-5}$$

在式（4－5）中，生产者会选取利润最大化的情况，为：

$$\begin{aligned} \pi &= \max_x p(x) x - r\eta x \\ &= \max_x (1-\alpha-\beta) H_y^{\alpha} L^{\beta} x^{1-\alpha-\beta} - r\eta x \end{aligned} \tag{4-6}$$

$\bar{x}$ 是价格 $\bar{p}$ 所隐含的需求曲线即式（4－6）上的最大值，为：

$$\pi = (\alpha+\beta)\overline{px} \tag{4-7}$$

生产者进入第二部门而购买价值为 p_A 的新设计，新设计价值应等于所能获得净收入的贴现值：

$$\int_t^{\infty} e^{-\int_t^{\tau} r(s) ds} \pi(\tau) d\tau = P_A(t) \tag{4-8}$$

若 P_A 为常数，对式（4－8）进行求导可得：

$$\pi(t) - r(t) \int_t^{\infty} e^{-\int_t^{\tau} r(s) ds} \pi(\tau) d\tau = 0 \tag{4-9}$$

将 P_A 代入式（4－9）可得：

$$\pi(t) = r(t) P_A \tag{4-10}$$

根据拉姆齐模型推导可得：

$$\int_0^{\infty} U(C) e^{-\rho t} dt, \text{ with} U(C) = \frac{C^{1-\sigma} - 1}{1-\sigma} \text{ for } \sigma \in [0, \infty) \tag{4-11}$$

任何特定持久投入的卖方可得利润为 $\pi = (\alpha+\beta)\bar{p}\,\bar{x}$，当可得利润等于新设计的价格 P_A 时，可得：

$$P_A = \frac{1}{r}\pi - \frac{(\alpha+\beta)}{r} \bar{p}\,\bar{x} \frac{(\alpha+\beta)}{r} (1-\alpha-\beta) H_Y^{\alpha} L^{\beta} \bar{x}^{1-\alpha-\beta} \tag{4-12}$$

当人力资本从研究部门获得所有收入为 $P_A\delta A$，$H_Y = H - H_A$ 时可得：

$$H_Y = \frac{1}{\delta}\frac{\alpha}{(1-\alpha-\beta)(\alpha+\beta)}\gamma \tag{4-13}$$

当 H_Y 和 $\bar{x}$ 为固定值时，则 A 和 L 增长率相同；当 $\bar{x}$ 为固定值时，则 K 与 A 增长率相同，设 g 表示 A、Y、K 的增长率，若 K/Y 为常数，则：

$$\frac{C}{Y} = 1 - \frac{\dot{K}}{C} = 1 - \frac{\dot{K}}{K}\frac{K}{Y} \tag{4-14}$$

当 $g = \delta H_A$ 时，结合式（4-13），当增长率 g 与利率 r 之间的约束 $H_y = H - H_A$ 时可得：

$$g = \delta H_A = \delta H - \frac{\alpha}{(1-\alpha-\beta)(\alpha+\beta)}\gamma \tag{4-15}$$

令 $\Lambda = \frac{\alpha}{(1-\alpha-\beta)(\alpha+\beta)}$，可简化为：

$$g = \delta H_A = \delta H - \Lambda\gamma \tag{4-16}$$

其中，Λ 是由技术参数 α 和 β 决定的参数，由式（4-15）及式（4-16）可得：

$$\Lambda = \frac{\alpha}{(1-\alpha-\beta)(\alpha+\beta)} \tag{4-17}$$

其中，经济增长率与人力资本存量成正比，与技术成正比，与人口规模无关。故罗默认为技术进步是经济的基础驱动力。

罗默指出当技术和知识被作为生产要素时产生的正外部性会导致规模报酬递增从而刺激经济增长。为达到最优效用，从政策角度来看就需要政府对科研、教育增加投入，从而保证有足够的知识被生产出来①。故罗默在技术创新驱动力中强调了政府行为的影响因素，认为是政策对技术进步产生了支撑作用。

（四）“互联网+”促进制造业升级动因内涵分析

随着经济的发展，科学技术与产业融合的深度与广度越来越大，产业升级也得到了新的内涵，制造业升级中资源的配置决定了产业的发展以及水平，在信息化与工业化深度融合的今天，物联网、大数据、云计算、人工智能等技术的出现，给生产过程提供了更畅通的沟通平台、更广阔的市

① Romer P M. Increasing returns and long-run growth [J]. Journal of Political Economy, 1986, 94 (5): 1002-1037.

场平台以及更适宜发展的政策平台。生产连接生产、生产连接消费、消费连接消费都是在重置制造业的生产模式与组织模式，让个性化定制和智能化生产融为一体，使得参与生产制造、市场开发和服务环节的产业数量增多，交易内容增加，进一步促进产业规模不断扩大。

二、社会总生产模型拓展与“互联网+”促进制造业升级作用机理理论

我国制造业经历了重工业阶段以及科技导向阶段，已经进入知识经济阶段。但是我国制造业显示出多层次不均衡的发展现状，制造业整体知识技术水平较低，许多行业和企业还处于工业2.0、工业3.0，甚至还停留在工业1.0的状态。随着全球一体化程度加深，越来越多凭借劳动力优势发展的国家瓜分了我国制造业的利润，发达国家通过对高技术产业的把控以及先进技术提升生产效率实施的“再工业化”让制造业回流，一系列外部和内部的竞争让众多劳动密集型产业处于产业发展的边缘，“雁行理论”下的产业升级路径显然已经不再适合我国国情。

新工业革命的号角不仅让我国制造业陷入困境，更产生了倒逼我国制造业升级的新机遇。我国需要抓住新的机遇，通过“互联网+”对制造业的融合，以创新驱动内涵扩大再生产，从技术、市场、政策等方面提升制造业效率，优化供给结构，激活潜在需求并带动消费升级，实现社会再生产均衡与产业升级。杨继国、朱东波（2018）以马克思理论为指导，将马克思两部类扩展划分为四部类，如图4-2所示，并建立四部类结构均衡式。

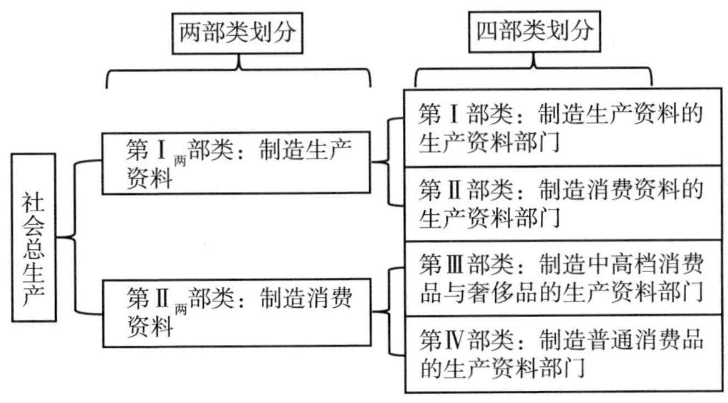

图4-2 社会总生产部类划分

$$\begin{cases} \text{I}. C+V+M=\text{I}.(C+\Delta C)+\text{II}.(C+\Delta C) \\ \text{II}. C+V+M=\text{III}.(C+\Delta C)+\text{IV}.(C+\Delta C) \\ \text{III}. C+V+M=\text{I}.(V+\Delta V)+\text{II}.(V+\Delta V)+\text{III}.(V+\Delta V)+\text{IV}.(V+\Delta V) \\ \text{IV}. C+V+M=\text{I}.(1-s)M+\text{II}.(1-s)M+\text{III}.(1-s)M+\text{IV}.(1-s)M \end{cases} \tag{4-18}$$

增长模型为：

$$g = sm'/(1+q) \tag{4-19}$$

杨继国认为，在封闭的经济环境下，制造业升级是沿着Ⅳ—Ⅲ—Ⅱ—Ⅰ进行升级演进的；从生产要素的流动情况来看，制造业会沿着第Ⅳ部类劳动密集型，向第Ⅲ部类资本密集型以及具有第Ⅰ、Ⅱ部类特征的技术密集型制造业进行发展，其实质就是知识要素和技术要素取代资本要素和劳动力要素的升级变化过程①。

马克思认为"分工是国民财富增进的唯一源泉"。当某种劳动产品获得新的市场时，产量就会增加。产量的增加有两种方法，一种是因为其他产品的牺牲而获得的，另一种是因为新产品是改良或者合作帮助劳动而获得的成果。马克思认为，生产过程的诸多环节存在空间分离的现象，一旦每个生产者都向其他人供应不同的商品，又从其他人处获得自己需要的产品，职业分工就产生了，随着职业分工的细化，每个劳动者工作的范围就越小，反复进行同一种劳动有效提升了劳动者对该种劳动技能的掌握，促进了劳动生产率的上升②。即分工会让某个部类形成专门化生产。具体来说，发达国家利用其技术高端地位与贸易规则制定者身份等，多是从事制造业高端生产，即第Ⅰ、Ⅱ部类生产资料的生产。发展中国家则主要从事代工，完成产品加工、制造环节，并为发达国家提供生活资料与消费品等。

在升级的过程中，第Ⅳ部类产品具有劳动密集型特征，其他消费资料首先要满足劳动密集型制造业产品的需求供给。我国制造业发展是建立在劳动密集型制造业的发展之上的，但是依靠廉价的劳动力以及自然资源，使得我国制造业产业结构和产业价值链属于低级、低端的水平，当丧失了

① 杨继国，朱东波．马克思结构均衡理论与中国供给侧结构性改革［J］．上海经济研究，2018（1）：5－16.

② 约翰·穆勒．政治经济学原理及其在社会哲学上的若干应用［M］．北京：商务印书馆，1991：145.

这些低级要素的禀赋之后，使得我国制造业难以得到进一步发展。其本质在于发展的主要原因不是产业内涵方面生产要素配置优化产生，而是来自低廉劳动力、低消费高存储的资本积累以及大量外资等外延型驱动力。如何改变这种外延型驱动力带来的产业结构失衡，让生产要素的配置达到最优，刺激制造业升级沿着Ⅳ—Ⅲ—Ⅱ—Ⅰ进行升级？也即如何实现外延扩大再生产向内涵扩大再生产转变路径？马克思认为现实财富的创造较多取决于科学水平和技术进步，也就是说取决于科学技术在生产中的运用①。

第一，要提升劳动工具效率。将“互联网+”引入制造业外延扩大再生产中，通过新的制造模式进一步提升制造业机器设备的自动化水平和智能化水平，提升劳动工具利用效率和产品的利用效率，进而提升生产效率。第二，提高劳动对象的利用率。“互联网+”不仅进一步扩大了劳动对象的范围，还提升了获得其他劳动对象的数量、质量以及劳动对象的利用率。第二，通过提高技术扩大生产规模，提升资本集中度。一方面借助“互联网+”进一步开拓市场，扩大需求，刺激生产；另一方面通过“互联网+”对产业聚集产生的重构效应，通过跨空间的中小企业聚合进一步扩大规模经济和范围经济，促进资本的集中。此外，通过“互联网+”投融资平台让企业融资渠道门槛降低、渠道多元，促使企业更愿意也有能力进行创新。第四，通过不断普及“互联网+”思想以及“互联网+”应用，进一步依靠科技进步来提升劳动生产率，进而缩短必要劳动时间，生产相对剩余价值。第五，要加速资本周转速度。我们已知 $n=\frac{U}{u}$，也就是说在一定时期内，n 的次数越多，u 就越短，影响 n 的速度关键是 u 的效率，此外生产资本的构成比例也对资本周转速度起到影响作用。首先，“互联网+”制造模式实现了即时化生产、个性化生产和一体化生产，通过建立一体化生态系统制造服务平台极大减少产品—服务的生产时间和流通时间，加速资本周转速度。其次，信息即是资本，在“互联网+”时代谁掌握数据和信息谁就获得了生产资本，而信息资本具有极强的流转速度、共享性和可复制性，进一步加快了资本的周转速度。

马克思主义理论为我们在“新常态”下制造业升级提供了发展的方向。制造业升级要抓住新机遇，用“互联网+”融合制造业，使得制造业由较低级形态向较高级形态进行转变，由低附加值向高附加值升级。波特

---

① 马克思，恩格斯．马克思恩格斯文集（第八卷）［M］．北京：人民出版社，2009：195-196.

指出在产业升级中，第一阶段依靠绝对的成本优势参与竞争，也就是说劳动密集型制造业的竞争力在于要在最大程度上减少投入成本、增加劳动生产率；伴随着技术的不断进步，"互联网+"为劳动密集型制造业注入了新的竞争力，在最大程度上降低了成本，获得资本积累。第二阶段的投资驱动主要是依靠资本要素，通过直接投资进行技术吸收和技术模仿；也就是说以耐用消费品、生产资料和设备生产为主的资本密集型制造业的发展需要采用规模经济的方式来提升竞争优势；"互联网+"通过技术与平台结合的优势，通过更多的融资渠道促进资本密集型制造业的发展，让产业聚集打破了空间的限制，让分散式的规模经济成为可能。第三阶段的产业升级主要依靠创新驱动经济发展，企业通过自主创新控制产业的发展，通过差异化战略获得更高利润。第四阶段要依靠已经获得的财富创造利润，表现为后工业社会的智能化生产。第四阶段的智能生产是建立在前三个阶段的基础之上的，空中阁楼式的发展不但不可能真正地抓住时代的机遇，而且会让一国的工业化中断甚至夭折。在经济的非均衡状态下，技术密集型制造业显著发展，其他制造业相对落后会导致制造业结构趋于不合理，技术密集型制造业也因为空中楼阁式的现状难以得到真切发展。"互联网+"背景下制造业发展革新了要素的流动方式，让经济处于相对均衡的状态，高技术制造业的发展就会产生有效的带动作用①，从而再利用技术密集型制造业的发展带动、促进全制造业升级。

第二节 "互联网+"促进制造业升级动力因素分析

一、动力一："互联网+"技术基础与技术融合驱动力

科学在成为现实生产力时表现为知识的形态，科学技术生产力转化是通过科学技术对劳动者、劳动工具及劳动对象产生影响，一旦科学技术转换为现实生产力就会对劳动效率和生产方式产生质变的影响②。马克思认

① 孙宁华，韩逸平．地区专业化与制造业结构优化——基于省级面板数据的经验分析［J］．南京大学学报（哲学·人文科学·社会科学），2016，53（1）：34－44.

② 马克思，恩格斯．马克思恩格斯全集（第四十六卷）［M］．北京：人民出版社，2003：219.

为，科学技术在本质上反映了人对自然的能动关系，标志着人民利用自然、改造自然的能力，是"生产财富的手段"和"致富的手段"[①]。早期，马克思认为技术是人的本质力量，并进一步指出技术作为人的本质力量是人的活动器官的延长[②]。"君子生非异也，善假于物也"，所以马克思认为科学技术的发展在历史进步中起到了基础性的推进作用。科学技术作为人大脑的延伸，突破了人体和人脑的限制，再借助于机器和技术的力量，极大提升人类改造自然和利用自然的能力。技术进步呈现两个特征，第一个是由机械代替体力劳动，人工智能代替脑力劳动。技术的进步体现为在深度和广度上超越之前的技术，并且不断地延长人类的躯体和大脑的长度呈现机械代替人力、智能代替人脑的发展趋势。尽管技术革命的周期具有相似性，但是每个技术进步周期内技术的数量却呈现越来越密集的态势，从技术到生产的周期也显著缩短。技术进步的第二个特征是无生命的动力的产生和新材料的不断涌现。恩格斯指出，大工业的技术基础是革命的，大工业使我们学会为了达到技术上的目的，把几乎到处都可以出现的分子运动转变为物体运动，这样大工业在很大程度上使工业生产摆脱了地方的局限性；摆脱了资本主义生产的局限性的社会可以更大踏步地前进[③]。

2015 年 3 月 11 日，国家发改委通过中国政府网发布了《2015〈政府工作报告〉缩略词注释》，并对"互联网+"计划给出了一个官方版的定义，注释中将"互联网+"解释为一种新的经济形态。"充分发挥互联网在生产要素配置中的优化和集成作用，将互联网的创新成果深度融合于经济社会各领域之中，提升实体经济的创新力和生产力，形成更广泛的以互联网为基础设施和实现工具的经济发展新形态。"[④]"互联网+"技术推动力促进制造业升级表现为两个方面，一方面是"互联网+"基础技术的产业化和改造提升能力，是制造业升级的倍增器；另一方面是"互联网+"在与产业和社会发展中发生融合产生的驱动力，是制造业升级的转换器。

（一）"互联网+"技术基础驱动力

程恩富、马艳（2012）将科学技术在劳动力中的运用程度和管理水平引入马克思劳动条件假定，建立劳动生产率与商品价值量的数理模型，认

① 马克思．机器．自然力和科学的应用［M］．北京：人民出版社，1978：206.

② 马克思．1844 年经济学哲学手稿［M］．北京：人民出版社，2000：89.

③ 恩格斯．反杜林论［M］．北京：人民出版社，2018：318－320.

④ 2015《政府工作报告》缩略词注释［OL］．中国政府网，http：//www.gov.cn/xinwen/2015－03/11/content_2832629.htm，2015－3－11.

为技术进步促进了劳动生产力的变化，进而提升产品价值量与使用价值量，如图4-3所示。

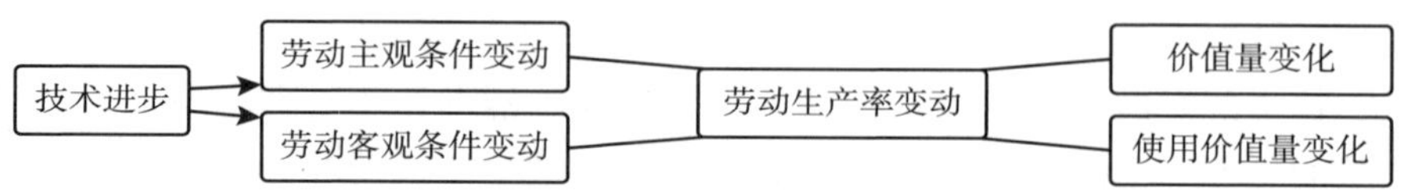

图4-3 技术进步与劳动生产率变动逻辑架构

结合新假定条件下的劳动生产率—价值量变动模型，构建“互联网+”技术促进制造业价值量增加的理论模型，其中劳动生产率的变量分别为主观因素技术水平、客观因素生产资料和自然条件等，即：

$$f=f(k,\ l)\ \text{且}\ f'_k>0,\ f'_l>0 \tag{4-20}$$

引入“互联网+”技术（X），X对劳动生产率的主客观因素都起到影响作用，对主观因素起决定性作用，则 $f=f[k(X),\ l(X)]$，假定引入X会产生 $\frac{dl}{dX}>\frac{dk}{dX}>0$，且 $\frac{1}{w}\cdot\frac{dw}{dX}>\frac{1}{Q}\cdot\frac{dQ}{dX}>0$，则劳动生产率与商品价值量为正比例关系，即：

$$\frac{dw}{dX}=w\cdot\left(\frac{1}{w}\cdot\frac{dW}{dX}-\frac{1}{Q}\cdot\frac{dQ}{dX}\right)>0 \tag{4-21}$$

也即当引入“互联网+”技术时，商品价值量与劳动生产率成正比。“互联网+”技术对劳动生产率提高产生影响时，劳动者在单位时间内可以创造更多使用价值且创造更多价值①，即“互联网+”技术的发展有助于制造业价值的创造。

“互联网+”技术与传统的制造、物流、服务等各类型模式，通过物联网、大数据、云计算以及CPS、人工智能进行组合，让制造—服务形成一体化，并且能达成即时、精准的量化定制生产，提供更高质量及服务的制造。“互联网+”技术基础驱动力在制造业中运用的核心技术就是以物联网、大数据、云计算为基础的CPS系统、人工智能等智能制造技术，也即软件的智能化以及硬件的自动化。以智能化附加自动化，从而提高效率，达到生产智能化、设备智能化、能源管理智能化和供应链智能化。在新制造模式中，通过大数据采集让知识创造有了新载体；通过云计算让知识认知有了新工具；通过对CPS等物联网技术产生的智能制造使生产工具

① 程恩富，马艳．高级现代政治经济学［M］．上海：上海财经大学出版社，2012：72-73.

具有自主学习能力，加速离散知识的系统化[①]。

物联网是实现万物互联的基础。物联网运作可分为三层架构，分别是感测层、传播层与应用层，由传感器将物理性变化与网络世界相结合，达到制造决策的精准性与即时性。物联网的概念已经与我们的日常生活相连接，在O2O、智能家居、交通、环境控制、智慧城市中均散布着物联网，根据Statista统计数据可知，2020年全球物联网设备安装将增长至310亿美元[②]。大数据必须依靠其他软件与硬件设施的结合才能发挥作用。在软件技术开放与共享以及云端储存等硬件设备提供技术保障下，让大数据可以探究历史，更可以预测未来。大数据可分为消费型大数据和生产型大数据，通过对数据嵌入，让制造业衍生出前所未有的制造模式与商业模式。IDC公司预测2019年全球大数据市场规模可达到486亿美元[③]。云计算是基于网络交互产生的可配置的计算资源共享池。美国NIST研究院认为云计算有四种形态和三种服务模式。其中公有云花费最少也最容易获得，私有云有相对安全保障但花费较高，社交云就是提供给有共同属性或相同目的的群体共享的服务，混合云就是采取多种方式提供的服务。三种服务模式分别为软件服务（SaaS）、平台服务（PaaS）以及基础设施服务（IaaS）。据Gartner估计2020年全球公有云市场规模将达到4114亿美元[④]。

“互联网+”的提出，本身就标志着互联网、云计算、大数据这些技术工具已经成为社会经济、文化发展所依靠的基础设施和核心理念。尼古拉斯·沃斯（Niklaus Wirth）认为：程序=算法+数据结构；今天我们可以将其扩展为：智能制造=算法+数据。随着技术的进一步发展，以CPS为核心的智能制造技术通过提升和更新感知层、信息层、网络层、认知层和执行层，向具备数据驱动自主学习能力的人工智能升级，如图4-4所示。国家互联网信息中心公布，新一阶段的“互联网+制造业”发展方向

---

① 国务院发展研究中心课题组．从“数量追赶”到“质量追赶”［M］．北京：中国发展出版社，2016：322-323.

② IoT connected devices installed base worldwide from 2015 to 2025 (in billions) ［OL］. Statista, https://www.statista.com/statistics/471264/iot-number-of-connected-devices-worldwide/2018-12-17.

③ ICD Forecast ［OL］. Businesswire, https://www.businesswire.com/news/home/20151109005070/en/New-IDC-Forecast-Sees-Worldwide-Big-Data, 2015-9-9.

④ 中国云计算市场规模预测［OL］. http://www.chyxx.com/industry/201712/596645.html, 2017-12-25.

是基于认知仿生驱动的类脑计算①。如今，“互联网+”的发展在原有技术突破人脑极其有限的计算能力的基础上，还可以模仿人类大脑进行根植于具体环境之上的推理和分析，实现智能化。

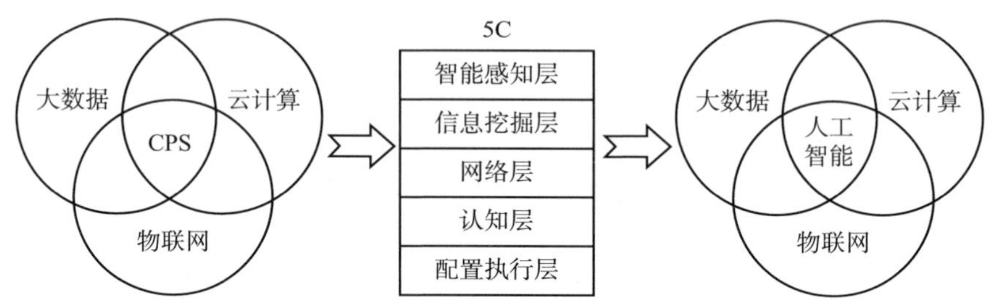

图4-4 “互联网+”技术升级示意图

（二）“互联网+”融合驱动力

“互联网+”具有复制性、共享性和规模性的特征，“互联网+”融合驱动力会使网络空间生产的产品与服务产生虚拟价值。结合程恩富、马艳（2012）根据网络信息产品与服务特性建立的网络经济虚拟价值基本模型，建立“互联网+”融合驱动力与制造业产品及服务的虚拟价值模型，其中 $C(Q, k)$ 为复制性虚拟价值，Q 为生产规模，k 为复制成本；$G(Q)$ 为生产规模虚拟价值；$S(n, a)$ 为共享虚拟价值，n 为共享者数量，a 为共享程度，则制造业产品及服务虚拟价值为：

$$\Delta W = C(Q, k) + G(Q) + S(n, a) \tag{4-22}$$

也即制造业产品和服务的价值为：

$$W = W_1 + \Delta W \tag{4-23}$$

由于 $w = c + v + m$，并且 $W = Qw$，则：

$$C(Q, k) = W - kQ - w = (c + v + m)(Q - 1) - kQ \tag{4-24}$$

也即制造业产品和服务的虚拟价值与“互联网+”融合情况成正比，“互联网+”在制造业产品和服务中融合程度越高，融入越深，则制造业所获得的虚拟价值越大，剩余价值率越高。

“互联网+”是技术进步的累计和延伸，技术驱动力源于技术在产业

① 以CPS为核心的智能化大数据创值体系［OL］. 199IT网，http：//www.199it.com/archives/425943.html，2016-1-6.

与社会发展中广泛而深刻的扩散和运用，第42次《互联网发展报告》显示，截至2018年6月30日，我国网民为8.02亿人，我国手机网民规模为7.88亿人，占比为98.3%，互联网普及率为57.7%。在本书第二章与第三章的梳理中我们总结出，在新时代发展中“互联网+”将成为推动制造业升级的突破口和关键力量，各国制定本国发展目标就是要通过在生产工具中广泛地运用“互联网+”技术提升效率降低成本，在制造模式、商业模式、组织模式中深入运用“互联网+”融合效益创新新产品与新业态，提升生产力与竞争力。

1. 互联网+能源。

里夫金认为新工业革命就是能源的革命，而能够阐释新革命的关键就是信息技术与新能源技术的融合。通过物联网、大数据、云计算等基础技术促进分散式扁平化能源系统发展。通过新型能源系统、制造模式与消费模式的融合，提升新能源和可再生能源在制造中的占比，进一步提升能源配置能力和利用率，促进制造业绿色化、智能化发展。

2. 互联网+物流。

我国货运物流体量大、效率低、成本高，我国社会物流总费用占国内生产总值一直较高。自物流引入自动化、智能化技术，2012~2017年，我国社会物流总费用占国内生产总值的比例从18%降至14.6%，效果显著。① 通过建立“互联网+”物流信息共享平台以及深度感知智能仓储系统，完善智能物流配送调配体系，将会有效降低我国物流空载率以及仓库设备空置率，提升企业产品生产—销售的效率，进一步降低企业交易成本。通过“互联网+”物流供应链服务提升“互联网+”制造的即时化与安全性，促进产品—服务一体化，让客户感受进一步增强，让制造业增加值进一步提升。

3. 互联网+金融平台。

健康发展的互联网金融全面提升互联网金融服务能力和普惠水平，通过互联网与银行、证券、保险、基金的融合创新为大中小企业提供了更为丰富、安全、便捷的金融产品和金融服务。互联网金融更好地满足了不同层次实体经济的投融资需求，尽管我国互联网金融表现出在经历了狂潮期后已经归于平淡的趋势，但平台对于促进企业发展还是起到了积极的作用。

---

① 国家发改委：社会物流总费用占GDP的比率连续五年下降［OL］. 新华网，http://www.xinhuanet.com/fortune/2018-04/19/c_1122711310.htm，2018-4-19.

4. 互联网+商务平台。

零边际成本概念是由里夫金在《零边际成本社会——一个物联网、合作共赢的新经济时代》中提出的，零边际成本并不是指成本真正为零，而是相对于高昂的前期网络基础设施投入，如研发、运营之类的固定成本，生产和使用的边际成本很低，几乎可以不考虑。小微企业借助“互联网+”商务平台，可以用最小的投入获得更大的利益。第42次《互联网发展报告》显示，2018年1~5月，我国电子商务平台收入就突破1164亿元，同比增长39%。

二、动力二：“互联网+”市场多层次拉动力

经济活动以现实的人的发展为最终目的，人是经济发展的主体和决定性力量，人类在利用自然不断满足自身日益增长的物质和精神的需要时，发明和创造了工具，改造了自然①。“当人们还不能使自己的吃喝住穿在质和量方面得到充分保证的时候，人民就根本不能得到解放。”② “解放”是一个历史活动，其本质是由工业状况、商业状况等方面促成的。一方面，制造业发展的目的就是对人进行“解放”，对国家进行“解放”，通过对需求的不断满足来促进人的全面发展，促进生命和生产的双重关系的协调。另一方面，从人的发展的角度来看，产业发展的本身来源于人类社会生活需求的本身。马克思认为：因为消费创造出新的生产的需要，也就是创造出生产观念上的内在动机，后者是生产的前提。消费创造出生产的动力；它也创造出在生产中作为决定目的的东西而发生作用的对象。没有需要，就没有生产。③ 人的需求也是呈螺旋式上升的。整个世界的历史都是通过人的劳动产生的，是人的经济交往实践的集合，离开了人这个主体的能动性，经济的发展、社会的变革都将是空中楼阁，就更不会产生技术的进步与产业升级。

人在征服自然的过程中，不断将自然资源合并为自身力量，这一行为一方面满足了发展自身的需求，另一方面又有助于进一步扩大社会生产。马克思将资本主义总的生产过程分为四个环节，分别是生产环节、分配环

① 朱巧玲，杨威．对马克思关于“人的发展”理论的再认识［J］．改革与战略，2009，25(10)：9-13.

② 马克思，恩格斯．德意志意识形态［M］．北京：人民出版社，2018：19.

③ 马克思恩格斯文集［M］．北京：人民出版社，2009：15.

节、交换环节以及消费环节，其中，生产由劳动过程和生产关系构成，生产决定了消费、分配和交换。“社会生产作为一个有机整体，由生产、分配、交换和消费四个环节构成，生产决定于一般自然规律，分配决定于社会偶然情况，因此它能够或多或少地对生产起促进作用；交换作为形式上的社会运动介于两者之间；而消费不仅被看成终点还被看成最后目的行为，又反过来作用于起点并重新引起整个过程。”[①] 消费具有双重性，不仅包括社会的人的消费，还包括生产性消费。在生产环节中，每一个部类都拥有不同的生产部门，综合起来就形成两个单一的大的生产部门，分别是生产资料的生产部门和消费资料的生产部门。生产资料的生产部门和消费资料的生产部门之间只能进行自身存在的物质再生产和价值再生产，对于完整的劳动力再生产和生产资料再生产只能依靠交换来进行[②]。在分配环节中，其目的分别是对收入和生产过程所产生的第一部类与第二部类产品的使用价值的分配。以生产和消费为起始点的四个环节相互衔接，构成社会生产的有机运行。四个环节会相互促进和作用，消费结果会作用于生产过程，市场需求的大小和结构的变化会影响生产与再生产；而生产环节的竞争同样也作用于消费的过程。

（一）“互联网+”市场规模拉动力

波特在《国家竞争优势》中强调国家需求市场的重要性，波特认为国内需求市场是产业竞争优势中第二个关键要素，市场规模和成长速度以及需求的转换能力是产业发展的动力所在。孙晓华认为在有效的市场规模足够大的时候就能够促进产业创新升级的正反馈；反之，当有效市场规模不足就会导致研发投入不足，研发积极性与效率降低，产生技术的挤出效应，对技术进口需求更加依赖，产业升级阻力更大，如图4-5所示[③]。互联网信息技术以及互联网信息平台最大化地拓展了市场的需求规模，而丰富庞大的“互联网+”市场规模能够降低交易成本，提升市场交易效率，刺激创新。

---

① 马克思恩格斯全集（第八卷）[M]. 北京：人民出版社，2009：12.

② 周绍东，钱书法，王昌盛. 分工与创新：发展经济学的马克思主义复兴[M]. 北京：经济科学出版社，2015：77.

③ 孙晓华. 技术创新与产业演化[M]. 北京：中国人民大学出版社，2012：90.

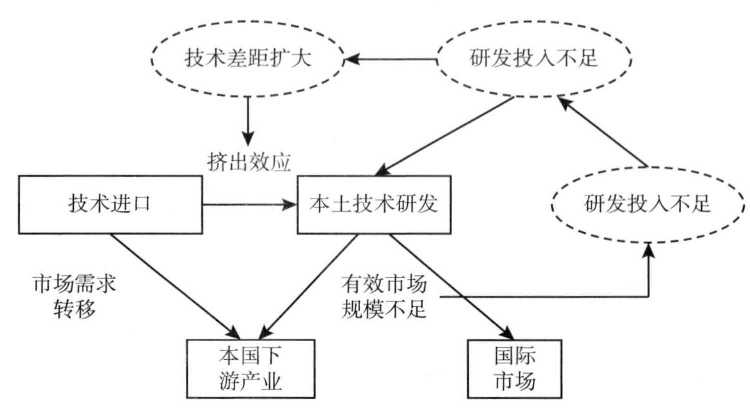

图4-5 有效市场规模与产业创新关系网络

前面结合程恩富、马艳[①]根据网络信息产品与服务特性建立的网络经济虚拟价值模型为：

$$C(Q,\ k)=W-kQ-w=(c+v+m)(Q-1)-kQ \qquad (4-24)$$

程恩富、马艳认为，规模较大的生产者具有明显的成本优势，故成本地域市场价值部分会转化为企业虚拟价值；且当信息网络用户超过一定临界值时，需求方规模效益就会引发正反馈，也即信息网络产品和服务给用户带来的收益促进了新的用户加入，用户规模的扩大促进了现实收益的增加[②]。

根据以上分析，若 Q 表示生产规模，k(Q) 为供给规模产生的虚拟价值，f(Q) 为需求规模产生的虚拟价值，则“互联网+”规模产生的虚拟价值可以表示为：

$$S(Q)=k(Q)+f(Q) \qquad (4-25)$$

也即“互联网+”市场规模效益降低了成本、提升了效率、促进了收益的增长。“互联网+”的发展促进了规模经济的形成，加速了经济的发展，“对于提高劳动者的劳动生产力来说，极其重要的是，附近有从事不同产业的生产者。一种劳动产品能与另外一种劳动产品相互交换，是提高劳动生产力的一个条件。劳动产品获得新的市场产量就会增加，如果没有产量的提升，人民也许不会再继续进行改良，也不会选择合作”[③]。但是

① 程恩富，马艳．高级现代政治经济学［M］．上海：上海财经大学出版社，2012：177.
② 程恩富，马艳．高级现代政治经济学［M］．上海：上海财经大学出版社，2012：178.
③ 约翰·穆勒．政治经济学原理及其在社会哲学上的若干应用［M］．北京：商务印书馆，1991：142－143.

市场规模和劳动的产值常常会受到人口数量、人口密度以及信息传播的影响，“互联网+”时代的信息加速交换，财富更加自由，不仅让世界各国产品的市场得到极大地扩张，还让分工变得更加具有这个时代的特性。

（二）市场需求结构变动拉动力

1. “互联网+”创造了新消费需求。

与人的需求的满足相适应的是满足需求能力的提升，从一开始的生存需求，上升到享受需求，一直上升至发展需求，在这个过程中需求不断更新，生产力不断进步，消费水平不断提升，出现新的生产关系、更高级的技术以及产业结构。技术的进步和产业结构的升级，也让需求变得更多元化、更细致化。从产业自身发展的角度来看每个产业都会有出现、发展到衰落的周期，不存在绝对的低端，同样也不存在绝对的高端，都是在不断变化和发展的。尤其是随着互联网技术的革新，人的需求范围在不断扩大，需求在不断更新，社会生产力也在不断发展，经济生活中不断涌现出新的产业，并参与到产业结构的比例关系以及结合关系之中，产业升级的内核和外延也在不断地进行演变。今天的市场没有差异化的产品，就没有了发展，这也是由需求的客观规律所决定的。所以制造业升级就是对不断升级的新需求进行满足，是人的全面发展的必然。

需求结构影响制造业结构升级的原因在于不同的需求引致不同的分工和生产，新需求的产生要求制造业的制造模式和组织模式要随之升级，也即“互联网+”带来的新产品选择和新业态形式创造了新的消费需求，培育新的增长点。现阶段，市场最大的挑战就是如何根据顾客的新的需求制造产品和提供服务，当然新的需求在带来挑战的同时也带动了巨大的市场机遇。企业进行生产的目的是追求利润的最大化，为了实现占领“互联网+制造业”新市场的目的推动着企业不断改造技术和更新产品。为了能快速反映消费者多样少量的产品需求，制造业目前处于企业生命周期中的改革阶段，各企业都在“互联网+”这项革命中寻求创造企业最大利润的经济方针，使制造业的营运能更有效率且成本更低。

“互联网+”不仅是存量的提升，也是增量创造的过程，是改善旧价值、带来新价值的过程。“互联网+”的融合力为“互联网+制造业”融入了新的制造模式，在“互联网+”下，新的产品选择更多的是对产品方案的选择，而不是在产品本身①。相较于传统制造业，产品的竞争优势从产品的使用需求上升为感知能力和服务能力的需求。中国的消费者也正在从基础需要向高级需要转型，要求产品从舒适性和性价比的物质消费升级为能够提供消除焦虑感、孤独感，增加认同感的精神消费。

2. “互联网+”促进消费需求升级。

马克思认为消费是生产的终点，消费结构决定生产结构。消费需求升级推动制造业升级的动力因素是多层次的，经济活动是以满足人不断升级的需求为目的，人才是制造业发展中的决定性力量，发展离不开人的主观能动性，所以制造业升级的目标是满足人的需求，也即生产要和消费相适应。

根据社会总产品最终用途对社会再生产进行分类，如图4－6所示②。

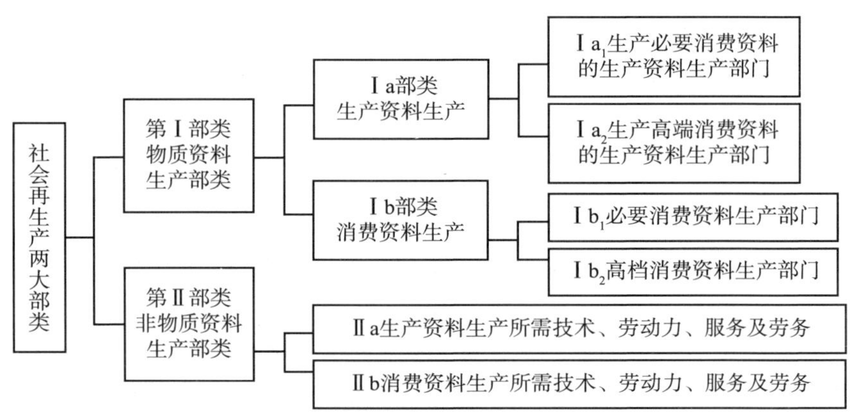

图4－6 社会再生产两大部类及部类间分类

结合侯晓东（2017）第Ⅱ部类内部产品替换与产品价值补偿关系模型可得：

$$Ⅱa：1600c+400v+(240+160)m=2400$$

$$Ⅱb：400c+100v+(60+40)m=600$$

若Ⅱa和Ⅱb中，C∶V＝4∶1，m′＝100%，工人不消费高档产品，资本家将40%m用于高档产品消费，则：

① 奥拓·布劳克曼．智能制造：未来工业模式和业态的颠覆与重构［M］．北京：机械工业出版社，2015：2.

② 侯晓东．结构性供给失衡与中国经济发展动力转换研究［D］．武汉：中南财经政法大学，2017.

$$\text{IIa:}\quad 1600c+\underline{400v}+\underline{240m}+\underline{160m}$$

$$\text{IIb:}\quad 400c+\underline{100v+60m}+\underline{40m}$$

第Ⅱ部类简单再生产需满足Ⅰ(v+m)=Ⅱc，以及Ⅱbv<Ⅱam。

结合第Ⅰ部类价值构成可得：

$$\text{I.}\quad 4000c+\underline{1000v+(600m}+\underline{400m})=6000$$

$$\text{II.}\begin{cases}\underline{1600c}+400v+(240m+\underline{160m})=2400\\ \underline{400c}+\underline{100v+(60m}+40m)=600\end{cases}$$

消费需求升级是从需求总量变动发展为需求结构变动，也即人的需求随着技术发展从量变发展到质变，如果在均衡状态下要保证第Ⅰ部类中高档消费品增加的需求，就必须要求生产进一步提升。随着技术创新大幅度的提升而愈加充沛的产品数量，使得人的需求从低级产品向高级产品升级，而需求结构的高度直接作用于产业升级，市场需求高度促进了企业继续投资创新的动力，所以波特认为市场需求比市场规模对产业升级更具有长久的驱动力。

芮明杰认为，出现新工业革命变革的原因在于新的世界已经迈向个性化消费，需求范围在不断地扩大，需求质量在不断地提升，需求结构在不断从低层次的量化标准向更高层次转移①。需求与可支配收入之间存在互动关系，当收入不断提升时，人们对生活必需品之外的商品有了更广泛和更高端的需求。需求不断引导着生产，继而因需求结构的不断升级引发了产业升级②。从产业自身发展的角度来看，每个产业都会有出现、发展到衰落的时期，不存在绝对的低端，同样也不存在绝对的高端，都是在不断地变化和发展的。尤其是随着互联网技术的革新，人的需求范围在不断扩大，社会生产力也在不断发展，经济生活中不断涌现出新的产业，并参与到产业结构的比例关系以及结合关系之中，产业升级的内核和外延也在不断地进行演变。在产业的发展中，制造业的不断发展拉动了对技术的需求，从而促进了资金密集型制造业以及技术密集型制造业的蓬勃发展。

从产业需求的角度来看，社会需求决定了产业的空间布局。受地理区域限制，产品市场较为固定和局限，恩格斯说过“工业的发展取决于市场的扩展”，为了更好地占有市场，降低成本获得利润，企业选择规模化生

① 芮明杰．第三次工业革命与中国选择［M］．上海：上海辞书出版社，2013：55.
② 周振华．产业结构优化论［M］．上海：上海人民出版社，2014：49－51．

产，大规模流水线的标准化生产是为了满足社会发展对于量产的需求而忽视了消费者个性化需求。从制造业角度来看，我国现阶段的主要矛盾是全社会不断增长的对高质量制造产品和服务的需求与我国制造业发展能力不均衡、不充分之间的矛盾。其内涵是，第一，低档次耐用消耗品供大于求，出现低级生产要素产品的过剩；但与此同时，在“互联网+”引致下产生的个性化、智能化、绿色化产品需求我国制造业无法满足。第二，我国消费不足导致的制造业产能过剩，其实质是同质化生产趋向严重，盲目跟风重复建设，使我国主导产业产能过剩；但我国自主创新能力不高，存在产业链上下脱耦的情况，技术密集型制造业呈现劳动密集型低要素特征，产生发达国家产品的挤出效应。我国现阶段的主要矛盾需要通过产业需求的不断升级去刺激制造业的升级，这种矛盾使制造业发展产生了一种倒逼拉动的效力。

从消费者需求的角度来看，“互联网+”的产生是人类社会发展到一定阶段，为了满足经济发展和人的需求而产生的新兴产物。智能制造让需求不再是一个标准，而是呈现出全方位、立体化的需求。消费者可以通过参与设计、制造、评价、反馈充分对需求进行表达。波特认为内需市场可以促进企业改进和创新技术的动力，其消费者需求的多样性和挑剔性会更好地刺激企业进行创新，一个高度承受旧产品和老技术的企业往往会选择既得利益，而放弃新技术的运用；随着“互联网+”打破地域限制，企业难以通过供应决定市场，消费者的需求在升级，消费者的习惯在升级，迫使企业必须重视异质化产品的生产。

（三）“互联网+”市场竞争拉动力

马克思指出，竞争使资本的内在规律得到贯彻，使这些规律对于个别资本成为强制规律[①]。马克思认为市场经济的基本特征是自由竞争，市场机制的实质是竞争机制，竞争促进了经济的发展。达尔文提出的“物竞天择，适者生存”的思想揭示出竞争只会选择与强者相伴，而弱者注定会被替代。竞争的根本属性和普遍规律让竞争行为既具有激励的效用，又形成淘汰机制[②]。“互联网+”时代的竞争更多地表现为围绕市场需求之间的竞争。

---

① 马克思恩格斯全集（第四十六卷下）［M］. 北京：人民出版社，1980：159.
② 大卫·哈维. 跟大卫·哈维读《资本论》（第二卷）［M］. 上海：上海译文出版社，2016.

1. 竞争激励机制拉动力。

“互联网+制造业”的浪潮不断地要求和促进成本的降低以及需求的满足。成本的多少体现了生产中资源的消耗水平，包括资本的投入、劳动力的消耗、自然资源的消耗。同种产品，成本越低其市场的竞争力越大。资本的逐利性是人的需求和技术进步的本质属性。为了更好地占有市场、扩大收益，以满足不断扩大的量的需求以及不断升级的质的需求，企业会选择不断地更新和升级技术以扩大规模，竞争的激励效益就产生了。

在开放的竞争环境下，具有相对成本优势的国家更容易获得国际市场份额，形成竞争力。“互联网+”技术的出现让成本出现巨大变动，“互联网+制造业”制造模式和组织模式对制造业升级产生了本质的影响。“互联网+制造业”以其协同一体化的制造模式形成跨越地域限制的规模经济和资源比较优势，通过智能制造降低制造成本、提升交易效率，有效地控制产品生产以及销售等各个环节的成本。

2. 竞争淘汰机制反拉力。

倒逼企业不断创新。激烈的竞争机制形成了强大的压力，随着新工业革命的到来，“互联网+制造业”成为制造业的发展方向和发展趋势，能够跟上新工业革命的发展节奏，不至于被淘汰，成为企业的首要目的。在“互联网+制造业”的市场竞争拉动力下，企业必须选择从产品种类、产品质量、服务种类、服务质量等各个方面进一步地升级和创新。市场会传递需求的信号，如果企业的发展不能跟上“互联网+”定制化量产的趋势，就会惨遭淘汰。

在垄断市场中，企业坐享其成反而会使创新的意愿动机减少，想要进行创新尝试的新企业可能会遭到排挤。在充满竞争的市场中，想要进一步获取利益的欲望带动了企业的创新力和生产力。从产品服务感知方面来看，“互联网+”制造模式要求产品必须具备更高的产品质量和一体化专业化服务，提升产品的附加值。“在互联网+制造业”的市场竞争中，为了保持一定的利润或者是保持竞争状态不被市场淘汰，企业除了要跟上“互联网+”市场的发展趋势，还必须作出两种选择：第一，在保持产品同等竞争力的情况下不断降低成本，以保证自己产品成本价格在平均价格降低之前就降下来，或者说与平均价格保持持平；第二，在保证同等价格的情况下提升产品的感知能力和认同感，培养顾客的忠诚度。从产品成本方面来看，降低生产成本需要不断提升劳动生产率，根本方法就是对原有技术进行改进或者创新，故而市场竞争有效提升了劳动生产率，促进了产业升级。

三、动力三："互联网+"政策支撑力

随着一旦已经产生的、表现为工业革命的生产力革命，还实现着生产关系的革命①。马克思认为第一次工业革命发生在英国是因为只有英国的经济关系发展到了可以使得资本有可能利用科学进步的程度②，也就是说社会制度发展与技术发展之间存在影响关系。马克思关于超额利润的分析指出，科技进步的拉动力来源于市场经济体制的建立和市场机制的运行，它能够促进主观能动性，进而进一步推动技术创新。并且体制机制的建立能够决定技术创新的速度以及利用程度。资本主义制造业的发展以及技术进步的历史足以证明市场机制对于科技进步的推动作用。

（一）"互联网+"政策支撑力的理论分析

程恩富和马艳在讨论市场失灵和国家调节时，建立了政策—经济传导模型③。当第一部类和第二部类中只存在资本家、个人、政府三种经济主体时，若剩余价值率为固定值1，设政府推出政策一：只针对第一部类剩余价值进行征税，且税金全部投入第一部类扩大再生产，税率为t，且$t\in[0,1]$，此时两部类第二年扩大再生产为：

$$\begin{cases}C_{\mathrm{I}}^{1}+\dfrac{a}{1+a}\{M_{\mathrm{I}}^{1}t+M_{\mathrm{I}}^{1}(1-t)g_{1}\}+V_{\mathrm{I}}^{1}+\dfrac{a}{1+a}\{M_{\mathrm{I}}^{1}t+M_{\mathrm{I}}^{1}(1-t)g_{1}\}\\C_{\mathrm{II}}^{1}+\Delta C_{\mathrm{II}}^{2}+V_{\mathrm{II}}^{1}+\Delta V_{\mathrm{II}}^{2}\end{cases}\tag{4-26}$$

用k表示社会累积率，若两部类实现再生产的均衡$\mathrm{I}\left(V+\Delta V+\dfrac{M}{X}\right)=\mathrm{II}(C+\Delta C)$，则两大部类第二年产值为：

$$\begin{cases}W_{\mathrm{I}}^{2}=C_{\mathrm{I}}^{1}\left(1+\dfrac{2}{a_{1}}\right)\left(1+\dfrac{k}{1+a_{1}}\right)\\W_{\mathrm{II}}^{2}=C_{\mathrm{II}}^{1}\left(1+\dfrac{2}{a_{2}}\right)\left(\dfrac{2}{a_{2}}-\dfrac{k}{1+a_{1}}\right)\end{cases}\tag{4-27}$$

---

① 马克思．机器、自然力和科学的应用［M］．北京：人民出版社，1978：111.

② 马克思恩格斯全集（第四十七卷）［M］．北京：人民出版社，1972：523.

③ 程恩富，马艳．高级现代政治经济学［M］．上海：上海财经大学出版社，2012：527－529.

两大部类第二年增长率为：

$$\begin{cases} G_{\mathrm{I}}^{w} = \dfrac{k}{1+a_1} \\ G_{\mathrm{II}}^{w} = \dfrac{C_{\mathrm{I}}^{1}}{C_{\mathrm{II}}^{1}}\left(\dfrac{2}{a_2} - \dfrac{k}{1+a_1}\right) - 1 \end{cases} \tag{4-28}$$

若不存在政府税收时，两大部类第 n 年扩大再生产产值为：

$$\begin{cases} W_{\mathrm{I}}^{n} = C_{\mathrm{I}}^{1}\left(1+\dfrac{2}{a_1}\right)\left(1+\dfrac{k}{1+a_1}\right)^{n-1} \\ W_{\mathrm{II}}^{n} = C_{\mathrm{II}}^{1}\left(1+\dfrac{2}{a_2}\right)\left(\dfrac{2}{a_2}-\dfrac{k}{1+a_1}\right)\left(1+\dfrac{k}{1+a_1}\right)^{n-2} \end{cases} \tag{4-29}$$

若不存在政府税收时，两大部类产值增长率为：

$$\begin{cases} G_{\mathrm{I}}^{w} = \dfrac{k}{1+a_1} \\ G_{\mathrm{II}}^{w} = \dfrac{k}{1+a_1} \end{cases} \tag{4-30}$$

也即：（1）当政府采取增加税收时，可以通过提高 k 扩大总需求，刺激经济增长。（2）政府采取刺激性投资政策，两大部类增长速度均提升。也即“互联网+”政务行为能力的提升以及“互联网+制造业”相关政策的制定会影响经济增长。国内外的经验也表明，政策以及国家行为在激励技术开发主体积极性和规避风险方面起到重要的作用。“互联网+”技术具有高投入、高产出、高风险的特征，需要投入庞大的人力、财力成本，如果没有战略高度的组织和支持难以成功。

（二）“互联网+”政务支撑力

“互联网+”技术的引用有效协调政府行为与市场行为。通过“互联网+政务”进行简政放权，以全新的政府接入方式和途径，提升政府的服务功能，让行政行为更加规范、便民且高效。通过“互联网+政务”引入工业园区建设，“互联网+”技术可以大幅度提升行政决策的科学化、效率化与民主化。

对于政府来说，通过“互联网+”政务系统对数据的统计和整理，提高企业主体在对制造业发展政策制定中的参与度，将更有利于行政组织内部对宏观方向发展以及企业真实需求进行把握。将物联网技术与工业园区结合，全面即时监控各个园区绿色建设。我国工业园区数量大，密度高，同质化严重，通过“互联网+”技术的引入将有效进行分析和决策，以正确分析和制定地区和行业发展政策。以政府审批行为为例，2018 年政府工作报告显示，通过“互联网 +”对公司设立的商事制度进行全面改革，有效将企业登记、开办的注册时间缩短至原耗时的 60%，营商环境持续改善，市场活力明显增强①。

对于企业来说，“互联网 + 政务”打破信息壁垒，帮助企业全面了解新政策、新数据以及新的发展方向；全流程一体化在线服务平台更方便企业一站式决策和行为。以苏州工业园区管理委员会为例，行政审批服务局与委员会网站合为一站式服务中心，通过融入政务公开、信息查询、咨询服务、预约服务、网上申报等方式进一步帮助企业减少时间、财力、人力、物力成本，仅 2018 年 11 月到该委员会处办理注册登记的内资企业就达 1130 个。②

（三）“互联网 +”政策支撑力

经济学基础理论并不认为自由放任是正确的，因为市场失灵普遍存在，所以借助明智的政策干预来改进效率存在巨大的发展空间③。“互联网 +”政策支持力来源于“互联网 +”及“互联网 + 制造业”引导政策以及扶持政策，如图 4 -7所示。

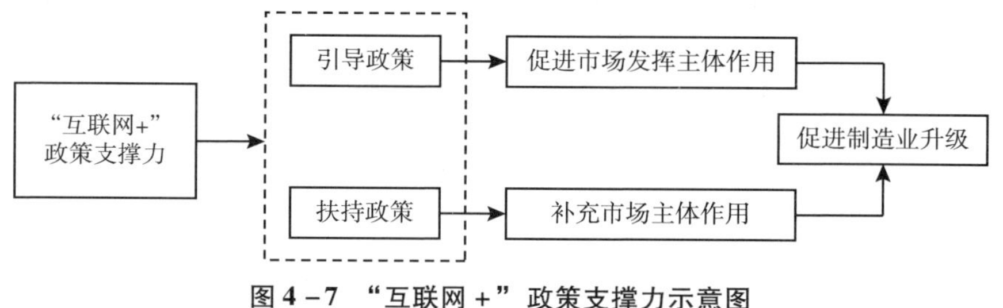

图 4 -7 “互联网 +”政策支撑力示意图

1. “互联网 +”及“互联网 + 制造业”引导政策。

战略聚焦于竞争优势，长期的制造战略对于国家制造业发展起着引导

---

① 李克强 . 政府工作报告 [OL]. 中国政府网，http：//www. gov. cn/premier/2018 -03/22/content_5276608. htm，2018 -3 -22。

② 苏州工业园区管理委员会 . 园区月度统计资料（201811）[OL]. http：//www. sipac. gov. cn/government/tjsj/，2018 -12 -17。

③ 让·梯若尔 . 创新、竞争与平台经济 [M]. 北京：法律出版社，2017：15.

的作用①。我国颁布了一系列"互联网+制造业"政策，详见表4-1，通过指明"互联网+"发展方向以及"互联网+制造业"相关政策激励、带动和示范作用来刺激和促进"互联网+制造业"创新氛围以及创新能力。未来十年，我国制造应向中国"质"造以及中国"智"造方向升级。其中必须要大力发展以物联网、大数据、云计算为基础的智能制造，这是我国制造业的主攻方向，同时也是我国从制造业大国向制造业强国发展的根本途径。

表4-1　我国"互联网+制造业"相关政策

时间	名称	主要内容和任务
2015年7月	《国务院关于积极推进"互联网+"行动的指导意见》	把互联网的创新成果与经济社会各领域深度融合
2016年12月	《智能制造发展规划2016-2020年》	加快完善和发展智能装备、共性技术、标准体系、工业互联网基础与人才建设等事项
2016年5月	《国务院关于深化制造业与互联网融合发展的指导意见》	围绕互联网"双创"平台开展"互联网+"制造业具体工作
2017年3月	《云计算发展三年行动计划(2017-2019年)》	从技术、产业、应用、安全保障以及环境优化四个方面落实指导意见
2017年3月	《国务院关于印发新一代人工智能发展规划的通知》	构建开放协同的人工智能科技创新体系；培育高端高效的智能经济；建设安全便捷的智能社会；加强人工智能领域军民融合；构建安全高效的智能化基础设施体系；布局新一代人工智能重大科技项目
2017年10月	《高端智能再制造行动计划(2018-2020年)》	加快发展和完善关键技术创新与产业化应用、示范工程建设、制造标准研制等行动
2017年11月	《国务院关于深化"互联网+先进制造业"发展工业互联网的指导意见》	深入推进"互联网+先进制造业"：夯实网络基础、打造平台体系、加强产业支撑、促进融合应用、完善生态体系、强化安全保障、推动开放合作
2017年11月	《推进互联网协议第六版(IPv6)规模部署行动计划》	加快互联网应用服务升级，开展网络基础设施改造，加快应用基础设施改造，强化网络安全保障，突破关键前沿技术、构建自主技术产业生态

① 孙林岩．中国制造业发展战略管理研究［M］．北京：清华大学出版社，2009：27.

续表

时间	名称	主要内容和任务
2017 年 12 月	《促进新一代人工智能产业发展三年行动计划（2018-2020年）》	培育智能产品、突破核心基础、深化发展智能制造、构建支撑体系
2018 年 1 月	《国家智能制造标准体系建设指南（2018 年版）》（征求意见稿）	5 个基础共性标准，5 个关键技术标准，10 个行业的行业应用标准
2018 年 3 月	2018 年《政府工作报告》	加快新旧动能接续转换、深入开展“互联网+”行动、推进智能制造等重大工程
2018 年 3 月	《工业和信息化部办公厅关于做好 2018 年工业质量品牌建设工作的通知》	提升制造业供给质量；推动智能制造和绿色制造发展；质量管理、品牌建设与合力
2018 年 7 月	《推动企业上云实施指南（2018-2020 年）》	科学制定部署模式、按需选择云服务、稳妥有序实施上云、提升支撑服务能力、强化政策保障

作为全球公认的下一代互联网商业应用解决方案，IPv6 规模部署已经受到国家的高度重视，也将不断推动我国高新技术产业的尖端发展。自 2017 年 11 月我国颁布《推进互联网协议第六版（IPv6）规模部署行动计划》，截至 2018 年 6 月我国互联网基础资源得到大幅度增长。《互联网发展报告》显示 2018 年以来，我国 IPv6 地址数量为 23430 块/32；2016 年和 2017 年新增人工智能企业数量分别为 128 家和 28 家。①

2. “互联网+”及“互联网+制造业”相关扶持政策。

“互联网+制造业”是新工业革命的关键，“互联网+”技术创新投入不断增多、风险不断增大，需要风险分担机制，各国政府先后出台各种扶持政策以减弱新技术的不确定性和风险性，并进一步促进研发投入和创新要素向“互联网+制造业”聚集。政府相关扶持政策已经显现出其对提升“互联网+”对制造业升级促进作用的强烈重视。

首先，政府通过政府参与的科技创新机构和组织直接参与技术创新。以贵阳大数据交易所为例，作为全国第一个大数据交易所，选择政府指导

① 中国国家互联网信息办公室.《中国互联网发展报告（2018）》发布［OL］. 中华人民共和国国家互联网信息办公室官网，http://www.cac.gov.cn/2018-11/06/c_1123672145.htm，2018-11-6.

与社会参与双轮的发展模式，政府全程参与了贵阳大数据产业顶层设计与产业规划；此外，贵阳大数据交易所还参与了《大数据产业发展规划（2016－2020年）》等国家政策、国家行业标准的制定，并于2018年11月跻身为国家高新技术企业，完成了利用“大数据×”形成“互联网+”的战略支撑[①]。

其次，政府通过制定政策干预市场与科技活动，从而影响技术创新以及产业升级，如第二次世界大战后，各经济发达国家的政府加强了对技术创新的干预，从而促进工业的发展[②]。在产学研方面，李克强总理指出要依托“互联网+”打造协同创新平台，促进产学研深度融合。国家先后出台《国务院办公厅关于印发促进科技成果转移转化行动方案的通知》《中国产学研合作促进会产业技术创新战略联盟认定及管理办法》《国家创新驱动发展战略纲要》等政策，强调围绕新一代信息网络技术、智能制造技术开展科技成果信息汇交与发布，围绕“互联网+”开展“研发众包”模式探索，围绕“互联网+”构建多种形式的产业技术创新联盟、科技成果产业化基地、国家技术交易网络平台以及创新创业人才服务平台，鼓励和推动产学研技术创新联盟的建设，并对重点任务进行分工及进度安排，详见表4－2[③]。

表4－2　“互联网+”产学研政策重点任务分工及进度安排

部分重点任务	责任部门
发布新一代信息网络技术、智能制造技术科技成果包	科技部会同有关部门
加强科技成果信息汇交，推广科技成果在线登记汇交系统	科技部会同有关部门
围绕“互联网+”等国家重点产业和重大战略，构建一批产业技术创新联盟	工业和信息化部、科技部、中科院等
打造线上与线下相结合的国家技术交易网络平台	工业和信息化部、科技部、教育部、国家知识产权局等
构建“互联网+”创新创业人才服务平台	科技部会同有关部门

① 贵阳大数据交易所简介［OL］. 贵阳大数据交易所官网，http：//www.gbdex.com/website/view/aboutGbdex.jsp，2018－12－15.

② 汪泽英．技术发展多元驱动力研究［D］. 北京：中国社会科学院研究生院，2002.

③ 国务院办公厅．国务院办公厅关于印发促进科技成果转移转化行动方案的通知［OL］. http：//www.gov.cn/zhengce/content/2016－05/09/content_5071536.htm，2016－4－21.

在创新创业方面，通过“互联网+”众创空间、“互联网+”孵化—投创进一步推动生产要素资源聚集，为创新创业提供工作—网络—社交—共享四维空间，为小微企业向“专精特新”转型提供平台，为创新创业寻找新支撑点。第42次《互联网发展报告》显示，2017年，中国研发人员总量达到621.4万人，连续5年居于世界榜首。截至2018年6月，我国众创空间数量超过600家；在科技创新成果方面，2017年我国众创空间运营收入超过153亿元，空间内常驻企业和团队超过41万个，拥有有效知识产权超过15.23万件，涨幅接近100%①。

（四）“互联网+”人才培养政策支撑力

“全部人的活动迄今都是劳动，也就是工业，就是自身异化的活动。”② 马克思认为，全部人的活动都是技术的本质的表现，也是人的本质的体现。引起生产方式和生产关系革命的根本在于技术的革命性发展，但是技术无非是一种手段，知识和人才的创造力还有运用能力才是核心竞争力。“互联网+”聚合力的关键在于制造业产品和服务的“质”量与“智”量、扩大市场以及提升竞争力，而这些的关键在于人力资本的积累。人力资本的积累有赖于政府的引导和支持。

为了满足经济增长、产业发展以及技术进步对“互联网+”人才日益增长的需求，2016年国务院印发《全民科学素质行动计划纲要实施方案（2016－2020年）》（以下简称《实施方案》），提出开展实施“互联网+科普”行动以及科普产业助力工程。依托“互联网+”，提升公民科学素质建设公共服务能力，开展以科技信息化为核心的科普理念和科普内容、表达方式、传播方式、组织动员、运行和运营机制等服务模式的全面创新。自《实施方案》印发以来，我国针对性的科学素质培养工作对提升人力资本质量有极大的推动作用。2018年，我国公民具备科学素质占比已达8.47%，有望在2020年达到创新型国家的基本要求③。

---

① 2018年众创空间产业发展现状分析［OL］. 前瞻网，https：//www.qianzhan.com/analyst/detail/220/180209-e38f895b.html，2018－2－19.

② 马克思．1844年经济学哲学手稿．第3版［M］. 北京：人民出版社，2000：88.

③ 我国公民科学素质提升显著［OL］. 中国政府网，http：//www.gov.cn/xinwen/2018－09/07/content_5319940.htm？_zbs_baidu_bk，2018－9－7.

第三节 基于产业结构视角的“互联网+”促进制造业升级作用机理

马克思通过两大部类的划分以及比例关系的分析深刻地揭示了实现价值补偿和物质补偿的规律。社会再生产的实现条件就是物质补偿与价值补偿，列宁指出再生产理论必须满足两个原理。从使用价值来看，也就是从社会物质形态来看，社会总生产分为两大部类，即第Ⅰ部类生产生产资料和第Ⅱ部类生产消费资料。从价值来看，资本主义总产品和个别产品均由生产中消耗并转移到产品中的不变资本 c、劳动者新创造的价值中用于补充资本部分的可变资本 v 以及劳动者新创造的价值中资本家占有的剩余部分 m 构成。通过简单再生产中两大部类以及部类之间的交换，马克思得出Ⅰ(v+m)=Ⅱc、Ⅱ(c+v+m)=Ⅰ(v+m)+Ⅱ(v+m)以及Ⅰ(c+v+m)=Ⅰc+Ⅱc 三个规律。马克思指出，各个部类之间必须要保持一定的比例关系，一个工业部门生产方式的变革会引起其他部门生产方式的变革，部门之间的关联度随着工业发展而越来越紧密①。为了顺利进行社会再生产，两大部类及其之间需要按照相应的比例进行交换和生产，只有各个生产部门按照比例发展，生产过程才能够顺畅进行。按照马克思关于再生产的论述，各部门之间相互关联形成相应的比例关系，其中，最优产业结构是按照社会再生产所要求的投入产出比，对不同的产业生产能力进行再配置，以此达到潜在产出量的一种产业结构②，而此处的产业结构是一个动态的变化过程，也可以理解为是生产要素在各部门之间配置的表现形式。产业结构的发展趋势就是生产要素的配置趋势，是由较低级形态向较高级形态的转变。马克思社会再生产理论已经充分阐明了在社会生产中结构均衡和优化的重要性。

① 姜泽华．中国产业结构升级模式［M］．北京：知识产权出版社，2005：31－32.

② 周振华．产业结构优化论［M］．上海：上海人民出版社，2014：13.

一、“互联网+”促进劳动密集型制造业升级作用机理

（一）劳动密集型制造业升级的核心

自改革开放以来，劳动密集型产业的发展对我国经济的腾飞起到巨大的推动作用，我国利用极其可观的劳动力优势创造了独特的中国模式。今天，中国模式仍是中国经济发展的主力军。结构升级有其自身的特殊规律，尽管出现了新的机遇，也不能忽视其内部发展规律。从中美对比来看，在劳动密集型制造业，美国的消费是大于生产的，尤其是劳动密集型产品基本上要依靠进口，中国以独特的“中国模式制造”占据了很大比例的劳动密集型产品份额。不能说劳动密集型产品或者中低端产品的产品利润低、附加值少我们就要放弃。社会再生产过程中不同要素类型产业的发展都会对整个产业有着重要的影响，多数劳动密集型制造业是为了发展社会生产、保证生产生活供应的企业的集合，资本密集型、技术密集型制造业的发展必然要求配置一定数量的劳动密集制造业，以提供配套的基础需求的保障。优先发展以高技术行业为主导的技术密集型产业，是要让先导行业的新技术、新产品融合到劳动密集型制造业当中，充分发挥高技术产业的技术优势，用高技术和先进的技术实践经验提升劳动密集型产业的技术含量和智能化水平，促进劳动密集型制造业的升级。

劳动密集型制造业的核心在于低成本的竞争优势、不断提高的劳动生产率以及资源配置能力。无论是劳动密集型制造业抑或是资本密集型制造业，产业升级和发展的关键机制就是成本效益。对于劳动密集型制造业来说，降低生产成本是提升产业竞争力的核心所在。“大工业把巨大的自然力和自然科学并入生产过程，必然大大提高了劳动生产率，这一点是一目了然的。”① 将信息时代的科学技术并入制造业生产过程中，提高制造业劳动者素质，改革生产力诸要素优化组合，完善物质生产过程，大幅度提高劳动生产率，并将其转化为现实的、直接的社会生产力。“互联网+”已经不仅是将科学技术融入制造业生产过程，而是将数字化、自动化、智能化融入整个产业的各个部分，融入最终的产品以及服务当中。

首先，在“互联网+”时代，老龄化问题严峻，农业剩余劳动力不

① 马克思恩格斯文集（第五卷）［M］. 北京：人民出版社，2009：444.

足，让劳动力成本很难再具有突破性优势。其次，“互联网+”时代的市场竞争优势也发生巨变，过去主要是低价竞争难以形成规模，新的竞争市场以质量和价格并重，且必须要满足多元化、即时性的消费需求。“互联网+”时代的制造业的发展已经不再是仅仅从数字上提升劳动密集型制造业的要素配置效率，更是在质量上通过与工业互联网、大数据、云计算、人工智能的融合，提高差异化产品的制造能力，以及复杂产品的制造能力，提高制造业的绿色生产能力；用技术密集型企业带动劳动密集型企业的发展，让“互联网+”融入传统产业，通过提高劳动生产率降低生产和交易成本，以及提高市场资源配置能力，提升劳动密集型企业的发展速度和发展高度，真正实现制造业的结构优化，达到经济总量的效率提升、质量提升。

（二）“互联网+”促进制造业提升效率、降低成本

“互联网+”为制造业提供了有效的交流平台。联通企业和客户的交流让产品的销售变得可预测、可感知。我国有强大的内需，党的十八大报告就强调要牢牢把握住扩大内需的战略，释放消费潜力，在如此大的市场中制造业中的劳动密集型企业有很大的发展空间。制造业结构的变动在不同部门之间具有对需求的反应能力以及反映程度不同的情况，劳动力密集型企业大多属于低技术水平的部门，往往因为技术的限制难以准确得到需求的反馈并作出迅速而适合的反应。尤其是我国长期依靠成本优势使发展模式变为技术导向模式时，劳动密集型制造业依靠自身转型升级路径困难程度更高。“互联网+”融入劳动密集型企业，可以实现劳动密集型企业的高技术化。在美国20世纪下半叶，克林顿政府抓住信息时代的机遇，通过“信息高速公路”计划优化产业结构，以自动化、新材料改造传统产业。以福特为首的汽车行业，通过对信息技术的融合，维系了汽车产量和销售量的世界排名并获得历史新纪录，由此产生了福特主义，规模化、标准化大生产逐渐被用于其他行业生产当中，促使美国产业发展从由生产主导向由消费主导转型。

劳动密集型制造业在满足市场需求方面要依靠“互联网+”的带动。通过线上线下新的营销模式和协同制造模式，制造业以智能的库存预测分析、集成化的生产管理和并联的制造方式有效提高制造业生产和交易效率，缓解我国产能过剩的情况，实现制造业高质高效升级。2017年我国规模以上工业企业数字化研发设计工具普及率达到63.3%、关键工序数控化

工具普及率达到 46.4%、生产设备数字化普及率达到 44.8%、数字化设备联网普及率达到 39%①。通过智能化、信息化、数字化的制造，优化生产过程，通过数字化监控生产全流程，降低不良生产率、降低生产和交易成本。华为为某酒厂量身打造智能工厂，依据大数据分析，在原有自动化生产基础上提升产能 40%、降低能耗 30%②；根据智通财经 APP 的报道可知，李宁天猫店铺在 2017 年的双十一销售额达 2.15 亿元人民币，同比增长了 20.8%；2018 年，李宁电子商务虚拟店铺业务年增长率超过 30%。2018 年，海尔根据工业 1.0 到工业 4.0 的概念，结合物联网技术推出“生活 X.0”，建立海尔生态系统。截至 2018 年 11 月，海尔建立的 COSMOPlat 平台服务用户超过 3.3 亿人，平台终端智能设备接入超过 2585 万台，服务企业超过 4.2 万家，定制单量 7242 万件；据 COSMOPlat 大数据平台统计可知，COSMOPlat 提升开发效率达 30%，缩短产品从研发到上市周期 50%，提升运营效率与质量达 70%③。

（三）“互联网 +” 促进市场资源配置能力优化

“互联网 +” 有助于产业要素的优化配置，解决生产效率和消费效率的矛盾。经济发展需要优化和集成生产要素，将不同产业的市场、技术、资源等各要素重新整合，找到更好的排列组合方式，融入互联网技术达到更大的网络效应和协同效应。从资源配置角度来看，“互联网 +” 是对资源的补充以及重新配置。自工业革命以来，经济的崛起常常伴随着对资源的占有、掠夺和消耗，但是资源的不可再生性导致资源的日益匮乏，资源的过度使用导致环境的污染、生态的失衡。“互联网 +” 缓解了经济发展和环境保护间的矛盾，它是经济社会可持续发展要求下的产物。农业经济的生产要素是物质、工业经济的生产要素是能源，时代发展到知识经济的今天，信息和知识已经成为我们主要的生产要素，信息技术的进步、“互联网 +” 的出现是对我们这个历史阶段生产资源的补充以及革新。为了更好地提高经济效率、提升经济发展质量，需要对原有资源进行重新配置，“互联网 +” 在补充了资源丰富性的同时通过技术优势更快更广更好地将

---

① 国家统计局工业统计司．改革开放铸就工业辉煌．创新转型做强制造大国——改革开放 40 年经济社会发展成就系列报告之六［OL］. 国家统计局官网，http：//www.stats.gov.cn/ztjc/ztfx/ggkf40n/201809/t20180904_1620676.html，2018-9-4.

② 中国互联网与工业融合创新联盟，中国信息通信研究院．“中国制造 + 互联网” 新图景［M］. 北京：人民邮电出版社，2016：4.

③ 数据、智能［OL］. Cosmoplat 官网，https：//dev.cosmoplat.com/，2018-11-18.

信息进行传递和交流，从而引导生产要素的合理配置，优化经济的调控能力和管理水平。

相对于其他行业，制造业更加注重企业之间的技术合作和信息交流，企业的创新就是在充分的信息交流中实现的。在传统环境下由于信息交换壁垒的存在，制造企业的渠道资源有限，无法在更广的范围寻找合作者，因此其合作伙伴相对比较固定①。但是在互联网环境下制造业企业之间交流的信息壁垒被打破，企业可以通过互联网寻找研发设计等领域的合作伙伴，合作形式可以更加多样化，从而使得企业的研发设计行为都不再是单独的孤立的生产活动，技术的溢出效益更为显著，企业创新能力的提高又会促进制造业的产业升级。“互联网+”能够提升制造业企业的资源配置能力，也就是说“互联网+制造业”具有更强的资源配置能力。制造业企业可以通过融合当前的网络化制造、ASP平台以及制造网格等技术，从而实现各种制造资源和制造能力虚拟化、服务化，构成云制造资源池，实现统一、集中的智能化经营和管理，为用户提供标准、规范、共享、安全、便捷的制造全生命周期服务②，这种资源配置能力的提高在较大程度上能够促进制造业产业升级③。

二、“互联网+”促进资本密集型制造业升级作用机理

（一）资本密集型制造业发展的核心

我国大规模剩余劳动力优势已不复存在，但是经济仍然沿着比较粗放的路径在发展，创新能力不足，产能过剩问题突出。有关研究显示，2018年初我国综合失业率约为6.6%④。一方面，剩余劳动力的短缺必然意味着工资加速上升，从而收入分配开始好转，库兹涅茨曲线的拐点开始出现。（按国家统计局的研究可知，2008年中国的基尼系数为0.491，2015

① 徐伟呈，范爱军．“互联网+”驱动下的中国产业结构优化升级［J］．财经科学，2018（3）：119－132.

② 童有好．论“互联网+”对制造业的影响［J］．现代经济探讨，2015（9）：25－29.

③ 李晓华．“互联网+”改造传统产业的理论基础［J］．经济纵横，2016（3）：57－63.

④ 龚刚．论新常态下的供给侧改革［J］．南开学报（哲学社会科学版），2016（2）：13－20.

年下降为0.46①。另一方面，钢产量已连续十几年占据世界第一，产能过剩也通常集中在资本密集型产业，但是资本密集型产业市场对内新的消费热点不足，对外没有良好的国际市场，稳增长难度加大，中国经济已经在很大程度上具有资本密集型经济之特征②。

由于资本密集型制造业需要投入较大的沉没成本，决定了资本密集型制造业升级必须要依靠高质量的制造业集群，需要建立产业链上下游协同制造模式，形成更有市场竞争力的技术、产品和服务。资源是稀缺的，经济学主要研究的就是资源的有效配置问题，产业集群将有限的资源更有效率地利用起来。一方面，集群内部同类化产品的生产会产生规模经济效应；另一方面，集群内企业具有产业链上下游关联性，更有利于依照各自专业的分工优势形成协同经济效应。协同的制造业集群可以在短时间内冲击并占有市场，更可以有效地避免技术的重复引进，促进共性技术的推广和扩散，增强技术的溢出效应。面对技术差距，集群中核心企业的创新行为也会带来更大范围的溢出效应，并且能够缩短吸收引进技术和研发新技术的时间。

资本密集型制造业聚集产生的集群效益，以及高端投资带来的溢出效应会进一步提升资本密集型制造业的技术水平和对生产要素的吸引力，形成良性循环，随后资本的趋利性会促使资本密集型制造业进一步向技术密集型制造业升级。

（二）“互联网+”重构制造业产业聚集

“互联网+”使制造业免于陷入“囚徒困境”之中。产业聚集在受到来自“外生性风险”和“内生性风险”的冲击下，常常难以促进制造业进一步升级。在“内生性风险”中，由于我国产业集群的构成以中小企业为主，规模小、创新能力弱，在中小企业形成的产业集群中，尽管大家都知道“山寨”商品走不远，但是“搭便车”的行为还是比创新更容易获得企业的青睐，由此滋生了企业创新的惰性，削弱了集群企业的应变能力，需要新技术对传统企业的带动以及刺激。而经济周期的波动，需求市场的缩小，全球竞争的加剧都会让“外生性风险”更为显著，需要借助新

① 中国国家统计局：2003－2016年全国居民人均可支配收入基尼系数［OL］．中国国家统计局官网，http：//www.stats.gov.cn/ztjc/zdtjgz/yblh/zysj/201710/t20171010_1540710.html，2017－10－10.

② 龚刚．经济新常态、供给侧结构性改革与一带一路建设［N］．中国社会科学报，2018－02－14（004）.

工业革命的浪潮进一步扩大规模，开发市场，激发创新能力①。“互联网+”的注入产生了新的创新局面，让企业聚集产生重构，让企业融资渠道升级，让企业更愿意也有能力进行创新。

1. “互联网+”重构制造业产业聚集模式。

“互联网+”打破了传统产业聚集的边界性，重构了制造业的产业聚集模式。第一，“互联网+”打破传统制造业地理规模化的发展模式，通过整合物理空间和网络空间建立生产—服务一体化的制造业模式，形成全渠道制造和全渠道营销的跨环节、跨地域聚集。第二，“互联网+”提升了产业内部的协同性。在产业集群中，企业与企业之间的关联常常可以达到“1+1>2”的效果，通过信息共享、资源共享可以进一步拉近集群内部各主体之间的紧密性以及上下游产业的关联性，打破制造业集而不聚的现况，更好地发挥“互联网+”聚合效应。第三，“互联网+”具有开放性和共享性的特征，网络空间的建立让先进的科研机构以及人才通过网络空间的集群促进地理空间的集群发展，打破了区域内生动力不足的状况。

“互联网+”最基本的功能就是信息传递，因此可以有效降低产业集群以及产业链上下游企业之间的信息交流成本，使得企业能够以最低的价格购买最合适的产品，加快企业之间的合作②。新的技术不仅提升了企业的生产能力，还创新了企业的制造模式、组织模式、商业模式。在“互联网+”集群下，制造业企业可以利用便捷的网络销售渠道出售自己的产品，简化销售流程，缩短交易时间从而降低交易成本③。同时又通过一体化管理网络得到顾客的反馈，对产品进行修正和完善，获得更好的顾客忠诚度，打造产业集群的品牌效应。“互联网+”集群通过技术平台让企业用小投入换大收益，让部门间和地区间缩短发展水平的差异，有效促进我国制造业产业整体升级。以海尔集团为例，通过电商平台和生态供应链打造的海尔生态圈就是一种新的产业聚集模式，详见表4-3，通过减少中间环节，延长价值链条，让企业直接服务终端客户，提升产品增加值。2017年海尔实现全球营业额2419亿元，同比增长20%，利税总

---

① 陈戈，储小平．制度变迁与产业升级：澄海玩具产业集群研究［M］．广州：广东人民出版社，2008：197-198.

② Garcia-Dastuguc S J, Lambert D M. Internet-enabled Coordination in the Supply Chain［J］, Industrial Marketing Management, 2003, 32 (3): 251-263.

③ Dan B, Qu Z J, Liu C, Zhang X M, Zhang H Y. Price and Service Competition in the Supply Chain with Both Pure Play Internet and Strong Bricks-and-Mortar Relailers［J］. Journal of Applied Research & Technology, 2014, 12 (2): 212-222.

额突破300亿元，其中经营利润同比增长41%。依靠海尔生态圈，减少实施成本达40%①。

表4-3　　　　海尔生态圈

<table>
<tr><th>市场营销</th><th>研发设计</th><th>生产制造</th><th>仓储物流</th><th>用户服务</th><th>企业管理</th><th>IOT</th></tr>
<tr><td>Hive-蜂巢</td><td rowspan="4">HOPE</td><td>COSMO-EMS</td><td rowspan="2">物流商务管理系统</td><td rowspan="4">物联平台</td><td rowspan="3">创吧</td><td rowspan="2">U+生态平台</td></tr>
<tr><td>Unicon</td><td>COSMO-MES</td></tr>
<tr><td>H-Base</td><td rowspan="2">COSMO-APS</td><td rowspan="4">物流大数据</td><td rowspan="2">U+互联互通</td></tr>
<tr><td>CUBA</td><td rowspan="3">COSMOPlat-EAM</td></tr>
<tr><td>Task center</td><td rowspan="5">Raphael</td><td rowspan="2">COSMO-LIMES</td><td rowspan="5">海安盾</td><td rowspan="2">UHomeOS</td></tr>
<tr><td>NICE</td></tr>
<tr><td>MCM</td><td>COSMO-Procu</td><td rowspan="3">COSMOPlat仓库管理系统</td><td rowspan="3">COSMOPlat-FIN</td><td rowspan="2">U+用户交互</td></tr>
<tr><td>CMBF</td><td>COSMO-WMS</td></tr>
<tr><td>ROPE</td><td>COSMO-SCADA</td><td>U+大数据</td></tr>
</table>

资料来源：COSMOPlat官网。

2. “互联网+”助力打造内需市场与出口市场双引擎。

“互联网+”想要突破产业集群的外生性风险，需要通过打造我国庞大的内需市场形成并掌控高端技术能力；通过出口市场，建立起自己的主导产业进一步提升产业集群能力，促进资本密集型制造业向技术创新型制造业升级。“互联网+”让企业可以更好地把握市场需求带来的升级机遇，盘活存量打造内需市场与出口市场双引擎。根据钻石模型我们得出，产业创新能力会受到国内市场需求和市场规模的影响。在生产方面，通过“互联网+制造业”市场需求以及市场竞争带来的拉动力着力打造我国供不应求的中高端产品，通过智能制造、个性化制造来提升市场占有率。在供给方面，通过整合虚拟供应链，结合国内市场和国外市场需求制定标准重构“生产—服务”模式，淘汰落后产能、清除僵尸企业，加快共享经济发展。信息的无界限性，可以让制造业产品通过互联网平台快速流转，扩大产品市场，提升存量利用率，进而化解低端产能过剩的问题，快速回笼资金进

① 产品［OL］. Cosmoplat，https：//www. cosmoplat. com/#/，2018-10-12.

行再投资。此外要开发国内市场的多层次性，推动建立更多的本土渠道、提升本土市场运行效率，通过多层次的市场销售方式推进我国制造业盘活存量。

（三）“互联网+”重构制造业融资渠道

1. “互联网+”投融资平台。

企业的发展需要大量资金支持，资本密集型制造业发展中的资本投入比例要求更高。施振荣认为只有经济规模足够大，有足够的资源持续性投入，研发创新才能保证竞争力①。“互联网+”通过改变资本的性质使其不再具有专有性，变得虚拟而又可以传递；此外“互联网+”改变了传统的信用担保方式，而这些新模式都大大提升了生产效率，使经济发展更为安全与迅速。

传统投资增长乏力，小微企业融资难、融资少、利率高的问题尤显突出，而这些问题的根源在于信息的不对称性。“互联网+”融资平台打破信息孤岛，可以让投融资主体全面、深入、全环节地了解企业发展状况，极大提高了融资规模与效率。“互联网+”打造了多层次的投资方式，从天使基金到 PE、VC 再到众筹经济，极大降低了融资成本以及融资的门槛，让小微企业发展环境得到极大改善。以新芽投资为例，自建成以来该平台共发生融资事件 18866 起，截至 2018 年 12 月已发生融资事件 3667 起，比 2017 年全年增长 58%②。

2. “互联网+”助力吸引高端投资。

“互联网+”投融资方式，不仅为小微企业打造了低门槛、高效率的投融资方式，更通过网络空间招商，搭建跨国宣传平台和投资平台，可以有效改善投资环境，推动制造业获得高端投资。规模经济和技术创新会进一步形成高端投资需求。阳立高等（2017）通过实证分析得出 FDI 有助于劳动密集制造业的发展，反而对技术密集型制造业有反向作用，也即 FDI 会对高技术制造业产生挤出效应，低端 FDI 已经不再适应我国经济发展的需求。资本具有逐利性的特征，通过建立“互联网+”多层次战略性投资计划，打造适合投资企业和投资国的专属投资计划，并根据不同地区、不同产业的特点，吸引各个层次的投资。加大寻找高端 FDI 的力度，通过调整政策吸引高端创新、设计、制造、服务领域的国际投资。通过搭建国内

---

① 施振荣．微笑曲线：缔造永续企业的王道［M］．上海：复旦大学出版社，2014：68.
② 新芽：融资事件，https：//www.newseed.cn/data.shtml，访问时间：2018 年 12 月 2 日。

企业投资服务窗口，打造创新中心和投资发展中心，让信息互联，加强资本和技术的融合能力，提升我国内部资本市场的投资能力，带动制造业的发展。

三、“互联网+”促进技术密集型制造业升级作用机理

（一）技术密集型制造业发展的核心

技术密集型制造业的发展水平代表着一国制造业整体的发展高度，所以技术密集型制造业的比例往往成为一国制造业发展水平的标志。为了更好地发展技术密集型制造业，我国不断加大对高技术的研发投入，研发经费占国内生产投入的比重不断上升，尽管如此我国技术密集型制造业还是在价值链攀升中遇到致命阻击。以通信制造业为例，2017 年中兴营业收入约 1088.15 亿元人民币，净利润约 45.68 亿元人民币，仅为 4%①；2017 年华为营销收入为 6036 亿元人民币，净利润为 475 亿元人民币，仅为 7.8%②；对比苹果公司，2017 年苹果全年营业收入约为 2292 亿美元，净利润约为 483.51 亿美元，占比 21.1%③。我国许多技术密集型制造业的核心技术都难以找到合适的自主替代品，产品利润多数都被上一级链主拿走。在 2017 年全球企业净利润排行榜前 20 名中，中国制造业无一企业上榜，对上游产品的完全依赖，使我国制造业升级遭遇重重困难。

技术密集型制造业发展与核心技术的控制力互为因果，其升级核心就是要掌握关键共性技术以及自主创新能力。以中兴事件为例，美国直接的技术封锁，实际上是我国高技术制造业中核心技术控制能力脆弱性的暴露④。来自外国高端技术的可获得以及我国高端技术研发难度大、周期长、投资大、回报风险高的难获得的内外因素，导致我国核心技术一直无法产生重大突破。加上我国制造业同构化发展势头明显，许多技术密集型产业和重点发展产业都存在扎堆投资、重复生产的情况，我国技术密集型产业

① 中兴．中兴通讯股份有限公司年度报告 2017［OL］．中兴官网，https：//res-www.zte.com.cn/mediares/zte/Investor/20180326/C1.pdf，2018－3－26.

② 华为集团．华为年报［OL］．华为官网，https：//www.huawei.com/cn/press-events/annual-report，2019－2－1.

③ Apple．第四季度业绩［OL］．Apple 官网，https：//www.apple.com.cn/newsroom/2017/11/apple-reports-fourth-quarter-results/，2017－11－7.

④ 杨虎涛，贾蕴琦．产业协同、高端保护与短周期迂回——中兴事件的新李斯特主义解读［J］．人文杂志，2018（9）：35－42.

的生存靠存量而不是质量，核心技术的匮乏导致制造业并未真正掌握自主权。随着结构性增长取代总量快速扩张的新常态时代到来，如何能让技术密集型制造业真正“技术”起来是迫切需要考虑的问题。

技术创新必须要从企业层面上升到产业层面。美国从19世纪开始通过自主创新，突破技术封锁，赶超英国，成为霸主；日本在20世纪中期，通过从技术模仿路线转型自主创新路线进一步发展经济，但因为核心技术过多依赖模仿他国以及对新工业革命技术的不当把握，没能实现经济的完全赶超。马云说过：“任何转型就好像拔牙，要经历痛苦、付出时间和金钱，但是代价是必须的”。① 自主研发耗时耗力，还具有极强的未知性，企业在矛盾中选择了在短期内看起来成本更低廉的技术，这一系列的选择让自主创新缺乏足够的需求拉动和创新资金支持，这种挤出效应不断累积形成一种恶性循环，即高端技术创新缺乏需求拉动，只能依赖他国。但是尽管实施自主创新战略的路途充满了来自企业内部的研发懈怠和外部竞争的贸易挤压，以及眼前利益的诱惑和长期攻坚的苦难，我们也要意识到，只有自主创新才能够真正地实现赶超的可能性，才能将眼前的短期利益真正延长，做到利润的最大化。无论从哪个方面的哪个角度来考虑，都必须要重视核心技术的研发和创新。

（二）“互联网+”促进技术密集型制造业自主创新

我国制造业升级需要技术密集型制造业的先导和带动作用。技术密集型制造业的发展必须要摒弃传统的引进—落后—再引进的老路子，必须要提高对核心技术的控制能力。要进一步地利用创新驱动我国制造业的发展，技术密集型产业升级需要更高、更强的创新能力。汉弗莱和施密茨认为，创新体系是产业升级的最大动力，周振华认为国家的创新能力以及创新活动是产业结构升级的最主要因素②。现阶段的创新，是开放创新和全面创新。“互联网+”增加了创新的机会和选择的多样性，更重要的是作为一种思想和文化深深融入了制造业创新当中，只有意识到自主创新的重要才能真正否定自己、抛开成就和既得利益破釜沉舟。信息全球化，让我们看到了真切的发展，看到了贸易挤压的残酷，看到了产业发展不同的未来。“未来已来”，想要实现未来能够抓住机遇并进行反馈，就必须从思想上、行动上坚持自主创新。建立自主创新和各种优惠政策的联结，诱发企

① 马云：转型就像拔牙［J］. 中国战略新兴产业，2015（10）.
② 周振华. 产业结构优化论［M］. 上海：上海人民出版社，2014：56－57.

业研发积极性以及投资研发的意愿，强化以企业为主体的自主创新机制，深化产学研的创新发展能力，做好人才引进和人才培育，通过建立合资合作、海内外实验室等方式进行更好的研发设计和生产。

即使存在创新要素也需要具备创新能力，创新配套设施和制度的不完善也导致无法取得创新成果，所以坚持创新要完善我国自主创新服务体系，尤其是要完善信息共享环节，运用“互联网+”平台提供更好的数据集成、计算、预测服务，推进大数据、云计算的深度运用，持续推动模式创新、制度创新来加快核心技术创新的进度，让核心技术带动制造业升级。从制造业本身来看，在“互联网+”的作用下，低技术制造业行业的跟随、学习、模仿、突破或脱离等被动性特征会被强化。同时，互联网提高了技术的交流。随着技术创新在中低技术行业中的转移、扩散与大规模应用，行业间技术水平趋同，使得中低技术行业逐渐形成一定的技术水平和创新能力，制造业行业间差异缩小。从制造业企业来看，相对于其他行业制造业更加注重企业之间的技术合作和信息交流，企业的创新就是在充分的信息交流中实现的。在传统环境下，由于信息交换壁垒的存在，制造企业的渠道资源有限，无法在更广的范围寻找合作者，因此其合作伙伴相对比较固定①。但是在互联网环境下制造业企业之间交流的信息壁垒被打破，企业可以通过互联网寻找研发设计等领域的合作伙伴，合作形式可以更加多样化，从而使得企业的研发设计行为都不是单独的孤立的生产活动②。而企业创新能力的提高又会促进制造业的产业升级③。

在“互联网+”时代，随着知识技术的发展速度越来越快，对产业升级的要求也就越来越高，制造业升级需要攀登知识和技术的制高点并利用知识和技术促进制造业结构全面升级，才能突破我国长期以来的进口替代和循环引进的怪圈，促进我国代工—山寨向自主创新的转型，掌握核心技术才能真正实现技术密集型制造业的跨越发展。

---

① 徐伟呈，范爱军．“互联网+”驱动下的中国产业结构优化升级［J］．财经科学，2018（3）：119－132.

② 蔡银寅．“互联网+”背景下中国制造业的机遇与挑战［J］．现代经济探讨，2016（11）：64－68.

③ 谢众，吴飞飞，杨秋月．中国制造业升级的创新驱动效应——基于中国省际面板数据的实证检验［J］．北京理工大学学报（社会科学版），2018（4）：97－108.

第四节 基于价值链视角的“互联网+”促进制造业升级作用机理

资本主义工业生产从以简单协作为起点，经历了分工带来的劳动力聚集，发展到以分工和手工劳动协作一体的工场手工业。之后，工厂开始雇用较多的工人，劳动过程开始扩大，产品数量发生质的变化。工具在得到进一步的变革后，机器大工业时代到来，工业的结构和贸易范围也翻到了新的篇章。马克思在《资本论》中对商品的国际价值进行深刻的分析，马克思认为在世界市场上，商品价格不再是一国生产该种产品的社会必要劳动时间，而是由“世界劳动的平均单位”决定的，国际价格是围绕国际价值上下波动的。但是参加国际贸易的国家生产该种产品所消耗的平均单位不同，也就是说该种商品的国际价值和国内价值是不均等的。在贸易平等的前提下，当该产品在一国的国内价值低于国际价值时，就会以更少的劳动换取更多的价值，资本家就会把生产同世界市场价格连接起来。当一国利用机器生产降低产品所消耗的劳动时间与交通工具大变革相结合时，就产生了新的国际分工。从制造业价值链升级的一般规律可以看出，资本主义生产会尽可能通过对国外市场的掠夺来实现自己工业的进一步发展；同时还要保持垄断，保证其他国家的工业水平停留在很低的水平之上。所以，全球价值链的建立就是发达国家企业为了获得更多利益的延伸。

利益的驱使让发达国家牢牢把控住在全球价值链中的主导地位，一方面选择将资源消耗较多、生产加工占比较高的环节外包给有优势的国家或者地区，另一方面又不断遏制发展中国家从低附加值环节向高附加值环节攀升。随着经济一体化的发展，越来越多参与低端生产制造的国家涌现，在“低端难留，高端遇阻”的价值链分工下，各国都在不断地调整制造业发展的战略。许多学者在实证中发现，制造业结构的高度化升级并没有带来制造业的高附加值，因为在结构升级中我们忽视了行业内部从低附加值环节向高附加值环节攀升对于产业升级的促进作用，也即忽略了制造业附加值的提升。

制造业实现全球价值链跃迁升级的过程实质上就是由技术含量低、附加值低向技术含量高、附加值高演变的过程，如图 4 - 8 所示；当产业升级达到一个较高水平后企业通过技术创新可以冲破经济发展的阶段性障碍，实现产业由低层次向高层次跃迁，相应地其全球价值链也将实现阶梯式跃迁。根据汉弗莱和施密茨的产业升级理论，制造业升级将经历工艺升级、产品升级、功能升级和价值链升级四个升级阶段，汉弗莱和施密茨认为推动产业升级的最大动力就是创新体系的建立。根据全球价值链升级方式，本节将从制造业全球价值链横向扩张升级阶段、全球价值链纵向渗透升级阶段以及全球价值链跃迁式升级阶段来分析“互联网+”对制造业升级的作用机理。

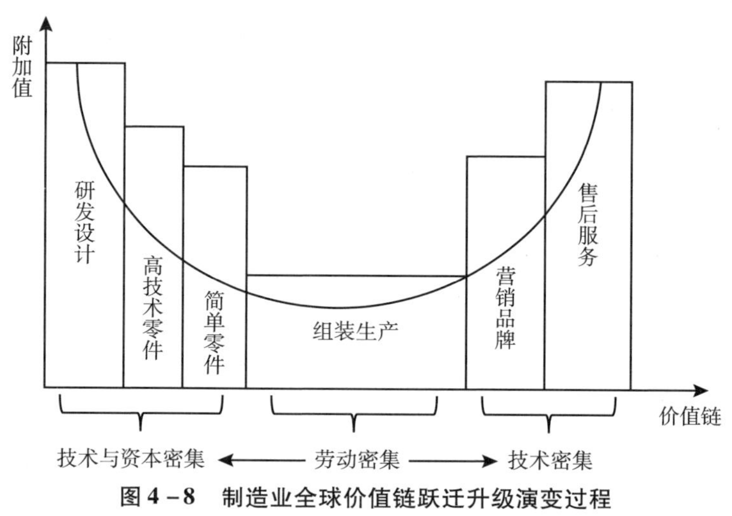

图4-8 制造业全球价值链跃迁升级演变过程

一、“互联网+”促进制造业价值链横向扩张升级作用机理

中国以“制造工厂”著称，在全世界中低端商品市场占领主导地位。制造业全球价值链升级就是要抛弃原有的中低端市场么？答案显然是不是。价值链升级不仅是要从处于低端制造向中高端制造跃迁，更需要在微笑曲线上进行整体升级，让每个环节的产品附加值提上去。在全球价值链横向扩张阶段，制造产业价值链实现升级的关键核心在于该环节内从低技术含量、低附加值向高技术含量、高附加值升级。实现全球价值链横向扩张升级主要依靠制造业生产工艺水平以及产品质量制造能力的升级。“互联网+”背景下的横向扩张是基于ICT技术、CPS系统、NX软件、3D模拟仿真系统等智能生产线形成的智能生产，改变传统的人脑分析判断，再由机器生产的流水线方式形成人机统一的标准化的机器分析判断和标准

化、规模化的机器生产的方式，促进制造业工艺升级和产品升级，让产品生产环节本身的附加值有所提升，在价值上和价格上都形成竞争优势。

（一）“互联网+”促进劳动密集型制造业工艺升级

企业在这一阶段的发展路径就是通过“互联网+”获得效率提升，以此获得成本优势，在成本上超越竞争对手，用更低的价格和更高的收益获得竞争优势和商业成长空间。制造业升级主要是通过引进先进生产设备和技术，通过优化重组生产系统、整合优化生产流程来提高价值链中生产工序的效率和品质，降低产品的生产成本、增加产品附加值。在生产中，因为不同行业之间的标准和不同企业之间的标准有所不同，可能对产品的原材料、中间品以及完成品的要求完全不同，从选择一个螺母垫片、一种布料花纹等都需要重复进行区分和采买，人力成本巨大，更不要说大型生产和加工环节。将“互联网+”嵌入制造业的工艺升级路径中，通过信息技术提升流程管理能力和成本控制能力，革新生产系统，通过用产品数据库生成的标准数据和标准模板进行生产来提升产品生产的效率，减少采购错误和人力成本；此外，CPS 系统、MBE/MBM 系统的引进，还将人与物进行连接，实现生产系统的实时感知和动态监控，进而在产业链中获得更强的竞争力。以西门子德国安贝格电子制造工厂为例①，作为第一个数字化工厂，他们的数字化制造平台充分地利用了德国“工业 4.0”下的制造执行系统（SIMATIC IT）和全集成自动化解决方案（TIA），让分工更细化、让过程更简单更灵活，用技术解放人，按照生产系统进行产品标准化、规模化生产，不仅使得资源利用率有效提升，还极大缩短了产品上市时间。

“互联网+”模式下的共享制造是处于低附加值的加工制造阶段的生产企业最好的选择，由于利润相对较低，数字化生产线成本较高，企业都会选择更好的降低成本的方式，通过互联网将闲置和多余的生产材料进行流通，提升原材料的存货周转率和利用率，促进企业即时生产，提升制造、供应过程的效率，在既定的产品价格下，用更低的成本创造更多的价值，实现单位产品增值。从生产过程角度来讲，标准化、规模化和存货周转率更高的生产方式也扩大了生产的规模。从生产要素角度来讲，互联网也进一步让资源要素突破了地理界限，成功搭建了虚拟的资源交流平台，促进了企业与企业之间的交流，更促进了企业与消费者以及消费者和消费

---

① 西门子工业软件公司．工业 4.0 实战［M］．北京：机械工业出版社，2015：20－50.

者之间的交流。无论企业规模的大小，“互联网+”都可以让它们拥有更廉价、更全面的自然资源、人力资源以及销售平台，都能够有效地降低成本，扩大规模经济，从而提升生产效率，进而提高交易成交量。

（二）“互联网+”促进劳动密集型制造业产品升级

产品升级主要是通过引进技术含量更高的新产品或改进已有产品的生产效率提升产品自身的竞争力。企业在这一阶段的发展路径就是通过实施产品差异化战略和产品质量个性化战略来提升产品价格，通过提升产品性能和选择种类来提升产品吸引力，实现单位产品增值空间的扩大。传统的机械化大生产就是简单地利用自动化、机械化设备，但是处于较高环节的制造阶段，不仅要依靠产品数量、产品工艺，生产企业还需要具备产品高质量和产品高定位的制造生产能力。无论是从生产尼龙衬衫到生产全棉衬衫，还是从生产衬衫到生产西服，通过信息互联，让生产中的信息更为畅通，让企业知道消费者更需要哪种产品，产品的哪种形式更受青睐。在通过虚拟仿真系统进行生产加工时，通过对制造过程的控制更好地决定如何生产才能让产品的市场适应能力最强。虚拟仿真系统和ICT技术实现了对生产过程的实时感知和信息服务，让产品更有技术含量。借助智能化生产的NX系统对产品进行统一的质量监管和检查，让企业的每一个产品都饱含科技感，让生产不仅是机械化的单调乏陈，而是更有体验感和个性感，智能生产让企业在从单位产品中获得更高的附加值的同时创造出新的附加值。

二、“互联网+”促进制造业价值链纵向渗透升级作用机理

处于该发展阶段的制造企业通过流程的升级、产品的升级具备了上一发展阶段的各类要素，达到核心生产智能化。此外，企业还通过技术和资本的积累，拥有了更多、更广的知识、人才、市场等高级生产要素和关键性的生产资源，企业的经济实力和综合竞争力得到进一步提升。在该发展阶段，企业拥有的核心能力主要表现为较强的功能性变迁能力，即在中端环节能够具有较高的产品加工、组装、制造能力，在前端环节能够具有较强的产品研发、设计水平，在后端环节能够拥有差异化、即时化、绿色化产品服务水平以及新市场新需求的拓展销售能力，企业在这一阶段的发展路径就是通过实现“互联网+”时代的智能工厂和商业模式，对价值链中

既有的生产资料进行重组，获得更多优势，参与更多竞争环节。

芮明杰认为，在制造业价值链各环节中，价值的60%集中在微笑曲线上游的研发、设计环节，25%集中在微笑曲线下游的品牌、营销环节，而微笑曲线中间的加工、组装、制造环节只占去不到15%的价值比率。① 处在功能升级阶段的企业，其升级活动主要表现为全球价值链的战略生产环节在微笑曲线上从处于增值幅度较低的加工、组装、制造环节转移到处于增值幅度较高的研发、设计或营销、服务环节，在全球价值链开始出现显性的上涨趋势时，从微笑曲线上看就是低附加值环节向高增值环节的空间段进行移动，如图4-9所示。

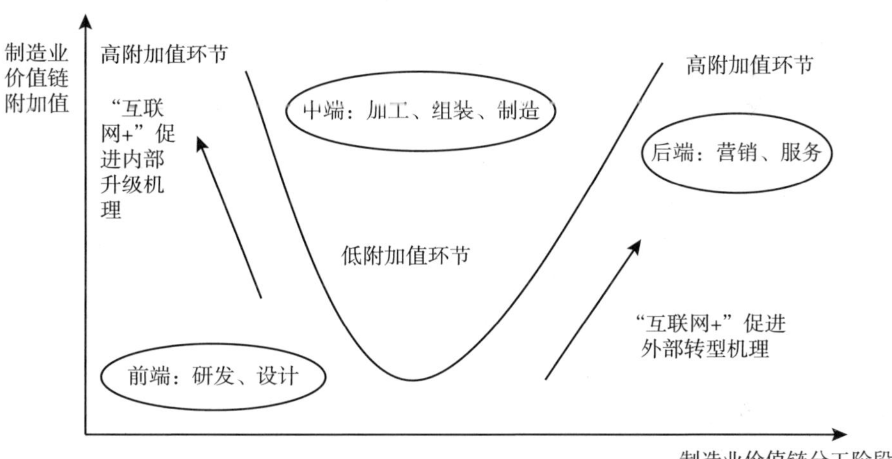

图4-9 “互联网+”促进制造业内外部升级示意图

（一）“互联网+”促进技术和资本密集型制造业内部升级

生产管理效率的提升表现为中端的加工、组装、制造环节向前端的研发、设计环节转移，在该条路径下研发能力欠佳的企业就只能继续进行代工，获取价值较低的利润，如果想得到更多的价值，就必须要提升生产管理效率。制造业作为制造企业的总和，需要依靠制造企业的升级达到跃迁的目的。“互联网+”给生产过程注入了更快、更新、更高的可调节因素，在设计、制造、加工、组装、物流等方面都增加了用户的参与感和个性化

① 芮明杰．第三次工业革命与中国选择［M］．上海：上海辞书出版社，2013：83.

需求，产生了智能制造、个性化定制、云端制造等新模式。新模式下的制造企业就必须要将“互联网+”思维与“互联网+”文化以及信息技术的运用融入包括市场需求、技术创新和生产规模等在内的各方面，以此提升生产过程的效率实现产业升级。

1. 研发贴合市场需求。

从研发角度来看，没有差异化产品，没有用户参与的产品，就没有市场，这是由市场需求的客观规律所决定的。从规模化和标准化生产发展到今天的定制化、个性化制造，企业的发展必须要建立在精准把握市场需求动向的基础之上。靠产品本身获得市场是制造业产品附加值的体现，这种附加值包括了产品质量、产品适用情况以及产品外观。用户需求越来越高，仅依靠产品的使用寿命来获得市场在今天是不可能实现的，就像张瑞敏所说的“没有用户全流程最佳体验的产品就不应当生产”①。

万物互联增加了企业研发的宽度和深度，可以是对产品功能的创新，抑或是对产品种类的增加，再或是根据销售市场设计、改良适应本土化的产品，所以“互联网+”的介入使得市场出现产品数量与质量还有产品性能特征的变化。目前，我国制造企业需要利用“互联网+”提升市场信息获取的可能性以及反馈的及时性，在加固和提升制造业生产成本低、生产总量大、生产产能足的基础优势之上，使得研发、设计环节可以更加敏捷、更加精确地抓住市场需求的变动方向。通过个性化定制，让消费者介入生产流程，通过手机APP连接企业3D产品模拟仿真系统、CPS系统和系统数据库让消费者自己进行参数设置、外观需求定制；通过大数据的后台数据管理，获得市场反馈并按照即时数据进行快速生产。“互联网+”也有助于在研发环节对技术参数进行修正，进而让设计和研发能够更无限趋近于市场的需求，产生更大的销售量和更好的口碑，从而进一步提升我国制造业生产商和供应商进行技术集成的速度和效率，整合供应链，打造竞争优势。

2. 创新产品设计。

产品的设计、样式、包装以及宣传才是攻占市场的制胜法宝，利用三维数字化技术、MBM、PMI将产品的工艺、流程、管理等信息录入系统，信息技术手段让信息可以快速便捷的查询，再用整理好的数据以三维实体模拟方式进行设计，通过对装配过程的仿真模拟，方便对产品设计进行重

① 陈萍．海尔：智能互联创全流程用户最佳体验［J］．中国品牌，2015（3）：36－37.

新定义、调整和管理，让产品工艺和设计协同制造，实现产品创新的可能性。但是我国产品缺乏层次性，多数集中在附加值较低的产业上，因为设计的成本导致产品价格的提升，也使得很多消费群体不愿买单，从而更加导致设计的恶性循环，使得我国产品设计创意不新颖，也不贴合需求，多数处于低端模仿的状态中。“互联网+”已经不仅仅是将科学技术融入制造业生产过程，而是将数字化、自动化、智能化以及社会未来发展的美好愿望融入整个产业的各个部分，融入整个产品的设计当中；在“互联网+”时代的前进步伐中，企业找得到更多的愿意为设计买单的消费者，这也让更多企业看见了商机，愿意增加成本。

3. 促进企业技术创新。

从技术创新方面来看，许多企业通过并购模式迅速获得技术和市场。互联网思想和互联网技术融入学习机制中，可以更好地消化和吸收技术以完成产业链条的升级。很多学者都提出，我国企业技术创新路线也是要经历 OEM—ODM—OBM。首先，通过“互联网+”网罗所有新鲜事物，让新的动态和想法随时随地更新，培育企业超前的产业眼光，发展企业获取技术、吸收技术、发展技术的能力，更好地开拓和占有新市场。其次，企业通过智能化生产工厂的标准化生产，让技术标准逐步向产业标准看齐，通过标准化规模生产完成技术积累和资本积累。最后，通过引进开放型智能系统，利用人造系统的自我学习改善与技术提升的高度智能，促进企业技术的自主创新，完成从 OEM 到 ODM 再到 OBM 的发展路径。以海尔洗衣机为例，海尔在官网曾发起活动，收集用户对于洗衣机的使用问题，在超过 40 万名网友参与的讨论中，海尔有针对性地选取了八成网友都提到的问题在网络征集意见，并以“水循环过滤洗”为最终研究方向作出技术攻关课题，吸引世界顶级专业公司参与设计海尔净水洗衣机，最终完成海尔的“净水洗衣机”项目；海尔智能化业务的推广使得对人的需求越来越小，为了更好地解决员工就业的问题，海尔推出在线创业“孵化”项目，让员工成为创业者和研发者，仅创建第一年就建立了 30 余个平台，数百个利益共同体和“小微”在线孵化项目①。可见信息也让研发主体的范围突破时间、空间、文化以及贸易壁垒的鸿沟，在研发设计环节更充分地利用国内外的研发主体的多样性，研发平台的可得性，通过信息技术的发展创新生产模式，建立并促进快速制造、柔性制造、智能制造模式的发展。

① 王俞现．凭什么要学张瑞敏［M］．杭州：浙江大学出版社，2014：77－78.

4. 扩大生产规模。

从生产角度来讲，互联网让资源要素突破了地理界限，成功搭建了虚拟的资源交流平台，促进了企业与企业之间的交流，更促进了企业与消费者以及消费者和消费者之间的交流。无论企业规模的大小，“互联网+”都可以让它们拥有更廉价、更全面的自然资源、人力资源以及销售平台，都能够有效地降低成本，扩大规模经济，从而提升生产效率进而提高交易成交量。

（二）“互联网+”促进技术密集型制造业外部升级

商业运营模式创新的外部转型表现为从加工、组装、制造环节向营销、服务环节升级，在该条路径下，市场适应能力和开拓能力欠佳的企业也只能继续进行企业的生产，甚至可能因为没有市场，而被淘汰。想继续生存，只能通过不断顺应市场需求、拓展市场范围，实现转型升级。

1. 扩大市场。

市场需求是产业发展的基础，没有市场就没有发展，市场开拓的能力保证了下游市场的销量，能够让企业更快地回笼资金进行再次生产、改良和研发设计，销售量的增加使得生产进一步规模化，再一次降低生产成本。传统制造企业只能进一步提升工艺和质量创造价值，开拓新市场。但是新模式下的市场需求，不满足于产品的工艺和质量的提升，现阶段中，企业应抓住新市场需求升级机遇，积极培育新产品、新项目、新业态，推进工业化与信息化的深度融合，运用“互联网+”营销模式，做好市场布局，形成渠道优势。在国内，要充分开发国内市场，学习互联网的发散性思维，突破惯性和定式思维的约束，用更贴合实际的创新型营销手段吸引市场并占领市场①。在国外，要开发利用好海外市场，精准定位，建立海外营销渠道，通过利用既有的国外企业销售网络和建立新型跨国战略联盟的方式占领市场；积极承包海外工程，带动机械和原材料的输出以及我国信息网络的建设。

2. 建立品牌效应。

企业品牌效应影响着企业的收益能力。企业竞争力的彰显方式主要是看企业的收益能力，企业的收益能力是企业优势、企业生产能力以及企业

---

① 芮明杰，左斌．蓝色外海战略——基于全新产业创新与价值创新的市场空间［J］．企业管理，2007（6）：97－99.

吸引力的集合体①。好的品牌效应，意味着有大量的市场和消费群体，也就意味着资金周转和回笼的速度，对于产品附加值来说上升空间更大。好品牌是以产品价值为依托的，通过数字化管理系统建立产品数据库，走以编码占有市场的路径，像有机农业产品一样，给每一项经过标准化生产的产品进行编码，只要搜索编码，生产每一个配件的厂商、时间都有记载，通过可查阅的数据库让消费者对质量放心。此外，客户关系以及用户参与度也在很大程度上影响品牌的建立。“互联网+”就给企业提供了更好的宣传平台，加强企业与消费者之间的沟通和亲密度，让消费者更有参与感。无论是大型企业还是小型加工厂都能够站在同一平台，运用互联网效应形成消费者忠诚度，打造自己的品牌效应，增加产品附加值。

3. 创新营销模式。

营销的本质来源于信息的不对称性，“互联网+”打破了惯有的营销模式，让营销融入生产、融入服务，谁先打破旧思维，谁就能在全球价值链体系中拥有更强的羽翼。首先定位于“互联网+”思维，让营销模式出现新形态。一个新的逻辑产生，“互联网+”催生了一个由消费者驱动的生产—营销模式。其次定位于“互联网+”技术，让交易模式出现新形态，没有收到货品就不会流失资金，而企业发出货品也不担心收不到钱，独立的第三方支付平台让交易更透明，更信用。再其次定位于“互联网+”数据整合，鼓励企业沿着生产—营销以及生产本身的横纵向继续发展，实现规模的扩张和新业态的产生。最后定位于“互联网+”宣传方式，“粉丝即经济”“营销即生产”，技术的普及让营销站在一个新的高度，企业可以通过不断强化品牌在消费者头脑中的存在感，形成产品关联意识来提高产品知名度和认可度；也可以通过邀请消费者参与的方式，和企业共同完成营销—设计的过程。“互联网+”下的营销模式更注重消费者的体验感和需求感。

4. 服务与研发结合。

服务与研发环节是两个独立却又密不可分的环节，如图4-10所示。随着云制造的发展，“服务即制造、制造即服务”的模式产生，而“服务即制造、制造即服务”也是经济发展的新趋势与新要求。服务与研发这两个环节都需要很好地对市场的本质性需求进行把握，要了解市场是什么样的市场，需要什么样的产品和服务，更重要的是要通过对需求演化路径的

---

① 张金昌. 国际竞争力评价的理论和方法［M］. 北京：经济科学出版社，2002：2.

把握，更先一步地掌握需求发展动态，从而占领市场。服务还对研发设计具有反作用力，如图4－10所示，通过下游环节可以更迅敏地掌握消费者需求变化的方向，让服务、设计和研发更贴合社会需求，让产品更具有体验感，从而提升产品价值，提高销售率。研究也发现，制造业服务与研发的结合显著地提升高技术制造业部门在全球价值链环节中的地位①。

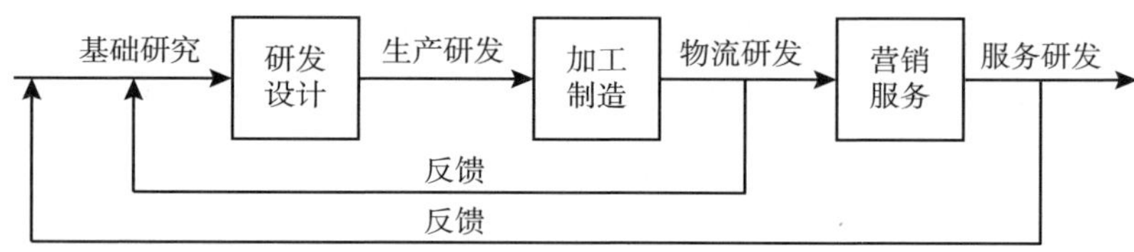

图4－10　制造业服务与研发一体化流程

三、“互联网＋”促进制造业价值链跃迁升级作用机理

汉弗莱和施密茨（2002）认为，产业升级的最终阶段是从利润相对较低的价值链向利润更高的价值链升级。不同升级阶段是阶梯式的关系，由工艺和产品的升级逐步向产业链的升级进行发展②。当制造企业在产业内升级达到一个较高水平后，其具备了较强的自主创新能力，即除了具备较强的工艺能力、产品质量以及功能变迁能力外，还需要具备利用和改造原有技术进行新产品创造和制造的能力，也就是说一个国家在进行全球价值链跃迁时，必须要具备价值链整体水平的提升能力，如图4－11所示。在国家层面，价值链跃迁主要表现为欠发达国家通过技术升级在价值链间从低附加值产业向高附加值产业进行升级，或者开辟新的技术渠道、新业态，突破发达国家的“核心技术锁定”与“产业低端锁定”，建立新的产业链分工，达到全球价值链升级。

① 刘玉荣，刘芳．制造业服务化与全球价值链提升的交互效应——基于中国制造业面板联立方程模型的实证研究［J］．现代经济探讨，2018（9）：46－55.

② John Humphrey，Hubert Schmitz. How does insertion in global value chains affect upgrading in industrial clusters?［J］. Regional Studies，2002，36（9）：1017－1027.

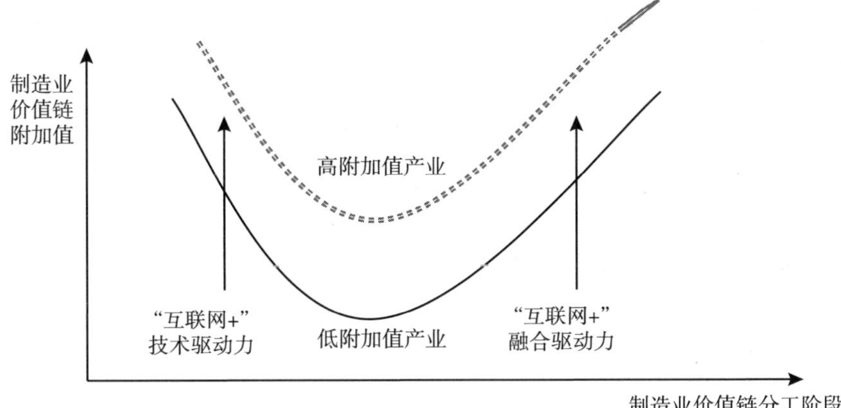

图4-11 “互联网+”促进价值链整体水平提升示意图

(一)“互联网+”促进制造业多价值链整体跃迁

纳瓦斯(Navas)通过对巴西家具和鞋业两大产业集群进行实证的比较研究，提出了基于巴西国家价值链和国际价值链两大产业集群的价值选择，而且研究发现同时服务于多个价值链(多链)的企业具有更好的升级发展机会①。根据纳瓦斯的研究，我们可以尝试选择多条价值链并行的升级路径，以避免形成某种模式下的路径依赖。互联网技术已经渗透到绝大多数的制造业当中，一方面“互联网+”技术本身就会让产业从低技术走向高技术的道路，另一方面“互联网+”融合驱动力也促使了多个产业的融合和重组。一个企业在原有的产业方向的基础上，可能已经延伸到多个产业并存发展，这也给企业通过纳瓦斯的多条价值链升级创造了可能性。以小米为例，企业2010年推出MIUI手机操作系统，以“极致”简约、“极致”贴近用户为契机，帮助小米从硬件公司反扑软件。2011年，小米以客观的系统用户量为契机推出小米手机，酝酿已久的产品瞬间燃爆手机市场，依托数余年MIUI系统和小米手机积累的成熟经验，小米公司打造了以小米手机、小米电视、小米路由器三大核心产品，以及小米生态链智能硬件产品组成的整套体验式智能家居体系。截至2018年初，小米手机已经进入74个国家，在15个国家处于市场占有率的前五名，撬开了韩国手机市场的大门，抢占了印度手机市场份额第一的宝座；与此同时，小米

① Navas-Alemán L. The Impact of Operating in Multiple Value Chains for Upgrading: The Case of the Brazilian Furniture and Footwear Industries [J]. World Development, 2011, 39 (8): 1386-1397.

空气净化器、小米电视占据了国内市场销量榜首，小米手环、小米移动电源占据了国际总市场销量榜首[①]。

（二）“互联网+”促进价值链延长

“互联网+”促进全球价值链重构。低附加值环节在向高附加值环节进行升级时并不一定出现产业升级，而仍旧停留在该产业链，只是该产业链的生产加工环节向高附加值环节进行延伸。“互联网+”协同制造让制造业从制造向服务延伸，让研发环节和服务环节嵌入了价值链中段，随着价值链的延伸也许将不再存在微笑曲线，制造端集成全产业链，如图4-12所示。

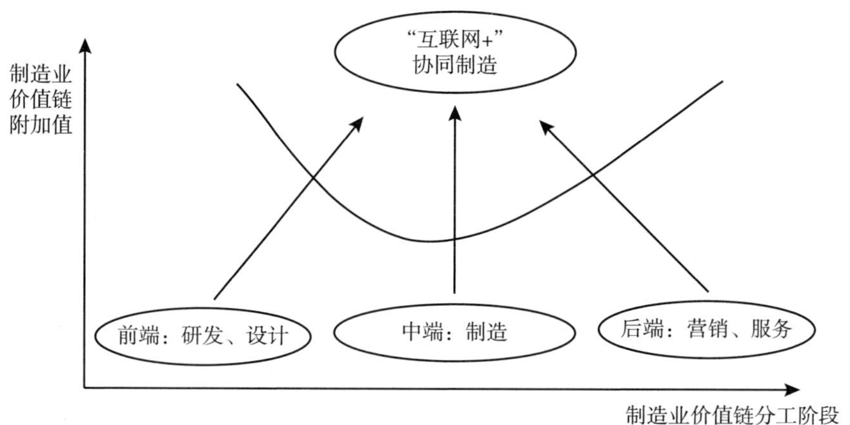

图4-12 “互联网+”促进价值链延长示意图

“互联网+”的发展可以使得制造业抓住新机遇，通过提升创新速度或者抓住产业中出现的新的国际分工形式，减少中国市场经济的补课时间。“互联网+”时代催促着技术不断地更新换代，产业和产品的生命周期也随之缩短。更多的需求，更新的体验，一切都给发展中国家创造了更多与发达国家站在同一起跑线参与竞争的机会以及赶超决胜的可能性。当前，以互联网为核心的云计算、大数据、人工智能、物联网等新兴技术是发展中国家实现制造业跃迁的关键，而短技术生命周期的产业领域更是赶

① 销量疲软，“发窘”的小米能走多远［OL］. 东方财富网，http：//caifuhao.eastmoney.com/news/20191108201605098328410，2019-11-8.

超的关键。此外，我国也可以利用规模庞大和成熟的内部市场抓住机会提升国家价值链，利用全球、国内和区域市场的潜力来掌握竞争所需的各种升级类型，促进制造业进一步升级。

本章小结

从驱动升级的动力因素来看，本书第二章通过对历史的梳理，总结出影响制造业升级的五个要素；结合马克思理论、佩蕾丝技术—经济—制度协同演化模型、罗默经济增长四要素模型以及技术创新动力三元论模型，本章对通过“互联网+”技术驱动力、市场拉动力和政策支撑力的聚合力对制造业升级所起到的作用进行分析，如图4-13中的a为制造业升级曲线中某一点的瞬时速度，当瞬时速度为次点的导数时，a是升级曲线切线的斜率；当三聚合力对制造业产生作用时，a会不断增大，也即制造业升级将不断持续上升。

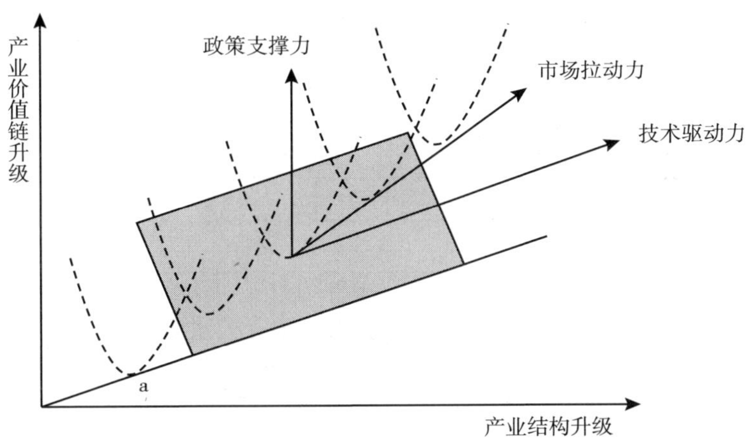

图4-13 “互联网+”促进制造业升级聚合力模型

其中技术驱动力部分包括“互联网+”技术驱动力以及融合驱动力，部分学者认为“互联网+”技术让沟通更为顺畅，在信息不对称带来的负面影响逐渐被弱化的同时各个产业技术水平也趋于一致。生产技术越紧密，各个产业物质消耗就会降低，劳动生产率提升①。成本的降低和附加值的提升，让产业在获得更高收益的同时，也获得了更多的发展空间。当“互联网+”与制造业发生碰撞时，则擦出了更为惊人的火花和动力，会产生“互联网+制造业”市场拉动力和政策支撑力，其中“互联网+”市场拉动力包括市场规模拉动力、市场需求结构变动产生的拉动力以及市场竞争激励机制和淘汰机制产生的拉动力。“互联网+”以需求快速变化和信息快速传递为特征，促进“互联网+制造业”市场的进一步扩大，需求结构进一步升级，市场竞争进一步激烈，从而通过以上原因进一步促进制造业的升级。“互联网+”政策支撑力包括“互联网+”与政务结合产生的支撑力以及“互联网+制造业”相关政策（技术人才培养也放在这部分进行讨论）的支撑力。通过引入“互联网+”技术对政府行为与市场行为之间进行协调；通过指明“互联网+”发展方向以及“互联网+制造业”相关政策的激励、带动和示范作用刺激和促进“互联网+制造业”创新氛围以及创新能力进一步提升。

从作用机理来看，如图4－14所示，技术的进步、市场的升级与扩大以及政策的刺激可以让资源在行业间的配置不断优化，也可以使资源和产品的附加值产生提升；但是资源配置的状态是动态的，革命性的技术或者

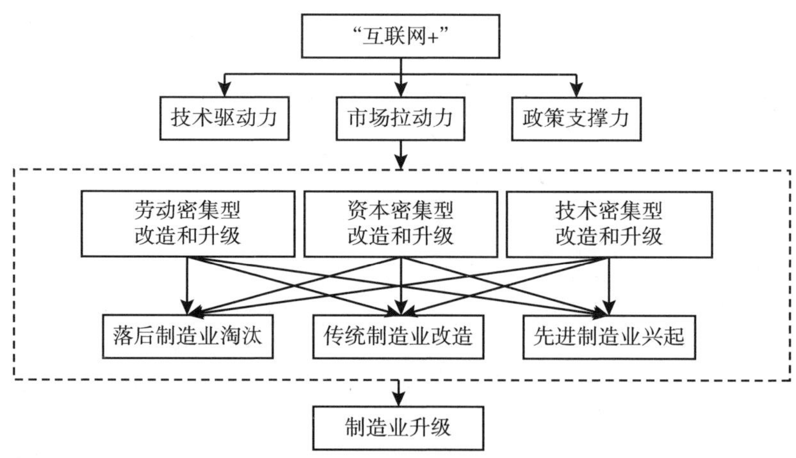

图4－14 “互联网+”促进制造业升级作用机理

① 姜泽华．中国产业结构升级模式［M］．北京：知识产权出版社，2005：13.

对要素禀赋影响较大事件的发生会使制造业结构的协调化突然降低①，制造业需要保持协调发展，才能提供符合升级的要求；反过来，也只有不断持续的升级才能促进制造业的协调发展。

首先，在封闭经济环境下制造业结构升级是沿着Ⅳ—Ⅲ—Ⅱ—Ⅰ进行升级演进的，如图4-2中社会总生产部类划分。制造业结构不断升级，制造业规模的扩大以及产业生产水平的提升要求制造业生产制造、市场开发和服务环节分工必须更加明细、更加专业，制造业行业之间的联系也因为信息流通变得更加紧密。某个行业的生产需要其他行业的生产资料的生产作为原材料，而这个原材料又来自其他行业生产资料的生产。如此循环进一步推动了制造业结构向高度化和合理化方面发展。随着生产要素禀赋的升级，出现密集使用更高一级生产要素的行业在整个制造业中的结构比例显著提升的情况，也即劳动密集型制造业会向资本密集型制造业和技术密集型制造业升级，资本密集型制造业会向技术密集型制造业升级。“互联网+”促进了资源在制造业行业之间的合理配置，从而促进行业间关系的协调性，提升行业整体能力从而让整体产业结构越发合理。其中，劳动密集型制造业通过“互联网+”的融入，提升效率、降低成本、提升市场资源配置的优化能力，进而沿着Ⅳ—Ⅲ—Ⅱ—Ⅰ进行升级；资本密集型制造业通过“互联网+”重构制造业产业聚集模式、市场模式以及融资渠道和融资结构，向技术密集型进行升级；技术密集型制造业则通过“互联网+”从代工—山寨模仿制造向自主创新制造进行转型。

其次，在开放的经济环境下，也即从生产要素的流动情况来看，制造业会沿着第Ⅳ部类劳动密集型，向第Ⅲ部类资本密集型以及具有第Ⅰ、Ⅱ部类特征的技术密集型制造业进行发展（如图4-2中社会总生产部类划分），其实质就是知识要素和技术要素，取代资本要素和劳动力要素的升级变化过程，也即制造业从低附加值要素向高附加值要素进行发展的过程。从制造业全球价值链分工方面来看，价值链分工的形成是技术进步、全球经济一体化的产物，“互联网+”时代制造业升级在研发设计链、生产制造链和营销链的需求也出现不同层次和水平的要求。一个新产品要经历研发、设计、生产、销售诸多环节，“互联网+”时代的企业面临越来越短的产品寿命期，企业只能选择尽可能压缩产品生产周期，抢先占领市场，所以企业会选择将技术能力低、耗时长的环节转移给其他企业。信息

---

① 张建华．基于新型工业化道路的工业结构优化升级研究［M］．北京：中国社会科学出版社，2012.

的无边界化使得全球价值链分工演化出现了更强的国际间合作与渗透的特性，形成了产业联动发展和结构分化的新格局。这些承接较为低端生产的企业，虽然处于落后地位，受到技术溢出效应的影响，以及通过不断学习和总结，可以逐步承接包括设计、加工、深加工、售后等更为具有高附加值的环节，从而进行价值链升级和跃迁，并有可能形成价值链的延长。

第五章

“互联网 +”促进制造业升级实证研究

2015 年《国务院关于积极推进“互联网 +”行动的指导意见》颁布，“互联网 +”被纳入国家战略，自此“互联网 +”的概念便开始深入渗透到各个行业，成为整个社会经济、生活发展的新动能。“互联网 +”的实质就是在于实体经济与互联网虚拟经济的深度融合，以此产生的跨界经营，它已经影响到传统产业和市场基础，并促使其产生了质的改变。“互联网 +”也深入融合到了制造业发展的方方面面，并产生了重要的影响。本书主要分析“互联网 +”对制造业的发展的影响，因此首先将会通过构建“互联网 +”综合发展评价指标体系对“互联网 +”综合发展水平进行描述，其次对我国 31 个省份的“互联网 +”发展水平进行总体比较评价，进而利用系统 GMM 计量方法对中国 2007 ~ 2016 年间 30 个省份的面板数据进行实证检验，以验证“互联网 +”的发展是否促进了制造业产业升级。

第一节 “互联网 +”综合发展水平评价

“互联网 +”是创新 2.0 下的互联网发展新形式，是知识社会创新 2.0 推动下的互联网形态演进。新一轮的技术进步推进了创新 2.0 的形成与发展，而创新 2.0 也反作用于新一轮的技术进步的不断革新和升级，催生出工业互联网、人工智能、云计算、大数据等新生产物。“互联网 +”把技术进步带来的创新成果与经济社会的各领域深度融合，进而推动技术的进一步升级、效率的大幅提升和组织的再次重组，提升实体经济的生产力，革新实体经济的生产关系，形成更加开阔和灵活的以互联网信息技术为基础设施、以创新为推动力的经济社会发展新模式。大众创业、万众创新，“互联网+”下的创新更是推动了众创、众包、众扶、众筹等经济发展新形态。“互联网+”已经进入寻常百姓家，彻彻底底地改变着人们的生产生活。

一、“互联网+”综合发展评价指标体系的构建

观察人类技术进步的变迁过程，是经济学领域、统计学领域，包括各种技术史学领域以及未来仿真学领域的通用办法。经济学家和统计学家更侧重于从经济周期变化的角度来探访技术进步的过程，用更科学和客观的度量方式描绘时代和文明发展的轨迹，度量技术发展的水平也随着技术进步本身得到不断的革新。

（一）互联网相关评价指标

1. 信息化评价指标统计方法。

在关于互联网发展指数的研究中，对信息化的测度最为广泛。回顾信息化统计指标评估体系的发展过程，最早可以追溯至1962年，弗里兹·马克鲁普（Fritz Machlup）就在其出版的《美国的知识生产和分配：1960－1980年》中，从经济学的视角对信息产业进行了测度。1963年，日本学者梅棹忠夫最先在他的论著《信息产业论》中，提出“信息化”这一概念，次年，日本学者上岛（Joho Shakai）首次使用了“信息社会”这一用语，并指出日本正在快速进入信息社会[①]。1965年，日本学者小松崎清建立4个一级指标11项因素，利用统计资料计算出反映社会经济信息化发展程度的总体指标，并将其称为信息化指数[②]。其中，一级指标为信息量I1、信息装备率I2、通信主体水平I3以及信息系数I4。信息量指标包括人均年使用函件数、人均年通电话次数、每百人报刊征订数、每百人书籍销售网店数、每平方公里人口密度；信息装备率包括每百人电话机数、每百人电视机数以及每万人计算机台数；通信主体水平包括第三产业就业百分比与每百人在校大学生数；信息系数为个人消费中除衣食住外杂费的比率这一指标。

---

① 游五洋，陶青．信息化与未来中国［M］．北京：中国社会科学出版社，2003：3.

② 陈禹，王明明．信息经济学教程［M］．北京：清华大学出版社，2014：206－207.

为了测度结果能够更为精确和系统地度量国别、地区之间的发展状况，许多学者又从统计学的角度对信息化进行测度。1997 年，国际数据公司（IDC）先后对全世界各个国家和地区的信息化发展水平进行测度，与《世界时代》全球研究部共同建立"信息社会指数（ISI）"。国际数据公司（IDC）根据社会的发展赋予了统计指标新的内涵。1997 年版信息社会指数（ISI），通过建立 3 个一级指标 20 个因素，对信息社会进行定量分析，详见表 5－1①。

表 5－1　ISI 信息化评价指标

分类	一级指标	二级指标
信息社会指数 1 ISI	社会基础结构 S	在校中学生人数 S1
		在校小学生人数 S2
		阅读报纸人数 S3
		新闻自由程度 S4
		公民自由程度 S5
	信息基础结构 I	电话线数/家庭数 I1
		电话故障数/电话线数 I2
		人均收音机拥有数 I3
		人均电视机拥有数 I4
		人均传真机拥有数 I5
		人均移动电话拥有数 I6
		有线电视及卫星电视覆盖率 I7
	计算机基础结构 C	人均 PC 拥有数 C1
		家庭安装 PC 数/家庭数 C2
		用于政府部门和商业部门的 PC 数/从事非农业劳动的人数 C3
		用于教育的 PC 数/学生和教员人数 C4
		联网 PC 所占的百分比 C5
		用于软件的开支/用于硬件的开支 C6
		因特网业务提供者总数 C7
		人均因特网主机数 C8

资料来源：整理自《信息社会指数》。

① 赵兴玉．信息社会指数［J］．广播与电视技术，1998（1）：108.

随着信息通信技术的普及与发展，为了更好地进行测度，国际数据公司（IDC）对信息社会指数（ISI）做了相应的调整，从3个维度增加为4个维度对信息社会的发展程度进行考量①。其中，一级指标分别为信息经济指数、网络社会指数、在线政府指数与数字生活指数，详见表5-2。

表5-2　　ISI指标体系2

分类	一级指标	二级指标	三级指标
信息社会指数2 ISI	信息经济指数	经济发展指数	人均GDP指数
		人力资源指数	成人识字指数
			教育投入指数
			大学生指数
		产业结构指数	产值结构指数
			就业结构指数
		发展方式指数	研发投入指数
			创新指数
			能效指数
	网络社会指数	支付能力指数	固定宽带支付能力指数
			移动电话支付能力指数
		社会发展指数	人均寿命指数
			城镇化指数
			空气质量指数
	在线政府指数	—	—
	数字生活指数	移动电话指数	—
		电脑指数	—
		互联网指数	—

资料来源：整理自《信息社会发展水平测评指标与阶段划分——基于信息社会发展报告（2015）的研究》。

直到20世纪90年代，美国议员艾伯特·戈尔（Al Gore）提出"国

① 课题组.信息社会发展水平测评指标与阶段划分——基于信息社会发展报告（2015）的研究［J］.中国流通经济，2015（9）：38-45.

家数据高速公路”的说法被克林顿政府所采纳，西方世界通用的信息化测算方法变为国际电信联盟的信息通信技术发展指数（ICT）。信息通信技术发展指数（ICT）也曾多次进行修正，从偏向于测度信息化基础设施建设变为偏向于测度信息化技术应用，紧跟社会发展而进行科学性、系统性的修正也使得信息通信技术发展指数（ICT）成为现今世界范围内度量国别和地区之间信息化发展水平的通用指数体系。

1995 年，美国、英国、法国、德国、意大利、加拿大和日本七个国家一起发布了信息通信技术发展指数（ICT）。第一版本的信息通信技术发展指数（ICT）包含 6 个一级指标，11 项因素，详见表 5-3，主要是针对上述七国的信息化基础设施以及使用程度进行度量。

表 5-3 ICT 与 IDI 指数

分类	一级指标	二级指标
1995 年信息通信技术发展指数（ICT）	电话主线	每百人拥有的电话线数
		电话主线路
	蜂窝电话	每百人保有量
		在 7 国的分布
	ISDN	每千人的 ISDN 用户数
		在 7 国的分布
	有线电视	有线电视用户数
		已有用户占全部用户的比例
	计算机	每百人拥有计算机数
		每十万人拥有的互联网主机数
	光纤	光纤公里长度的年增长率
信息化发展指数（IDI_{ITU}）	ICT 接入指数	每百名居民固定电话用户数
		每百名居民移动电话用户数
		每百名用户国际互联网带宽（bp/s）
		家庭计算机拥有率
		家庭接入互联网比重

续表

分类	一级指标	二级指标
信息化发展指数（IDI_{ITU}）	ICT 应用指数	个人使用互联网的比例
		每百名居民固定互联网用户数
		每百名居民移动互联网用户数
	ICT 技能指数	成人识字率
		中等教育毛入学率
		高等教育毛入学率
国家统计局信息化发展指数（2001 年版）	基础设施指数	电话拥有率
		电视机拥有率
		计算机拥有率
	产业技术指数	人均电信业产值
		每百万人发明专科申请量
	应用消费指数	互联网普及率
		人均信息消费额
	知识支撑指数	信息产业从业人数占全社会从业人数比重
		教育指数
	发展效果指数	信息产业总产值占 GDP 比重
		信息产业研发经费占 GDP 比重
		人均国内生产总值

资料来源：ITU（1995）：World Telecommunication Development Report，International Telecommuncation Unit;ITU（2007）；《中国信息化发展指数》。

随着信息技术应用拓展到全球，2001 年，国际电信联盟按照世界信息社会峰会的成果构建了数字接入指数（DAI），包括基础设施指数、支付能力指数、知识指数、质量指数、使用指数 5 个一级指标，以及每百人固定电话用户数、每百人移动蜂窝电话用户数、互联网接入价格占人均国民收入的百分比、成人识字率、中小学和大专院校学术注册水平、人均国际互联网接口宽带（比特）、每百人宽带用户数和已有用户占全部用户比例 8 项因素。鉴于最初的互联网接入只能通过固定电话连接，但是 2005 年后移动电话的数量已经开始远远地超过固定电话的数量，加上信息通信技术广泛且普遍传播，国际电信联盟提议使用包括机遇、基础设施、效用 3

项一级指标和 11 项因素的数字机遇指数（DOI）；以及包括信息通信技术密度和信息通信技术使用 2 项一级指标，网络、技能、涨势、强度 4 项二级指标和 10 项因素的信息通信技术机遇指数（ICT - OI）[①]。

随着新技术的出现，国际电信联盟于 2015 年对信息通信技术发展指数再次进行修正，建立了包括 3 项一级指标，以及 11 项因素的信息化发展指数（IDI_{ITU}）指标体系，详见表 5 - 3。

我国信息化发展的测度主要始于 20 世纪 90 年代，许多学者都建立过信息化评价指标，例如：贺铿[②]（1989）通过编写投入产出表来进行信息化测度，左鹏飞（2017）建立了包括 4 个一级指标以及 15 个因素的信息化动态多指标评价体系。1996 年，中国国家统计局国际统计信息中心建立了包含 6 项要素的信息化综合评价指标；根据国际电信联盟和国际数据集团（IDC）构建的评价体系，我国国家统计局对信息化综合评价指标进行修正，建立了由 20 项因素构成的 2001 年国家信息化水平综合评价指标构成方案，并于 2002 年调整为包含 35 项因素的 2002 年国家信息化水平综合指数。经过不断地调整和修正，最终形成国家统计局信息化发展指数指标构成，详见表 5 - 3[③]。

2. “互联网 +” 指数评价体系。

随着互联网爆炸性的增长以及 ICT 的快速扩展，互联网将我们紧密连接，并且嵌入我们的生活中并成为不可分割的重要组成部分。各个国家以及机构从 20 世纪 90 年代开始，就一直密切关注着互联网的发展，并尝试建立能够评价和度量互联网及其发展的相关评价体系。

（1）网络就绪度指数（NRI）。

为了更好地在全球范围内比较互联网的发展情况，哈佛大学国际发展中心（CID）构建了网络就绪度指数（NRI）。网络就绪度指数（NRI）从 2002 年起，每年都会根据具体的互联网发展情况以及国际经济形势发展的情况进行修正。2002 年版本的网络就绪度指数（NRI）[④] 包括网络使用构成指数和使能性因子构成指数 2 个一级指标，11 项因素，65 个变量，详见表 5 - 4。2003 ~2011 年 NRI 指数体系将环境指数变更为 3 项一级指标，

---

① 徐颖．中外信息化统计理论和方法研究［M］．北京：电子工业出版社，2015：115 - 117.

② MaPc U. Porat. The Information Economy，Office of Telecommunication，Special Publication［M］. Washington，Department of Commerce，1977.

③ 国家统计局统计科学研究所．中国信息化发展指数统计检测年度报告 2013［M］．北京：中国统计出版社，2014：327.

④ 徐颖．中外信息化统计理论和方法研究［M］．北京：电子工业出版社，2015：178 - 180.

包含9个因素以及48个变量。直至2012年，NRI指数变更为4项一级指标，该体系延续至2014年，并扩展为10项二级指标和54个因素。NRI评估体系所涉及的数据分别来源于世界银行、国际电信联盟等机构的硬数据以及数量庞大的针对性调查问卷。

表5-4　2002年、2014年NRI构成

<table>
<tr><th>分类</th><th>一级指标</th><th>二级指标</th></tr>
<tr><td rowspan="5">2002年网络就绪度指数</td><td>网络使用构成指数</td><td>根据与ICT使用相关的5个独立变量的数量和质量进行定义</td></tr>
<tr><td rowspan="4">使能性因子构成指数</td><td>网络接入</td></tr>
<tr><td>网络政策</td></tr>
<tr><td>网络社会</td></tr>
<tr><td>网络经济</td></tr>
<tr><td rowspan="10">2014年网络就绪度指数</td><td rowspan="2">环境指数</td><td>政策和监管环境</td></tr>
<tr><td>商业和创新环境</td></tr>
<tr><td rowspan="3">就绪度指数</td><td>基础设施和数字内容</td></tr>
<tr><td>承受力</td></tr>
<tr><td>技能</td></tr>
<tr><td rowspan="3">使用指数</td><td>个人使用</td></tr>
<tr><td>商业使用</td></tr>
<tr><td>政府使用</td></tr>
<tr><td rowspan="2">影响指数</td><td>经济影响</td></tr>
<tr><td>社会影响</td></tr>
</table>

资料来源：整理自《中外信息化统计理论和方法研究》。

计算方法如下。

首先，将所有数据通过计算公式转换为一到七的赋值，具体计算公式为：

$$\text{某项指标得分}=6\times\frac{\text{该项指标各国的统计值}-\text{该项指标各国的最小值}}{\text{该项指标各国的最大值}-\text{该项指标各国的最小值}}+1 \tag{5-1}$$

其次，计算各指数中各项因素的平均值，具体计算公式为：

$$\text{Category}_i = \frac{\sum_{k=1}^{K} \text{indicator}_k}{K} \tag{5-2}$$

（2）中国“互联网+”指数。

2016年，腾讯研究院构建了中国“互联网+”指数，数据来源于国家统计局、腾讯、京东等2015年度的数据。腾讯版中国“互联网+”指数包括“互联网+基础”“互联网+产业”“互联网+创新创业”“互联网+智慧城市”4个一级指标。其中，“互联网+基础”指标由包含27个影响因素的市场基础和包含5个影响因素的技术基础构成，“互联网+产业”指标包括“互联网+农业”“互联网+工业”“互联网+服务业”以及26个影响因素，“互联网+创新创业”指标包括App数量和有效创业项目数，“互联网+智慧城市”指标包括服务项目价值、服务质量星级、月活跃用户数、回流率、故障率和重点行业丰富度。所有数据通过赋权加总计算得出，具体计算方式如下。

$$T = \alpha_{infra}\text{“互联网+基础”} + \alpha_{industry}\text{“互联网+产业”} + \alpha_{venture}\text{“互联网+创新创业”} + \alpha_{city}\text{“互联网+智慧城市”} \tag{5-3}$$

2018年，腾讯研究院考虑到时代环境、数据特性以及指数针对性的问题，在原有“互联网+”指数框架下进行了较大幅度的调整，2018年“互联网+”指数由4项一级指标构建，分别是数字经济、数字政务、数字生活和数字文化，并将“互联网+”指数命名为数字中国。其中，数字经济指标由36个因素构成，数字政务由6个因素构成，数字生活由22个因素构成，数字文化由5个因素构成。数字中国的计算方式相较于2016年“互联网+”指数有较大的改动，主要采用专家评分的方法来决定各指标的权重。

（3）其他定量研究中“互联网+”指数评价体系。

因腾讯研究院构建的“互联网+”指数时间跨度较小，且不同年份的数据衡量标准均不统一，故除了部分学者在进行截面分析时会予以采用外，鲜有学者使用。许多学者在定量研究中直接使用信息化指数或者两化指数来代替“互联网+”发展水平。此外，有不少学者也选择建立“互联网+”指数，以测算我国“互联网+”发展情况。刘军等（2017），石喜爱等（2017）用互联网普及率与电信固定资产投资的乘积来代表“互联网+”发展水平；郭朝晖、靳小越（2017）在考察长江经济带沿岸省份的“互联网+”发展水平时，构建了以互联网指标与网民普及率指标为一级指标的体系，并通过主成分分析法构建一级指标中的互联网指标，指标分别采用长江经济带沿岸省份的网站数、网页数、CN 域名数为二级指标因素来测量各省份“互联网+”发展水平。

（二）“互联网+”发展指标构建

本书中“互联网+”发展指标体系的构建是针对我国“互联网+”基础设施建设和“互联网+”应用情况以及发展水平的优势与不足进行客观分析。其中，评价指标的选取作为首要环节，必须要满足综合性、科学性、可操作性三大特征，以做到指标能够客观地反映发展情况。评价指标的综合性要求指标的设计应该从整体着眼，从细节着手，注重指标之间的相互关系。指标的设置在能够综合反映“互联网+”发展水平的同时，注重整体与局部的统一、长期与短期的平衡，做到不重复、不遗漏、互相联系、环环相扣，从而尽可能系统、客观地反映“互联网+”发展的实际情况。

本书为使构建的“互联网+”发展评价指标体系在理论上符合经济学意义，指标的定义、分类、范围、数据收集、计算方法、权重确定等都是真实、规范的，有科学依据，并注重所选指标的稳定性和相关性。在考虑区域“互联网+”指标元素及指标结构整体的合理性时，还从不同角度设计选取若干反映“互联网+”发展状况的指标。此外，评价指标中还应当考虑兼具应用价值和可操作性，不能过分强调指标某一方面的价值而忽略实际操作可行性。由于现有数据统计方法的统一性和规范化差异，应尽量采用具有代表性和必需的指标进行比较评价。指标的选取应考虑量化、数据采集的可能性与可靠性，尽量选取统计年鉴和统计公报中的公开数据，以及可以通过政府公告定量获取的信息。对于部分有价值但难以统计或无法取得统计资料的指标，本书暂未将其纳入指标体系。

本书通过参考国家统计局（2014 年）关于测评区域信息化水平的研究成果、统计科研所信息化统计评价研究组关于中国信息化发展指数（2009 年）、信息化发展指数Ⅱ（2013 年）的研究成果，以及国双数据中心（2016 年）关于中国“互联网+”指数的研究成果，结合第四章对于制造业升级动力因素的分析，基于对我国“互联网+”相关数据的采集和整理情况，对于数据的系统性、连续性以及可采集性进行了综合的评定和考量后，构建了由“互联网+”应用指标、“互联网+”发展指标和“互联网+”基础指标组成的3项一级指标，通过在上述3项指标领域中选取8个具体因素构建指标的评价指标体系（见表5-5），从总体上反映一个地区“互联网+”发展的基础和水平。

表5-5 “互联网+”综合发展水平指标体系

指标选取	一级指标	指标类型	二级指标	资料来源
“互联网+”综合指标	“互联网+”应用指标	技术驱动水平	X_{11}：互联网普及率（%）	中国互联网络信息中心
			X_{12}：长途光缆线路长度（公里）	
	“互联网+”发展指标	市场需求水平	X_{21}：网民数（万人）	
			X_{22}：电信业务量（亿元）	
			X_{23}：CN域名数（个）	中国统计年鉴
			X_{24}：网站数（个）	
	“互联网+”基础指标	政策支持水平	X_{31}：互联网宽带接入端口（NIU）	
			X_{32}：局用交换机容量（Gbps）	

1. “互联网+”应用指标。

“互联网+”应用指标是指互联网在实际消费应用中的发展情况，其衡量的是“互联网+”技术驱动水平，指数越高证明互联网实际应用能力越强。“互联网+”应用指标下设了两项指标，分别是互联网普及率（%）以及长途光缆线路长度（公里），我们以X_{11}和X_{12}来表示。互联网普及率是反映地区互联网整体发展水平的数据，数据越高，反映该地区居民生活以及工作学习中的“互联网+”渗透率越高，长途光缆线路长度（公里）可以反映互联网技术的实际应用水平。

2. “互联网+”发展指标。

“互联网+”发展指标具体是指互联网技术水平的实际发展情况以及实际市场需求情况，指标的增加能够证明“互联网+”市场的持续扩展情况以及技术水平发展情况，同时反映出居民在社会工作、生活学习中对于“互联网+”产品和“互联网+”服务的需求度。考虑到“互联网+”发展指标数据的可得性和代表性，在这一指标下设立了网民数（万人）、电信业务量（亿元）、CN域名数（个）、网站数（个）四项指标，分别使用X_{21}、X_{22}、X_{23}和X_{24}来进行表示。电信业务量是指一个地区电信服务的承载能力和发展水平，网民数、CN 域名数、网站数是对互联网发展情况以及技术需求度的评价，数值越高，证明该地区应用“互联网+”需求越强，发展水平越高，前景越大。

3. “互联网+”基础指标。

“互联网+”基础指标是指影响“互联网+”水平发展和应用所基于的政策支持水平以及基础设施建设因素，能够展示“互联网+”的基本技术建设、社会投入、市场占有程度等数据的指标。“互联网+”基础指数的质量直接影响到创新能力的强弱。考虑到“互联网+”基础设施建设数据的可得性和代表性，因此在这一指标下设立了互联网宽带接入端口（NIU）和局用交换机容量（Gbps）两项指标，分别用 X_{31} 和 X_{32} 来进行表示。局用交换机容量以及互联网宽带接入端口的数量均代表社会“互联网+”发展中硬件的应用水平，多个数据的接入可以更客观地评价社会以及企业的“互联网+”相关设备的使用情况，数值越高，证明该地区“互联网+”基础设施建设水平越高，财政支出和社会投入越高，政府支持力度越大并且“互联网+”的市场占有程度越高。

二、“互联网+”综合发展水平评价

（一）数据来源

因“互联网+”发展所涉及的相关数据比较难以采集，且部分数据难以进行统计，故本书主要选取我国 2007~2016 年间中国 31 个省份（不含港澳台地区）样本的相关数据进行分析，数据主要源自《中国统计年鉴》、中国科技数据库、《中国人口与就业统计年鉴》、中国互联网络信息中心、国泰安数据库、国家统计局网站以及各省份历年《统计年鉴》等。

（二）评价方法介绍

“互联网+”发展评价要求要对“互联网+”应用、发展以及“互联网+”基础建设得出全局性、整体性的评价，采用适用于对多属性体系结构进行评价的综合评价法。本书构建的“互联网+”发展评价指标体系共包含 8 个子指标，涵盖了“互联网+”发展水平、“互联网+”应用水平和“互联网+”基础建设水平三个方面。为了尽可能减少人为评价的主观性，规避常规性评价方法的缺点，提高评价结果的严谨度，本书采用主成分分析法（PCA）和因子分析法来完成“互联网+”综合发展评价指标体系的构建。

主成分分析也称主分量分析，通过线性变换把多个指标转化为一个综合指标，从而能够用一个指数反映所有指标的重要信息。主成分分析用于多指标综合评价的优点在于能够消除评价指标间的相关影响，有助于更客观地描述评价主体的相对地位，也减少了选择合成方法的工作。主成分分析法用于多指标综合评价时，伴随着数学变换过程生成了信息量权数和系统效应权数，比人为确定权数的工作量少，有助于保证客观性。信息量权数还有助于提高综合评价的区分效度①。因子分析法是在众多数据中，找到影响较大的，并且具有共性的影响因子，以便于更好地进行分析。具体而言，本书首先针对所有指标应用主成分分析和因子分析方法得到“互联网+”发展总指标值和原始变量的矩阵依赖关系。为了更好地对不同地区的“互联网+”综合发展水平进行对比评价，使结果更能体现“互联网+”综合发展水平的优劣势的直观性，本节考虑了不同地域的人口以及面积的影响，对评价体系中所包含的数字进行相对化处理。在第二节中，因所涉及的被解释变量、控制变量等均属于原数据，未考虑地区人口以及面积的影响，故不再做相对化处理。

通过主成分分析的方法分析因子聚合度保证使用方法的可信度，提取共同因子并选择主因子。利用 SPSS 软件得出的数据分析表显示因子 1 和因子 2 的特征值均大于 1，因子累计方差贡献率为 88.42%。

利用成分得分系数矩阵结果做线性组合可得：

$$
\begin{aligned}
F_1 = & 0.324X_{11} + 0.052X_{12} + 0.334X_{21} - 0.001X_{22} \\
& - 0.067X_{23} + 0.045X_{24} + 0.345X_{31} - 0.256X_{32} \\
F_2 = & - 0.048X_{11} + 0.195X_{12} - 0.063X_{21} + 0.342X_{22} \\
& + 0.358X_{23} - 0.023X_{24} - 0.099X_{31} + 0.458X_{32}
\end{aligned}
\quad (5-4)
$$

其中，通过以方差贡献率为权数构建评价函数，按照式（5-4）计算得出各二级指标的权重，并由二级指标权重得出一级指标权重，从而得出各省份历年“互联网+”指标综合评价得分，详见表 5-6。

① 林海明，杜子芳. 主成分分析综合评价应该注意的问题［J］. 统计研究，2013，30（8）：25-31.

表5-6　各省份历年“互联网+”综合发展水平评价得分

省份	2016年	2015年	2014年	2013年	2012年	2005年
上海市	71.50	66.78	64.84	47.65	60.22	56.73
江苏省	33.43	34.70	31.38	26.25	27.73	20.89
广东省	32.05	34.28	30.08	28.90	27.24	23.73
北京市	29.85	27.63	24.15	24.56	23.61	17.73
天津市	26.08	25.81	24.01	23.95	21.47	12.71
浙江省	24.92	25.91	23.76	23.27	23.52	20.86
福建省	20.28	18.95	17.43	16.75	16.46	16.76
安徽省	19.73	19.47	18.17	17.33	15.85	14.49
山东省	19.49	19.67	18.87	17.52	16.19	12.80
河南省	17.82	19.24	17.39	16.94	16.46	14.39
河北省	17.69	18.19	17.30	16.88	16.05	8.79
湖南省	17.54	17.63	16.40	15.89	14.87	11.00
贵州省	17.49	17.35	17.19	16.54	16.35	10.01
山西省	17.46	17.45	16.57	19.46	15.23	11.13
湖北省	15.92	16.55	14.97	13.80	13.30	9.87
辽宁省	15.24	16.06	15.48	15.22	14.97	11.36
广西壮族自治区	14.56	15.06	14.34	13.97	12.74	11.18
宁夏回族自治区	13.83	13.77	12.14	12.19	12.72	8.20
陕西省	13.49	13.74	13.02	12.58	11.98	12.43
四川省	12.59	13.46	12.12	11.56	10.85	6.96
云南省	12.12	12.36	10.61	10.05	9.29	5.92
江西省	11.79	11.93	10.83	9.85	11.07	8.07
吉林省	11.31	11.63	11.27	11.09	10.64	7.55
黑龙江省	9.98	10.03	9.68	9.45	8.02	6.70
重庆市	9.90	9.47	8.57	7.72	7.19	6.71
海南省	8.93	8.95	8.50	8.45	8.34	1.76
甘肃省	7.11	7.18	6.70	6.53	6.31	4.14

续表

省份	2016年	2015年	2014年	2013年	2012年	2005年
内蒙古自治区	6.79	6.68	6.09	5.42	5.17	2.71
青海省	5.91	5.71	5.37	4.72	4.55	1.73
新疆维吾尔自治区	3.63	3.93	3.64	3.56	3.32	1.99
西藏自治区	3.34	3.18	3.33	2.79	2.67	0.77

资料来源：根据历年《中国统计年鉴》《中国人口与就业统计年鉴》，中国科技数据库、中国互联网络中心、国泰安数据库、国家统计局官网中相关信息以及各省份历年《统计年鉴》整理所得。

（三）结果分析

通过成分得分系数矩阵结果分析，权重最大的二级指标为网民数，排名第二的为CN域名数，其中权重数值越高说明该指标对“互联网+”综合发展水平的影响越大。通过对几个主要影响因素进行分析，得出我国各省份“互联网+”发展的主要影响还是来自“互联网+”发展水平，而“互联网+”的应用水平也是影响其发展的主要因素，这也和前面得出我国制造业升级主要依靠拥有庞大的“互联网+”市场规模和不断升级的市场需求相对应，印证了本书选取指标的可信度。

2016年“互联网+”综合发展水平评价得分的数据结果显示“互联网+”综合发展水平评价得分排名前十位的分别是上海市、江苏省、广东省、北京市、天津市、浙江省、福建省、安徽省、山东省、河南省，上海市得分最高。其中东部地区占领前七名，占席八位；中部地区占席两位，西部地区空缺。而“互联网+”综合发展水平评价得分排名后十位的分别是江西省、吉林省、黑龙江省、重庆市、海南省、甘肃省、内蒙古自治区、青海省、新疆维吾尔自治区以及西藏自治区，西藏自治区得分最低。其中，最后五位均位于西部地区，西部地区共占席六位；中部地区占三位，东部仅海南省一省。结合各年份全国“互联网+”综合发展水平评价得分，可以看出我国“互联网+”综合发展水平呈现东高西低的态势，发展水平不均衡，具有极大的地区差异，东部地区发展情况较好，中西部地区“互联网+”综合发展水平还具有很大发展空间。领跑省份多数聚集在东部地区，呈现显著优势；西部地区整体处于落后地位，呈现明显劣势①。从总体发展趋势来说我国“互联网+”综合发展水平在持续上升（见表5-7）。

表5-7　各地区“互联网+”综合发展水平分类及特征

类别	东部地区	中部地区	西部地区	特征
第一梯队	上海市	—	—	“互联网+”综合发展水平好，单项发展水平处于全国发达水平
第二梯队	北京市、天津市、江苏省、浙江省、广东省	—	—	“互联网+”综合发展水平较好，处于全国发达水平。个别单项发展水平还有上升空间
第三梯队	福建省、山东省、河北省、辽宁省、海南省	山西省、吉林省、黑龙江省、安徽省、江西省、河南省、湖北省、湖南省	广西壮族自治区、重庆市、四川省、贵州省、云南省、宁夏回族自治区、陕西省	“互联网+”综合发展水平一般，上升空间较大。各单项发展上升空间大，需要进一步加强基础设施建设，培养“互联网+”意识
第四梯队	—	—	甘肃省、内蒙古自治区、青海省、新疆维吾尔自治区、西藏自治区	“互联网+”综合发展水平较差，各单项均位于全国发展水平最后梯队，需要加强基础设施建设与运用能力，加强推广“互联网+”意识

资料来源：经作者计算所得。

为了更好地对各区域“互联网+”综合发展水平情况进行分析，本书将通过聚类分析法，根据31个省份的“互联网+”综合发展水平将其划分为四梯队，详见表5-7，形成上海市领跑第一梯队，北京市、天津市、江苏省、浙江省和广东省引领第二梯队的“互联网+”发展态势。总体看来，我国“互联网+”综合发展水平省域间差异较大，与我国划分的（东中西部）经济发展区域比较来看，区域“互联网+”的综合发展水平

① 本书对不同省份按照东部、中部和西部地区进行三区域划分，其中东部地区共11个省份，包括北京、天津、河北、辽宁、上海、江苏、浙江、福建、山东、广东和海南；中部地区共8个省份，包括山西、吉林、黑龙江、安徽、江西、河南、湖北、湖南；西部地区共12个省份，包括内蒙古自治区、广西、重庆、四川、贵州、云南、陕西、甘肃、青海、宁夏回族自治区、新疆维吾尔自治区、西藏自治区。

差异情况和区域经济发展的差异情况出现耦合。东部地区占据了发展第一梯队和第二梯队，东部地区内部发展存在不均衡情况，福建省、山东省、河北省、辽宁省、海南省的“互联网+”综合发展水平相对东部其他省份较弱。

第二节 “互联网+”对制造业升级影响实证分析

前面通过历史视角、空间对比视角以及机理分析的方法对“互联网+”促进制造业升级进行分析，本节中将通过实证分析的方式对“互联网+”的快速发展是否促进制造业升级，是否产生了显著的影响进行分析和论证，为后面对论证这种影响产生的渠道是什么，如何更好地促进“互联网+”对制造业升级的作用以及为“互联网+”促进制造业升级路径选择提供数据和实证支撑。研究这些问题不仅有利于更好地推动“互联网+”综合水平的发展，更可以为促进我国制造业升级提供一些新的思路和建议。在理论分析“互联网+”对中国制造业升级作用机理的基础上，本章将利用系统 GMM 计量方法对我国 2007～2016 年间 30 个省份的面板数据进行实证检验（由于西藏自治区数据缺失较为严重，故将其剔除）。

一、变量定义与数据选取

（一）被解释变量

本节的被解释变量是制造业升级指标，用 S_i 表示。制造业类型划分见第一章。制造业升级指标 S_i 为制造业三大类产业工业总产值 S_m 与制造业工业总产值 S' 的比值，其中：

$$S = \sum_{i=1}^{m} \sum_{j=1}^{n} S_{ij}, (i = 1, 2, 3; j = 1, 2, 3, \cdots, n) \tag{5-5}$$

$$S_m = \sum_{j=1}^{n} S_{ij}, (m = i = 1, 2, 3; j = 1, 2, 3, \cdots, n) \tag{5-6}$$

$$S_i = \frac{S_m}{S'}, (i = m = 1, 2, 3) \tag{5-7}$$

S_m 分别表示劳动、资本、技术密集型制造业工业总产值，S' 表示制造业工业总产值，S_{ij}表示制造业31个细分行业产值。

本节参考阳立高等（2018）的方法，认为在三大类别的制造业中，如果劳动密集型制造业总产值占制造业总产值比重出现不断下降的趋势，资本密集型制造业总产值占制造业总产值比重出现先上升后下降的趋势，而技术密集型制造业比重则是不断增加的趋势，则认为该地区的制造业处于产业升级的状态。因此，S_i 即为本节的被解释变量。

（二）解释变量

“互联网+”是本书的核心指标，用IP表示。本节选取了“互联网+”应用指标、“互联网+”发展指标和“互联网+”基础指标三个层面共8个指标并利用主成分分析法构建了“互联网+”综合指标体系。这些指标具体包括CN域名数、网站数、网民数、互联网普及率、局用交换机容量、长途光缆线路长度、互联网宽带接入端口、电信业务量，总体上反映了一个地区“互联网+”综合发展水平，具体指标及来源请详见表5-5。

（三）控制变量

根据数据可得性并参考已有研究的做法，本节选取自变量如下：（1）外商直接投资（FDI）。该变量直接用各省份的外商直接投资表示。（2）政府参与程度（GP）。该变量用地区财政支出占GDP比重表示。（3）金融发展水平（FD）。该变量用各地区金融机构存贷款余额占GDP比重表示。（4）人力资本存量（HR）。用各地区人均受教育年限表示。（5）科技研发能力（RD）。该变量用各地区研发投入占GDP比重表示。（6）城镇化水平（UR）。该变量用各地区城镇常住人口与总人口比重表示。各变量的描述性统计见表5-8。

表5-8 各变量的描述性统计

变量	观测值	平均值	标准差	最小值	最大值
S_1	300	0.2348	0.0849	0.0709	0.5259
S_2	300	0.4843	0.1682	0.1556	0.8616
S_3	300	0.2809	0.1583	0.0433	0.7217
IP	300	0.0996	2.5967	-2.96	9.85
FDI	300	618678.6	710182.2	2954	3575956

续表

变量	观测值	平均值	标准差	最小值	最大值
GP	300	0.2165	0.0938	0.0830	0.6269
FD	300	0.0031	0.0012	0.0016	0.0095
RD	300	0.0142	0.0104	0.0020	0.0608
HR	300	4.4373	0.8345	3.13	8.04
UR	300	0.5236	0.1389	0.2746	0.896

资料来源：根据2007～2016年《中国统计年鉴》、2007～2016年30个省份《统计年鉴》、《中国人口与就业统计年鉴》以及中国科技数据库、中国互联网络信息中心相关信息计算整理。

二、模型设定与检验

（一）模型设定

为检验本节的理论分析，本节设定如下制造业升级模型：

$$\ln S_{j,it} = \alpha_1 \ln S_{j,it-1} + \alpha_2 IP_{it} + \sum_{l} \beta_l \ln X_{l,it} + \eta_i + u_t + \varepsilon_{it} \quad (5-8)$$

其中，$S_{j,it}$为被解释变量：劳动密集型制造业占制造业比重、资本密集型制造业占制造业比重和技术密集型制造业占制造业比重；$S_{j,it-1}$为被解释变量滞后项，用于控制滞后期对当期的影响；IP_{it}为“互联网+”的水平，是本节主要关注的变量。考虑到制造业升级与“互联网+”水平可能会有双向影响的关系，因此本节将“互联网+”水平设为内生变量。$X_{l,it}$表示控制变量，是影响制造业升级的其他因素；虚拟变量η_i为个体效应；μ_t为年度效应；ε_{it}为扰动项。

（二）研究方法说明

由于计量模型（5-8）中含有内生变量，因此模型具有内生性，为消除内生性所产生的偏误，本节采用系统广义矩（以下简称系统GMM）来分析“互联网+”对制造业的影响。首先要考察Arellano-Bond Test的结果以辨别扰动项是否存在自相关问题，并以此判断系统GMM方法的适用性。其次要根据Hansen Test的结果来辨别工具变量的过度识别问题。由于系统GMM方法对工具变量的数量限制较为严格，如果工具变量的数量过多，则会导致Hansen Test的结果无效。必须使得工具变量的个数处于合理的范围，统计量的P值过高甚至接近1的情况是不允许存在的，因此要使系统GMM的结果有效就必须使其维持在显著但P值较低的水平上。

（三）数据来源

本节的研究样本是选自2007～2016年间中国30个省份的共300个样本观测值（由于西藏自治区数据缺失较为严重，因此将其剔除）。本节的数据主要来源于2007～2016年《中国统计年鉴》、2007～2016年30个省份的《统计年鉴》、中国科技数据库、《中国人口与就业统计年鉴》、中国互联网络信息中心以及各省份历年《统计年鉴》。

（四）实证分析

表5－9为全国30个省份的“互联网+”综合发展水平对制造业升级固定效应的回归结果。由表5－9可知，在固定效应检验中，“互联网+”对劳动密集型制造业总产值比重具有抑制作用，对资本密集型制造业总产值和技术密集型制造业总产值比重具有正向促进作用，但是现在这些结果均为不显著。为此，本节认为这是由于“互联网+”综合发展水平与制造业升级之间存在双向影响的关系，即“互联网+”的综合发展水平对制造业升级存在影响，同时制造业升级的过程，也会促进和影响“互联网+”综合发展水平的提升或改变。这意味着，“互联网+”与制造业升级的影响存在着互为因果的内生性关系。系统GMM方法主要是用于解决动态面板模型中存在的内生性问题，特别是处理省级面板样本中出现的短面板数据之间内生性的问题。因此，本节将采用系统GMM方法进行进一步的检验，以更充分和更科学地对“互联网+”对制造业升级的影响进行研究和分析。

表5－9　“互联网+”对制造业升级影响的固定效应检验

指标	(1) lns_1	(2) lns_2	(3) lns_3
IP	−0.00641 (−0.35)	0.00238 (0.19)	0.0124 (0.66)
lnfdi	0.0249 (1.46)	−0.0224** (−1.97)	−0.0271 (−1.58)

续表

指标	(1) lns_1	(2) lns_2	(3) lns_3
lnfd	0.0273 (0.28)	-0.254*** (-3.96)	0.608*** (6.27)
lngp	0.402*** (4.00)	-0.0293 (-0.44)	-0.164 (-1.62)
lnrd	-0.347*** (-6.03)	0.106*** (2.77)	-0.102* (-1.76)
lnur	0.992*** (5.38)	-0.275** (-2.24)	0.485*** (2.61)
lnhr	-0.0144 (-0.09)	-0.112 (-1.01)	-0.117 (-0.70)
_cons	-1.873*** (-2.74)	-1.590*** (-3.49)	2.221*** (3.22)
N	299	299	299
F	38.84	24.42	12.25

注：系数估计值下方（ ）内为t值；*、**、***分别表示在10%、5%和1%的水平上显著。

表5－10为“互联网＋”对制造业升级影响的系统GMM检验结果。表5－10底部为AR(1)、AR(2)和Hansen检验结果。由表5－10可知，AR(1)的概率均小于0.05，而AR(2)的概率均大于0.05，这说明模型存在一阶自相关但不存在二阶自相关性，这一结果表示符合使用系统GMM方法的标准。从Hansen检验的结果来看，概率均大于0.1但不接近1，即模型没有出现工具变量过度识别的问题，所选取的工具变量是合理的。

表5－10 “互联网＋”对制造业升级影响的系统GMM检验

指标	(1) lns_1	(2) lns_2	(3) lns_3
L. lns_1	0.713*** (11.41)	—	—
L. lns_2	—	0.477*** (14.94)	—

续表

指标	(1) lns_1	(2) lns_2	(3) lns_3
L. lns_3	—	—	0.218*** (4.6)
IP	-0.0104*** (-5.13)	0.00992*** (6.46)	0.0288*** (7.90)
lnFDI	-0.00529 (-0.82)	-0.00210 (-0.64)	0.0341*** (5.00)
lnFD	-0.115*** (-3.58)	-0.212*** (-14.66)	0.461*** (10.36)
lnGP	0.403*** (14.02)	-0.139*** (-8.16)	0.0670*** (3.29)
lnRD	-0.102*** (-3.84)	0.0168 (1.15)	0.0188 (0.43)
lnUR	0.637*** (3.28)	0.124 (1.27)	0.354*** (4.53)
lnHR	-0.434*** (-4.90)	0.143*** (4.64)	0.272*** (6.07)
L. lns2	—	0.477*** (14.94)	—
L. lns3	—	—	0.218*** (4.60)
地区效应	√	√	√
年度效应	√	√	√
AR(1)	0.000	0.001	0.000
AR(2)	0.494	0.400	0.347
Hansen Test	0.186	0.213	0.198
N	238	238	238

注：系数估计值下方（ ）内为 t 值，使用稳健标准误得到；*、**、*** 分别表示在10%、5%和1%的水平上显著；AR(1) 和 AR(2) 检验的原假设是“系统后方程的残差项不存在一阶（二阶）序列相关”；Hansen test 的原假设是“新增加的工具变量是有效的”。

由表5-10可知，“互联网+”对劳动密集型制造业总产值比重上升具有显著的抑制作用，“互联网+”水平每提升1单位，会导致劳动密集型制造业总产值比重下降1.04%。其原因可能是“互联网+”水平的不断提升，要求劳动力的素质也不断提高，然而我国的劳动密集型制造业的劳动力素质仍然较为低下，无法适应互联网的快速发展，导致效率下降，进而导致劳动密集型制造业总产值比重下降。“互联网+”对资本密集型制造业总产值比重提升具有显著的正向促进作用，“互联网+”水平每提升1单位，会促使资本密集型制造业总产值比重上升0.992%。其原因在于资本密集型制造业也含有一定的互联网需求，劳动力素质相对较高，因而资本密集型制造业的劳动力能够较好地利用互联网，从而促使“互联网+”水平对资本密集型制造业的显著提升。“互联网+”对技术密集型制造业总产值比重提升也具有显著的正向影响，“互联网+”水平每提升1单位，会促使技术密集型制造业总产值比重上升2.88%。由此我们可以看出，虽然“互联网+”对资本密集型和技术密集型制造业具有显著正向的促进作用，但是对技术密集型制造业的影响系数大于对资本密集型制造业的影响系数。其原因可能在于，技术密集型制造业的技术含量更高，劳动力的人力资本水平也相对更高，对互联网的需求更大，因此“互联网+”对技术密集型制造业的促进作用要大于对资本密集型制造业的促进作用。

从控制变量来看，外商直接投资对劳动密集型制造业和资本密集型制造业总产值比重的影响为负且均不显著，其原因可能是随着中国劳动力和资源环境成本上升，发达国家大多已经将劳动密集型和资本密集型制造业转移至发展中国家，因此外商直接投资并没有对劳动密集型制造业和资本密集型制造业产生显著影响。存贷款余额占GDP的比重对劳动密集型和资本密集型制造业总产值比重上升具有显著的抑制作用，对技术密集型制造业具有显著的正向促进作用，这说明当期金融资金主要是流向了技术密集型制造业中，促进了制造业升级转型。研发投入占GDP比重对劳动密集型制造业影响是显著为负的，而对资本密集型制造业和技术密集型制造业影响为正，但是不显著。其原因可能在于劳动密集型制造业对研发的要求不高，因此研发投入比重的提升并不会促进劳动密集型制造业的提升，而资本和技术密集型制造业的研发投入比重不足，没有对资本密集型制造业和技术密集型制造业产生显著影响。城镇化水平的提高对劳动密集型制造业和技术密集型制造业具有正向促进作用，对资本密集型制造业影响不显著。其原因在于城镇化水平的提高有利于促进各类劳动力向城市聚集，而劳动密集型和技术密集型制造业分别对低技能劳动力和高技能劳动力有较大的需求。人力资本存量的提高对劳动密集型制造业具有显著负向影响，对资本和技术密集型制造业具有显著正向影响。其原因在于劳动密集型制造业对劳动力的受教育水平要求不高，而资本密集型和技术密集型制造业则对劳动力的受教育水平要求相对较高。

（五）稳健性检验

为了保证结果的稳健性，本节参考石喜爱等（2017）对“互联网+”的度量方法，以互联网普及率与电信固定资产投资的乘积来表示“互联网+”，它能够更好地反映出互联网的基础设施建设和互联网对社会和制造业产生的重要作用。本节进一步利用该指标来考察“互联网+”对制造业升级的影响。检验结果见表5-11。由表5-11的结果可知，“互联网+”对劳动密集型制造业总产值的比重具有显著负向影响，对资本密集型制造业和技术密集型制造业总产值的比重具有显著正向影响，并且对技术密集型制造业总产值的比重的影响大于对资本密集型制造业的比重的影响，这一结果与表5-10是完全一致的。此外，控制变量的符号和显著性与表5-10也是基本一致的。这些证据表明表5-10的结果是稳健的。

表5-11　稳健性检验结果

指标	(1) $\ln s_1$	(2) $\ln s_2$	(3) $\ln s_3$
L. $\ln s_1$	0.605*** (7.90)	—	—
L. $\ln s_2$	—	0.399*** (6.42)	—
L. $\ln s_3$	—	—	0.187*** (3.60)
IP	-0.000346*** (-3.68)	0.000183*** (1.91)	0.000311* (8.12)
lnFDI	0.00623 (1.02)	0.00129 (0.42)	0.0364*** (4.33)
lnFD	-0.0297 (-0.49)	-0.178*** (-11.20)	0.448*** (10.17)

续表

指标	(1) lns_1	(2) lns_2	(3) lns_3
lnGP	0.409*** (11.30)	-0.134*** (-9.06)	0.0575 (1.38)
lnRD	-0.109*** (-4.25)	0.0186 (1.26)	-0.0504 (-1.04)
lnUR	0.750*** (6.46)	-0.404*** (-4.23)	0.358*** (9.09)
lnHR	-0.441*** (-7.10)	0.205*** (6.93)	0.267*** (4.57)
地区效应	√	√	√
年度效应	√	√	√
AR(1)	0.004	0.001	0.000
AR(2)	0.610	0.780	0.484
Hansen test	0.370	0.365	0.566
N	240	240	240

注：系数估计值下方（ ）内为t值，使用稳健标准误得到；*、**、***分别表示在10%、5%和1%的水平上显著；AR(1)和AR(2)检验的原假设是“系统后方程的残差项不存在一阶（二阶）序列相关”；Hansen test的原假设是“新增加的工具变量是有效的”。

三、结果与分析

本节在梳理文献的基础上，结合理论分析“互联网+”对制造业升级的影响机制，利用2007~2016年间中国30个省份的面板数据，采用系统GMM方法实证检验了“互联网+”对制造业升级的影响机制，在一定程度上克服了因“互联网+”与制造业升级二者之间互为因果关系所造成的内生性问题，弥补了当期相关研究忽略二者之间存在内生性的缺陷和不足。

研究结果显示：(1) 在克服了内生性并控制其他相关因素的条件下，“互联网+”对劳动密集型制造业的总产值比重具有显著抑制作用，对资本密集型制造业和技术密集型制造业的总产值比重具有显著促进作用，但是对技术密集型制造业的促进作用大于对资本密集型制造业的促进作用，因此“互联网+”能够促进我国制造业从劳动密集型产业向资本密集型产业，进而向技术密集型产业转型升级；（2）外商直接投资对劳动密集型制造业和资本密集型制造业总产值的影响不显著，对技术密集型制造业总产值具有显著的正向促进作用；（3）金融发展水平对劳动密集型制造业和资本密集型制造业的总产值具有显著的负向影响，对技术密集型制造业的总产值具有显著的正向影响；（4）政府参与度对劳动密集型制造业和技术密集型制造业具有显著正向影响，对资本密集型制造业具有显著的负向影响；（5）城镇化对劳动密集型制造业和技术密集型制造业具有显著正向影响；（6）人力资本存量对劳动密集型制造业的总产值具有显著的负向影响，对资本密集型制造业和技术密集型制造业的总产值具有显著的正向促进作用。

最后，实证结果表明：“互联网+”对劳动密集型制造业的总产值比重上升具有显著的抑制作用，对资本密集型制造业和技术密集型制造业的总产值比重的上升均具有显著的正向促进作用，并且对技术密集型制造业的总产值比重上升的促进作用要明显大于对资本密集型制造业的总产值比重上升的促进作用。因此，本章通过实证研究显示，“互联网+”显著地促进了我国制造业升级。

第六章

“互联网+”促进制造业升级路径选择研究

邓小平同志说过“无论是革命还是建设，都要注意学习和借鉴外国经验。但是，照抄照搬别国经验、别国模式，从来不能得到成功。这方面我们有过不少教训。把马克思主义的普遍真理同我国的具体实际结合起来，走自己的道路，建设有中国特色的社会主义，这就是我们总结长期历史经验得出的基本结论。”①。尽管我国制造业已经具备了诸多能够促进结构和价值链升级的因素，但是仍与发达国家有较大的差距，想跻身制造业强国阵营必须要改变我国制造业结构升级的不均衡以及全球价值链升级中低竞争力的现状，需要构建完善的政策驱动链促进技术的可持续创新发展并突破产业核心技术的瓶颈，需要通过构建技术驱动链占领中国本土高端市场以及外国高端市场，实现制造业的进一步升级。所以，构建“互联网+”促进制造业升级的技术驱动链是我国制造业强国战略的关键，构建“互联网+”促进制造业升级的市场驱动链是我国制造业强国战略的核心，而构建“互联网+”驱动制造业升级的政策驱动链则是我国制造业强国战略的刚需。纵观历史演变的规律与各国未来的发展战略，根植于我国制造业独特的优势，打破制造业升级定式思维，选择适合我国自己的发展路径，在“互联网+”时代抓住新浪潮带来的新机遇，才能实现我国制造业的新突破，才能够真正抓住“起飞”的机遇，顺势而为。

---

① 邓小平在十二大上致开幕词［OL］. 人民网，http://cpc.pcoplc.com.cn/n1/2016/0803/c69113-28608294.html，2016-8-3.

第一节 构建“互联网+”促进制造业升级技术驱动链

一、“互联网+”促进制造业开放创新驱动路径

《从中国制造走向中国智造》一文指出，自主创新不是闭门造车，更不是单打独斗，不是排斥学习先进，更不是把自己封闭于世界之外。“人类发展进步大潮滚滚向前，世界经济时有波折起伏，但各国走向开放、走向融合的大趋势没有改变。”G20 峰会上习主席的总结是通过近百年的实践得出的结论，更是世界人民的一致期盼。历史也一再向我们证明，闭关锁国是绝不可能促进国家发展的，必须要坚持改革开放才能够真正的强大起来。我国拥有极大的市场资源，但现阶段自主创新能力不足，关键共性技术受制于人让我国难以发挥庞大市场的优势作用。我国制造业必须要积极参与到全球价值链当中，持续开放，持续创新，打造积极、主动、开放、稳定的中国企业形象。新时代的创新必须是开放式创新，因为开放式创新比传统封闭式创新更能够充分利用包括技术和市场信息在内的外部创新资源①。我们要积极促进国家间、跨国企业间科学技术的交流合作，充分利用“互联网+”来获取和交流国内外市场资源、技术资源，共同进步，共同发展。

要持续开放，更加开放，学习先进经验，我们既要立足自身发展，充分发掘创新潜力，也要敞开大门，鼓励新技术、新知识传播。“互联网+”促进制造业技术创新驱动路径，就是在信息、知识和技术的共同促进之下提升企业和产业的创新能力，实现“中国智造”，运用“互联网+”建立的链条式管理体系打造“中国制造品牌”，在巩固原有市场占有率的基础上不断开拓新的生产，在实现制造业国家价值链升级的同时，也有助于建立自主品牌，减弱外国经济波动对我国产业发展的影响。

---

① 陈钰芬，陈劲．开放度对企业技术创新绩效的影响［J］．科学学研究，2008，26（2）．

二、“互联网+”促进制造业多层次可持续创新驱动路径

罗杰·奥斯本认为，技术革新位于整个工业革命的核心位置，如果不能了解技术就很难明白技术在何种程度上改变了世界①。想要推动经济的高质量发展就必须要推动制造业的高质量发展，核心在于推动技术的高质量发展。从工业革命的发展过程中我们可以总结出制造业结构与制造业竞争力是随着技术的发展一同演进的，也就是说技术的革新才是促进制造业可持续发展的重要原因。

（一）制造业升级必须坚持自主创新

决定国家制造业高度的关键在于自主创新的技术研发水平。“技术可以给贫困国家带来希望，但是技术的力量也会产生贫困的陷阱”②，核心技术的拥有绝对是企业制胜的法宝，失去了自主创新只是一味地模仿他国技术，则会让国家陷入路径依赖，被发达国家俘获，并进一步拉大与发达国家之间的技术差距，从而进入“低端锁定”的局面且无法突破。

费希尔和普雷（J. C. Fisher and R. H. Pry）针对技术变革构建预测技术替代数学模型，也即新技术对原有技术替代速度的研究。考虑到技术进步具有竞争性和替代性并且相关联，用数学式表达为：$\frac{1}{f}=\frac{df}{dt}=2a(1-f)$。他们认为当原有技术具有规模经济的特点时，如果一项新技术在这个时期进入市场，对原有技术不会产生挤出效应，相反原有技术在早期阶段的过时现象并不显著。然而，当新技术成熟并实现其经济规模时，随着技术规模的扩大和进步程度的提高，原有技术已不能提高其市场占有率，并出现下降趋势。在后期阶段，原有技术将持续下降甚至完全被替代，如图6-1所示。根据这一模型，结合我国具体发展国情可以指出我国制造业的发展路径必须要考虑不同技术发展时间和对水平的需要来制定不同类型的自主创新驱动路径。

---

① 罗杰·奥斯本．钢铁、蒸汽与资本［M］．北京：电子工业出版社，2016：7.
② 威廉·伊斯特利．经济增长的迷雾［M］．北京：中信出版社，2016：161.

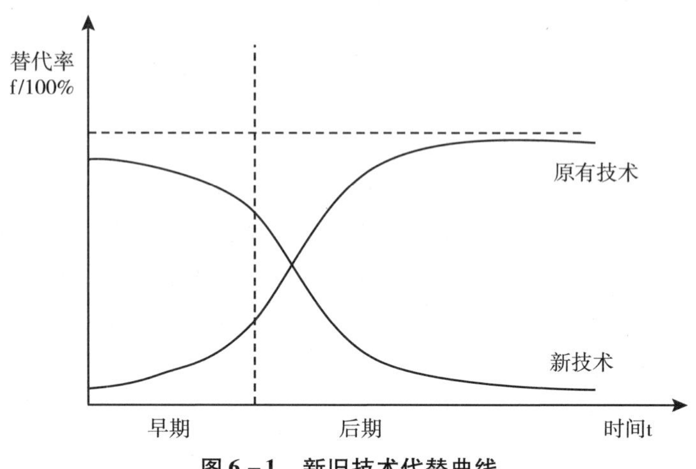

图6-1　新旧技术代替曲线

资料来源：邹樵．共性技术扩散机理与政府行为［M］．武汉：华中科技大学出版社，2015.

1．“互联网+”促进高端技术自主创新路径。

可以说，我国制造业长期依靠技术引进发展的路径已经走到了关键拐点，靠引进技术进行经济赶超是有一定限度的。发达国家为了维护自己在制造业全球价值链中的主导地位，不会轻易把先进技术出售或者交换给我国，依靠技术引进获得的制造业进步已经开始乏力。近年来，西方发达国家均感受到来自“中国制造”的压力，他们认为“中国制造”已经威胁到了他们的国际竞争力，要想保持固有的竞争地位，就必须扼制住中国高端技术的咽喉，也就是牵制住中国的发展。尤其在中美贸易战中以美国为首的西方国家针对中国实施贸易保护战略，严格限制先进技术的出口和交流。2018年美国运用《1974年贸易法》第301条开启的调查指向清晰，就是在扼制中国高技术产业的进一步攀升。2018年4月，美国对中兴通讯股份有限公司执行为期7年的出口禁令；同年10月，美国宣布将对福建省晋华集成电路有限公司实施禁售；12月，在美国的干预下加拿大逮捕了华为技术有限公司高管孟晚舟。面对制造技术在价值链高端环节中遇到发达国家抑制的状况，习总书记在谈到我国科技创新时提到的“形势逼人，挑战逼人，使命逼人”，这是我国高技术制造业现阶段所面临挑战的精准总结。想实现真正的赶超，就必须要在高端技术领域实现突破，建立自己的技术研发体系，真正做到自主创新。

辩证地分析高增加值环节攀升的路径，一方面在企业往中高附加值空间攀升的路径上具有更多的机会、更优厚的利润空间，但是我们也必须要正视其另一方面，也即越是在附加值高的环节，企业受到发达国家阻截的压力越大，越难以得到攀升。发达国家会牢牢扼住技术的咽喉，让后进国家难以复制发达国家先进的技术与知识。我国在坚持走高端技术自主创新的路径中，不可避免地要面对显性升级与隐性升级的矛盾，技术创新投资高、风险大，研发耗时、回报周期长，势必要让行业的经济放缓，企业的发展趋慢。按照全球价值链的发展路径，后进国家的命运就必须被"低端锁定"么？首先，新工业革命的到来为我们提供了一个新技术机遇。"互联网+"作为新旧技术的交叉点，可以推动制造业的变化，缓解甚至冲击在短期经济效益和长期付出之间产生的矛盾。新技术机遇已经培养了庞大的市场需求，我国"互联网+"已经具有的市场规模拉动力以及新的消费需求正在有效刺激整个制造业行业以及企业的创新动力。其次，研究发现产品创新的频率越低，技术发展的轨迹就越可预测，当有机会进入现有的外部环境时，实现追赶的可能性就越大①。根据摩尔定律可知，在"互联网+"行业中，随着时间和技术的发展新的技术会呈现出指数幂的发展趋势，而这也为我国的价值链跃迁打开了第二扇机遇窗口。我国应当重视周期相对较短的新技术范式，抓住"互联网+"带来的机遇并以此为突破口加快全球价值链跃迁的脚步。

2. "互联网+"促进关键共性技术自主创新路径。

除了高端技术自主创新能力弱，我国关键共性技术也受制于人。共性技术具有积累性，也就是说共性技术的发展需要一系列的中间产品。目前我国芯片一年的进口额多达2000多亿美元，芯片设计主要集中在中低端，在高端通用芯片领域的建树不多，尽管有不少突破，但整体上还是落后于国外②。用"缺芯少魂"来形容我国芯片行业一点不为过。面对技术进口的恶性循环，如图6-2所示，面对国际高技术壁垒，如果我国不能突破关键共性技术的自主创新就势必会在技术进口的恶性循环路径中越陷越深。只有坚持走突破自主创新和共性技术创新的路径才能突破路径依赖。想要促进制造业进一步升级，首先，要建立长期的发展规划，保障顶层设计不动摇；其次，需要坚持推进"互联网+"平台建设，以产业集群新模式促进联盟式创新发展，培育顶尖人才，共建创新研发平台攻克难关，才

① Lee K, Lim C. Technological Regimes, Catching-up and Leapfrogging: Findings from the Korean Industries [J]. Research Policy, 1999, 30 (3): 459-483.

② 芯片自主创新要敢于换道超车［OL］. 中国政府网，http://www.gov.cn/xinwen/2018-03/15/content_5274421.htm，2018-3-15.

能够促进我国制造业的持续发展。

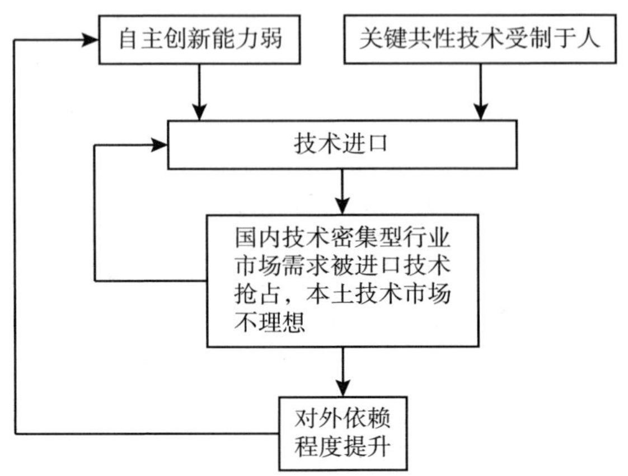

图6－2　技术进口恶性循环路径

（二）制造业升级必须坚持模拟创新和集成创新

制造业全球价值链升级并不是说要求所有行业、所有企业的技术能力都处于高附加值的两端，而是能够在高附加值环节占有相当的竞争地位。在促进制造业全球价值链升级的同时必须要持续促进制造业结构升级，因此在技术水平发展程度不同的地区应当结合本地特殊的情况采取不同的技术路径。我国地区间市场化差距较大，经济处于非均衡的状态之下，要素市场发育和市场流动性存在较大差距，随着高技术产业的发展，发达地区制造业就更容易吸引高素质的劳动力以及良好的投资①，对于西部地区而言，不利的产业升级条件使得产业升级动力不足②，导致地区间出现更大的发展差异，如果一味要求技术的自主创新显然不切实际。

余永泽（2016）在讨论技术后进地区和技术先进地区的技术路径时构建了结合等产量曲线描述技术进步的等技术曲线，如图6－3所示，也就是说最佳技术路径由于技术引进和自主创新的产出弹性不同会呈现出不同的曲线。我国地域广阔，制造业区域发展水平呈现显著的不均衡状态，不同发展水平技术的引进与自主创新的产出弹性相差显著。作为先进地区应当坚持在技术引进的基础上对自主创新能力有所突破；而对于后进地区，

① 刘志彪．经济全球化与中国产业发展［M］．南京：译林出版社，2016：143.
② 张正华．区域产业升级及其机制［M］．昆明：云南大学出版社，2011：185－187.

则应当积极利用先进技术发展基础水平，提升模拟创新和集成创新的能力。

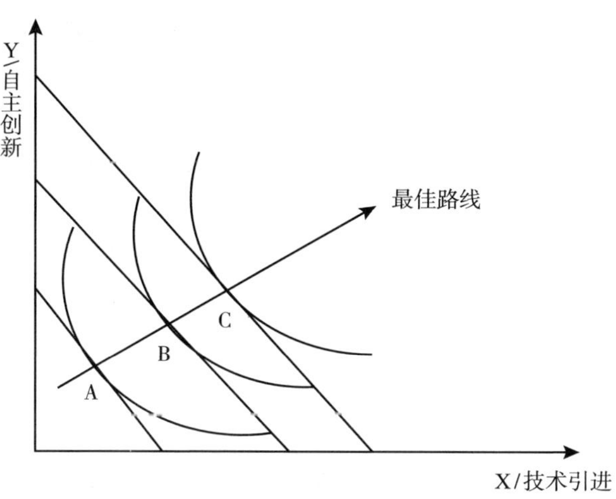

图6-3 技术进步等技术曲线

资料来源：余泳泽．创新驱动战略下中国技术进步的路径选择研究［M］．北京：经济管理出版社，2016：83-84.

我国许多技术的引进仍然处于单纯的使用阶段，没有进入模拟创新和集成创新阶段的能力，更没有进一步地开发和创新；企业长期以技术引进来提升制造业产量和生产能力，但是鲜有将技术引进作为技术创新的基础来看待。如此这般的问题日益突出且普遍，在机理部分，本书研究表明产业集群可以将有限的资源更有效率地利用起来。波特认为企业竞争优势不仅是自己产业链条的发展，更要依靠相关性与支撑性产业的聚集发展，通过“互联网+”打破地域对产业集群的限制，突破制造业的“囚徒困境”，让跨区域之间的产业同样可以共享技术。通过促进技术要素市场的发育和流动，增加中介平台数量，从市场化方面促进西部地区制造业升级，而且进一步提升对制造业技术的吸收和消化水平，做到旧技术的创新和再利用。在后进地区更要注重技术引进的宏观布局，布局好软硬件设施的配套技术；更要把主体从企业扩展到产学研三方，更好地进行技术的消化、吸收和发展。

三、“互联网+”促进制造业协调创新驱动路径

马克思强调“一个工业部门生产方式的变革，必定会引起其他部门生产方式的变革，这首先是指那些因社会分工而孤立起来以至各自生产独立的商品，但又作为总生产过程的阶段而精密联系在一起的工业部门”①。回顾工业革命和技术革命整个演进过程，我们可以看到新技术催生了新行业，而一个行业的升级也会带领其他行业向更高级的状态前进。“互联网+”背景下的技术创新必须走以高技术制造业为主导的协调创新驱动路径。

高技术制造业是新时代国际竞争的核心领域，是全球制造业新格局的核心竞争力，更是中国制造转向中国“智”造的关键方向。主导产业的持续创新升级可以给经济发展带来新的动力。罗斯托认为高技术的发展不仅会推动发达国家经济的发展，还会促使发展中国家的经济起飞，原因在于高技术的发展具有扩散作用和溢出效应。新技术会与新需求发生碰撞，不断引起产业结构的变动；新动力的产生和新材料的不断涌现，使得新产业部门形成并壮大；新技术、新材料、新产业与原有的产业部门发生融合会带动产业的整体升级，带来更大的效益。

发达国家的竞争优势已经从全产业链集中到了高附加值的研发设计环节和营销服务环节，发展中国家从发达国家接过大量低附加值环节，依靠独有的自然资源和劳动力资源禀赋发展经济。伴随着发展中国家经济的上行、技术能力的发展、需求的提升以及资本的积累，使得处于发展中地位的国家已经不再满足于仅仅依靠自然资源和劳动力资源发展经济。我国的发展现状即是如此，再加上其他依靠自然资源和劳动力资源国家的不断涌现，跻身依靠资本和创新驱动经济发展的阵营就是必然的发展路径。和老牌发达国家不同，我国工业化尚未完成，在补课时间之余还需要进行经济赶超是非常艰难的。在我国“高端产业低端环节”问题日益显露时，我国许多高技术制造业，实际上是技术含量较高的劳动密集型制造业，并不是真正的高技术制造业，加之我国制造业缺乏核心技术，发达国家依旧将核心技术纳入囊中，使得我国制造业整体还处于对高端技术简单的运用和改良、仿制阶段，我国的外资研究所多数都是为了获取优惠政策而建立的，

① 马克思恩格斯文集（第5卷）[M]. 北京：人民出版社，2009：440.

研发合作层次也普遍处于低水平，制造业信息化反应速度无法紧跟市场，最终导致在竞争中失去市场。面对竞争日益激烈的国际环境，制造业结构升级和价值链升级刻不容缓。

在六大类高技术制造业中，每一项都与“互联网+”息息相关。我们要通过“互联网+”平台整合和分享医疗资源，促进我国医疗体制改革，提升医药制造领域的技术水平以及效率，提升医疗制造业服务水平。通过“互联网+”关键共性技术领域的突破为航空、航天器及设备制造，电子及通信设备制造，计算机及办公设备制造，医疗仪器设备及仪器仪表制造，信息化学品制造等行业节约成本，提升产品性能、产品工艺与产品质量。抢占技术的制高点，加快高技术产业化和高技术对全产业的带动，能够帮助我国站在新时代的路口，把握时机实现弯道超车，突破核心技术的屏障，实现从制造业价值链低端向高端升级。

第二节 构建“互联网+”促进制造业升级市场驱动链

一、制造业服务化驱动路径

“互联网+”最主要的表现形式就是融合。作为一种新的制造模式，是制造业和服务业的完美融合，在2018年云栖大会上马云说，新制造的竞争力不在于制造本身，而是在于制造背后的创造思想、体验、感受以及服务能力。互联网与现代信息技术服务遇到制造业擦出了“互联网+”思想、体验以及制造服务能力的火花。

传统制造业更注重产品的竞争，而“互联网+”时代的制造业要更注重服务的竞争，制造业生产的不仅是有形的产品，更是一种对需求的感知能力和服务能力。制造业的服务化竞争主要体现在需求服务化、功能服务化、组织服务化和环境服务化四个方面；产品成为服务经济的组成部分，甚至将产品的制造过程变为服务的一个环节，让最终产品以服务的方式被消费①。因为分工的细化发展，自工业化发展以来，生产性服务业的功能

① 王国平．产业升级论［M］．上海：上海人民出版社，2015：40－45.

被独立出来，形成第三产业；随着“互联网+”模式的发展，制造、营销、服务出现一体化趋势，线上线下的融合使得产业界限模糊、产业结构软化，制造业服务化和生产性服务业又出现融合的现象。这种融合在价值链视角下，就是制造业价值链的延伸。

传统的制造业生产的是具体的物，而“互联网+”下的制造业生产的是基于具体的物的感受，强调的是一种价值。产品不再以单一销售数字来衡量产品优劣，产品更多是一种关怀和感动，是能够连接企业与顾客交互的生产结果。根据《关于加快发展生产性服务业促进产业结构调整升级的指导意见》《发展服务型制造专项行动指南》的要求，用技术连接制造和服务的发展模式为制造业提供了远程维护管理的信息服务，设计咨询、开发集成的信息服务，以及协同制造的服务系统与服务平台，并衍生出众包、众创、众扶、众筹等新型业态。以能源加工业为例，通过可再生能源大规模接入、能源消费终端改变消费模式以及储能的广泛应用，与互联网信息技术的结合，形成工业能源利用互联网开展远程技术指导服务和维修服务，让新的能源体系从以供给为中心转为以用户需求服务为中心①。

当然，制造业服务化并不是抛开质量谈价值，制造业服务化的发展是建立在大制造向强制造发展的理念基础之上的。发展服务型制造业必须要以强大的工业制造能力为根基，否则就只能是一句口号，或者是空中楼阁式的假服务。并且制造业对于中国具有重大的意义，可以产生庞大的就业和技术创新的基础，所以要以制造业制造能力实质性的提升与服务化能力的提高作为制造业发展目标，加快推动模式创新、组织创新、业态创新和技术创新，让强大的制造能力延伸服务链条，做到制造业服务化转型，提升产品附加值。

二、“中国质造”和“中国智造”耦合驱动路径

佩蕾丝和苏蒂将技术的发展分为初始引进期和市场成长期，认为不同时期有不同的成本和要求。我国制造业起步晚，底子薄，基础设施相对落后，技术也与发达国家存在显著差距，只依靠庞大劳动力资源和粗犷式生产，在没有资本和经验的情况下嵌入全球价值链低端环节，度过技术的初始引进期并获得发展后，粗犷式发展模式所积累下来的问题和矛盾在我国

① 叶峰．互联网+顶层设计［M］．北京：经济管理出版社，2015：59.

价值链环节攀升中全部暴露出来。近年来，我国制造业增加值率持续下降，技术的高度依赖和上流链主的技术封锁对我国抓住新工业革命的机会造成根本性冲击。加之我国制造业常显示出一窝蜂的发展态势，先进产业为追求政府红利脱离制造能力的坚实根基，不但无法突破来自链主的技术扼制还造成产业的恶性聚集。我国制造业发展应该意识到仅依靠初期技术引进路径是走不通的，直接跳到新技术、新模式路径也是行不通的，必须吃透、吃精旧技术，夯实、提升制造能力，把"中国质造"作为发展根基，"中国智造"作为发展方向，才能打开制造业的新局面。

（一）提升差异化产品制造能力

制造业企业回迁不仅仅是因为发达国家的"再工业化"战略使然，也不仅仅是因为劳动用工成本的提升，更重要的是"互联网+"时代的竞争不再是低成本、大数量的产品竞争，而是来自对客户需求满足程度与市场需求反馈效率的竞争。低成本已经不再是制造业核心竞争力，只有占有市场、贴近客户需求、生产差异化产品才能取胜。在同质化越来越严重的今天，我们需要的不再是局限于不一样的生产能力，更多的是生产不一样产品的能力。差异化产品制造能力提升必须要实精准把握客户信息为基础，让生产无限趋近于客户，并且通过细分客户分布、消费量、消费特点和贡献度等信息掌握异质性产品需求，从而找准产品生产定位和销售策略实现差异化生产。

（二）提升复杂产品制造能力

"中国制造"在全球顾客的认知中不仅代表了廉价和低质，更代表了一种简单和粗暴的加工生产模式。全球顾客思维已经呈现定式，我国制造业产品要想改观就必须要实现质的提升。新兴智能技术的建立可以让制造业通过网络化、数字化、智能化和个性化生产实现对产品的全方位升级。通过将信息和技术植入自动化制造链条，让CAD软件主导设计、CAP系统主导规划、CAM系统执行生产，将精细操控技术融入自动化、机械化、规模化定制生产中，将生产复杂产品的能力发挥到极致。此外市场的竞争就是人才的竞争，制造业复杂产品的制造能力不仅是产业技术的升级，更重要的是要重视劳动者素质从技能型向知识型升级。

（三）进一步提升绿色化制造能力

里夫金认为第三次工业革命核心为能源互联网的五大支柱，分别是向可再生能源转型、可再生能源分散式微型发电厂、使用氢和其他间歇式能源存储技术、基于互联网技术的能源共享网络以及通过共享电网平台交易的插电式和燃料电池动力车①。技术革新让绿色能源的获得门槛越来越低。1970年买一个太阳能发电片要1150美元，今天只需要66美分，低成本、低耗能让德国已经拥有占比超过24%的风力发电，在2017～2018年预计拥有超过38%的太阳能发电，2025年后德国40%的电力将通过可再生能源形式进行发送②。

进一步提升绿色化制造能力也是我国制造业发展的方向。以远景能源研发的基于物联网、云计算、大数据和智能传感的智慧风场Windows™操作系统和EBA体系为例，公司通过大数据Data Ocean建立的风电系统公共信息模型（CIM）和风电场协同控制，已经在美国和中国各大新能源公司投入使用，并且该企业已成为全球最大的智能能源资产管理服务公司。他们设计的系统和模型不仅代表中国先进产业的发展趋势，还带动了中国传统能源智能化、协同化发展。基于在风电领域深厚的技术积累与EnOS™能源物联操作系统，远景能源投资了自己旗下的智慧风场，并提供包括风场选型选址、资源评估、工程设计、工程建设、资产运营等环节的风电场全生命周期整体产品和解决方案，建立全生命周期风场数据闭环验证体系，实现风场投资的误差量化与风险规避，不断提升和改进风场投资收益率。首个智慧风场——广灵电厂，在2016年和2017年等效满发小时数达到3406小时和3200小时，均居山西省第一。远景能源还研发了基于大数据、云计算的格林威治™，为全生命周期风场进行一体化设计，以精准、降本、增效为目标打造的优化版远景能源智慧风场V2.0，提升发电量14%，实现降低工程建设成本350元/kW③。

（四）进一步促进制造模式升级

彼得·马什（2012）认为制造业制造模式可分为五个阶段，分别是少量定制、少量标准化生产、大批量标准化生产、大批量定制和个性化量产。朱瑞博、刘芸（2014）认为制造业的制造范式有四个阶段，分别是单件小批制造、大规模生产、大规模定制、全球化个性化制造。个性化、即

---

① 里夫金．第三次工业革命［M］．北京：中信出版社，2012：31－32.

② 里夫金．共享精神，改变这个星球的命运［J］．中国青年，2016（5）：42－44.

③ 主页［OL］．远景能源官网，https：//www.envision-group.com/cn/windfarm.html，2018－12－21.

时化、快速化的新制造模式有三个特征，第一个是线下线上智能制造，第二个是客户全参与的个性制造，第三个是全产业链的协同制造。

1. 推动智能制造模式。

高技术产品具有时效性，对研发到推广的时间要求极高，智能制造模式让大规模生产与个性化、即时化、快速化制造相连接，极大压缩了产品研发—制造周期。研发端通过 CPS 系统、仿真模拟系统打破传统制造业“经验指导实验”研发模式，转变为“理论预测、实验验证”智能研发模式。生产端通过 MES 系统、APS 系统智能制造技术优化生产流程，提升制造能力，创新产品形式并即时运送到用户手中。但是智能制造并未结束。在新的制造模式下，企业还能通过产品的反馈再次对产品进行修正和创新。2017 年我国规模以上工业企业数字化研发设计工具普及率达到 63.3%、关键工序数控化工具普及率达到 46.4%、生产设备数字化普及率达到 44.8%、数字化设备联网普及率达到 39%①。随着人工智能的进一步发展，人工智能将成为智能制造的标准配置模式，让智能制造呈现深度学习、跨界融合、人机协同、群智开放、自主操控的新特征②。未来的智能制造将会从单维发展为多维，更好地连接生产和服务，优化制造模式，推动中国制造向中国“智”造方向升级。

2. 推动个性化大规模制造模式。

个性化制造是一种交互式制造模式，客户选择和购买过程就是生产的过程。标准化的产品生产让人们对于数量的需求得到极大的满足，产品数量繁多的制造时代进入了一个对质量和花样提出更多要求的新阶段。个性化的大规模生产增加了产品种类，提升了制造的弹性，有别于自动化大规模生产时代地域聚集性生产模式，智能制造技术使得生产可以进行远程操控，出现了更多而且规模更小的分散式生产基地。通过消费需求动态感知技术和大数据集成分析能力，让规模生产和定制化生产合二为一。这种新型生产方式使得产品更接近消费者，在大规模定制时代，产品的附加值提升主要依靠客户的需求来产生，将产品和服务直接对接消费，在节约生产成本的同时提升制造业附加值，拉近制造与消费的距离提高客户忠诚度。以生产鼠标来看，一款智能化定制鼠标是由庞大的实验数据和顾客使用习

---

① 国家统计局工业统计司．改革开放铸就工业辉煌 创新转型做强制造大国——改革开放 40 年经济社会发展成就系列报告之六［OL］．国家统计局官网，http：//www.stats.gov.cn/ztjc/ztfx/ggkf40n/201809/t20180904_1620676.html，2108－9－4.

② 国务院．国务院关于印发新一代人工智能发展规划的通知［OL］．中国政府网，http：//www.gov.cn/zhengce/content/2017－07/20/content_5211996.htm，2017 年 7 月 8 日。

惯数据记录组成的，尽管每一位顾客的需求唯一，但是在智能生产线下只需要让智能生产虚拟仿真系统改变生产数据和生产规格，便可实现大规模生产。个性化大规模制造不仅可以提升企业差异化产品生产能力，还能够提升产品附加值，促进合理生产以降低成本避免资源浪费。

3. 推动协同制造模式。

智能制造和个性化制造的基础来源于协同制造。协同制造就是充分利用智能制造技术，突破制造与服务边界以及企业边界，充分利用信息互联、资源共享将制造终端研发设计、加工制造、物流管理、营销服务的串联模式更改为并联模式，以达到快速制造、即时制造，迅速占领市场并获得顾客忠诚度。在新制造模式下，企业不再是通过低成本高质量低价格产品进行竞争，而是以快速回应市场动态需求为着眼点，协同制造的价值在于为顾客打造零距离感的产品与服务，通过智能制造服务平台，将制造模式与商业模式高度结合。

4. 促进智能制造从技术向平台演变。

促进智能制造从技术向平台演变，通过电商平台和生态供应链减少中间环节，延长价值链条，通过降低智能技术的投资和促进商品流转速度的方式最大程度上减低企业成本，让企业直接服务终端客户，降低交易成本提升产品增加值，进一步提升智能制造、个性化制造和协同制造模式发展水平。2018 年 7 月，为推动互联网与制造业实现深度融合，加快制造强国和网络强国建设，工信部印发《工业互联网平台建设及推广指南》和《工业互联网平台评价方法》，聚焦工业互联网平台发展，采用“互联网+”技术打造交流平台，大力发展大数据与云计算结合产生的数据采集、处理、分析能力，进一步促进制造业智能化发展，促使制造业创造更高的附加值，助力我国制造业向全球产业价值链中高端环节攀升。

三、国家价值链协同发展路径

全球价值链分工是一把“双刃剑”，随着更多依靠廉价劳动力等要素获取利益的国家涌入价值链，发达国家提出的“再工业化”，召回高端制造，进一步提升价值链地位是更多发展中国家面临的难题。今天的中国正在积极应对挑战，提出各项关于“互联网+”的实施战略，新技术和新业态的快速发展也增加了企业获得所需要的资金、技术、能源等的机会。想要突破现实瓶颈，实现制造业全球价值链升级，一方面需要加快我国制造业与信息技术的深度融合，用“互联网+”实现创新驱动制造业价值链升级与跃迁①，另一方面需要通过构建国家价值链实现区域协同发展、实现我国制造业全面升级。

建立与全球价值链接轨的国家价值链体系，与我国脱离国际经济的封闭式国家价值链是完全不同的，我们需要自我循环的国内市场，但是也离不开国际资金、技术和国际市场。在制造一台苹果手机时，美国充分利用自己的自有品牌和软件实力承担手机的整体设计理念以及核心系统的研发；日韩凭借其优秀的研发能力以及产品质量和工艺，对手机的核心部件进行研发和生产，对于日韩提供的核心零部件，多数也是由日韩提供设计，中国大陆地区和台湾地区予以代工；中国依靠高质量、低成本的制造、加工优势对一些非关键部分的零件进行生产，并对整机进行装配；再由美国统一制定销售计划，以分公司的形式由全球各国的宣传营销团队进行销售和服务。根据中国台湾施振荣提出的“微笑曲线”理论，在上述分工之中上游设计和下游服务等工序附加值较高，中部的组装工序附加值较小。但是中游企业通过学习和创新，不仅快速提升了自己的技术水平，还获取了改进企业在分工价值链中地位的机遇，有机会向高端环节进行攀升。要在全球价值链既有的领域保持利润获得的同时，又要打破恶性循环向全球价值链高端进行攀升，就必须要让有能力向微笑曲线两端攀升的企业腾出手来攻克难关，那么构建国家价值链就是解决既要保持利润，又要让有研发潜能的企业腾出手的最好途径。中国的装配工作一直以来依靠的是东部沿海地区庞大的劳动力优势，随着用工荒的来临优势难再。根据新经济地理学的观点，产业最终会向成本更低的地方转移，如果我国组装企业不主动将产业转移到中西部更具有竞争力的地方，上级链主就会选择其他更为低廉的国家。对于我国而言，如果将该部分业务与国家价值链衔接，不但可以解决用工荒的难题，同时还能促进东部地区对于高技术的研发，把优势资源充分利用起来。换一个角度来说，制造业全球价值链升级和国家价值链升级就是一个大命题的两个方面。

当然国家价值链的建立也必须根植于我国的具体国情。我国拥有极大的全产业链优势，大多数制造业都拥有比较完整的生产、销售链条，如果嵌入全球价值链的生产企业成功进行功能升级，就能突破全球价值链中的路径依赖，迅速带动国家价值链下整体链条的生产效率。而因为享有全产

---

① 曾繁华，杨馥华，侯晓东．创新驱动制造业转型升级演化路径研究——基于全球价值链治理视角［J］．贵州社会科学，2016（11）：113－120．

业链，也使得我国制造业企业比其他国家更容易获得功能升级，走向更高端的制造业需求型生产模式。从目前全球价值链的发展路径来看，我国国家价值链的升级路径也同样要遵循工艺升级、产品升级、功能升级和产业链升级的道路，从低附加值向高附加值环节攀升。在实现从低附加值向高附加值的攀升中，存在发展中国家对发达国家的经济赶超，这种赶超存在三种不同的路径，第一是跟随型路径，第二是跨越型路径，第三是创新型路径①。我国制造业内部结构不均衡，空间发展差异较大，价值链低端的制造业需要快速提升产业各项水平，价值链中高端的产业需要构建与世界制造业结构发展趋势相一致的国家制造业，从低成本主导型制造业向创新主导型制造业转变，通过掌握核心技术突破全球价值链中高端跃迁屏障，所以不同阶段的制造业应当通过不同的路径选择，实现在国家价值链和全球价值链中的升级。处于国家价值链中高端环节的制造业，在产业发展中应当明确我国制造业全球价值链跃迁以及制造业结构高度化、合理化的发展路径。我国经济的飞速发展不能离开东部地区外向型经济的带动，但是与此同时，陷入瓶颈的东部地区如果仍旧选择跟随领先者的相同路径不仅会掉入发达国家技术和资本的陷阱，让东部地区制造业发展空间越来越小，还会导致国外技术、资本依赖以及国内资源消耗风险扩大，危害整个国家的经济安全②。企业应该重建自己的创新定位，通过重组、收购、联盟、自我研发等方式进行技术水平的跃迁、创新能力的跃迁、商业模式与价值链条的跃迁发展，并嵌入价值链，改变无选择性的开放模式，从吸引生产型 FDI 向吸引研发型 FDI 转型。通过"互联网+制造业"进入高技术、高附加值、低耗能的中高端环节，并且积极推进产业向中西部转移，更好地把全球价值链和国家价值链在时间和空间上进行有机结合，从而形成我国独有的国际竞争优势，占据全球价值链主导地位。

处于国家价值链低端的制造业企业首先要充分发挥干中学方式的优势，积极承接产业转移。适当地选择跟随型路径发展，在总结东部发展的优劣经验基础之上，通过避免重现低技术、高耗能带来的弊端，以"互联网+制造业"的模式带动地区进行跨越式发展。在跨越式发展路径中，要注重产业转移和技术转移的层次性，针对不同地域、基础设施、资源拥有情况，进行统筹规划。与此同时，中西部企业还要通过跟随型路径快速提

① Lee K, Lim C. Technological regimes, catching-up and leapfrogging: findings from the Korean industries [J]. Research Policy, 1999, 30 (3): 459-483.

② 高煜. 国内价值链 [M]. 北京：中国经济出版社，2010：72-85.

升生产、技术、市场、管理能力，并做好吸收消化新技术的能力建设，逐步从低端代工向包括设计、售后在内的高端生产过渡，实现在国家价值链中的环节升级，并寻找嵌入全球价值链的良好机会构建跨国互信、互动关系，通过国际代工进一步形成企业生产、技术、市场、管理优势，逐渐进入跨越式发展阶段和创新性发展阶段。

四、链条式一体化管理发展路径

波特认为，企业就是设计、生产、销售和发生，辅助产品生产的行为的集合，而新的制造模式要求组织模式必须进一步转变。在传统产品制造以及服务中，每一个环节由该环节金字塔尖的领导进行决策，而这种分散的金字塔尖决策事实上是脱离了熟悉领域以及该领域市场基础数据的决策。“互联网+”下的行为集合与传统供应链不同，通过对市场需求的精准预测、库存优化，以及一站式智能物流管理打造的“互联网+”链条式管理体系打破了分布式金字塔尖的独立决策，以扁平化的组织模式进行信息集成以及信息共享，让产品从研发生产到销售服务整体效率得到最大化的提升，进而缩短了渠道成本、时间成本，提高了决策的科学性，更加提高了顾客体验感在产品价值中的重要地位。

管理学强调管理是科学行为而不是经验行为，必须要运用科学技术来进行管理优化，“互联网+”对管理环节的优化在今天这个经济发展节奏和模式下尤其重要。在产业链竞争的时代，企业之间的竞争已经转化为产业链之间的竞争，单打独斗已不可行，企业发展必须要让整个链条都在管理的范围之内。“互联网+”时代下的管理是多环节并行的管理，美国在2009年提出智能工厂，通过3D模拟仿真技术进行研发设计，比对工艺数据库，然后将数据上传到全集成智能执行系统中进行生产，随即对整个生产过程进行信息的实时跟踪。利用CPS系统、PLM系统等技术完成“互联网+”对产业链的渗入，高效地进行资源配置，掌握每个环节的动态发展情况，降低企业的信息成本，解决信息不对称带来的效率低下问题。建立统一的供应链管理体系，将规范化管理连接到设计、生产、物流、市场和销售每一个环节的全生命周期自动化控制中，缩短企业生产产品、提供产品以及运送产品的时间，更快捷地获得数据共享并再次为决策提供参考依据。通过“互联网+”技术与思想提升企业的管理能力，首先在产业布局上就要抓住“互联网+”带来的新契机，在这个过程中，需要通过大量信息的整合获取前瞻性的布局方向；其次要完善研发设计、制造加工与服务之间的管理链条，以促进外包企业的制造水平以及对市场的准确把握，通过统一标准与实时监管确保产品品质与质量，打破“中国制造”的信誉危机，提升“中国制造”的品牌能力和品牌信誉；最后，通过建立信息网络的贸易平台来进行推广营销，最终形成品牌竞争力，拥有品牌话语权，并形成全球经营网络。

第三节 构建“互联网 +”促进制造业升级政策驱动链

技术创新和制造业升级是历史的产物，是世世代代活动的结果。“其中每一代都立足于前一代所奠定的基础上，继续发展前一代的工业和交往，并随着需要的改变而改变他们的社会制度。”① 科学技术的发展是处于一定的社会制度之中的，社会制度的发展是一个时代发展水平的反映（尤其是制造业的发展水平），所以科学技术的发展、社会制度的制定以及制造业的发展之间存在相互影响和制约的关系。积极有效的政策路径可以促进技术创新、制造业发展，具有滞后性、消极性的政策路径则会阻碍和限制技术创新以及制造业发展。

“互联网 +”发展以及制造业升级的关键在于技术创新，技术创新不是一个单一的创造的过程，而是集合创新过程、商业化、产业化等经济效果和社会影响的统一活动。对于技术创新活动的促进有赖于宏观层面的国家行为，还必须依靠微观层面的企业行为以及社会层面的广泛支持，但无论是宏观、中观抑或是微观层面，都需要选择合适的政策予以引导和扶持，保护以及激励进一步的创新和发展。对于国家层面的政策优化，必须要具有前瞻性，要考虑不同行业的发展水平以及发展目标，提前布局；要注重扶持性政策与功能性政策相结合。对于社会层面的政策优化，应当以促进公平、提升效率为主要发展目标。对于企业层面的政策优化，应当以普惠性平台建设为主要发展方向，正确处理政府与市场的关系，发挥和尊重以企业为主体的市场机制作用，坚持政府服务和引导的企业主体技术创新地位，使企业成为制造业技术创新真正的主体。

---

① 马克思，恩格斯．德意志意识形态（节选本）［M］．北京：人民出版社，2018：20.

一、国家层面的政策优化路径

（一）优化我国制造业创新发展的法治环境

2018年《中国商务环境调查报告》就中美商会会员企业在华经营中认为最大的挑战进行调查的结果显示，自2016年以来“法律、法规执行不一致不清楚”成为最大挑战，并且比例逐年上升。法律的目的是创建一个正义的社会秩序①，是通过对个人利益之间以及其与社会利益之间矛盾的调整以达到共同的发展，要达到这个目的的大前提就是法律具有正式性、阶级性和社会性。实施“互联网+”需要依靠国家意志建立条块结合的统筹结构，打造完整的政策、计划、实施细则，正确表述与生产力相匹配的法律法规；按照一定的权限和程序实施和保障权利的运用，促进生产力的发展。第一应当用好政府这只手，切忌朝令夕改以保证法律法规的权威性，为企业创新与投资提供长期且稳定的支持，保障法律法规对技术创新和制造业发展的促进作用；第二应当处理好市场与政府的关系，正确运用两种手段，既要发挥集中力量办大事的优势，也要尊重市场经济的内在规律，以增强制造业企业创造新模式、新产品、新技术的意愿和能力。

结合各国制定的先进制造业发展策略，我们可以发现各国均在技术服务平台、技术标准与技术安全以及产学研合作、人才培养方面进行国家战略级别的规划，并制定具体实施方案，鉴于此我国“互联网+制造业”发展的具体实施细则和方案上升为国家意志。建立相应的技术服务平台、创新网络、技术标准以及人才培养机制，并且建立相应的监督检查机构促进部分工作的开展。在技术的推广过程中首先应当保证推广工作的配合程度。我国行政部门庞大，相互之间配合程度不高；应当专设相应的创新网络协调机构，保障新技术在审批、合作等环节可顺利通过，保障和促进技术发展以及信息私密性发展，保障技术安全和可推广性，促进新技术在制造业各个部门能快速广泛的应用。其次，积极参与“互联网+”相关技术以及市场标准的制定，国家间技术的竞争需要国家享有更多的知识产权、更好的市场话语权和标准定制权，我国应当重视提升我国技术与国际技术的融合与交流，并且抢占技术主动权。还应重视国家间高技术人才的培养

① 博登海默．法理学、法哲学与法律方法［M］．北京：中国政法大学出版社，1999：318.

与交流，要注重创新能力的培养，支持基础性和创新性的研究和开发，在政策上给予鼓励和引导，促进我国技术水平提升。

（二）优化我国制造业创新发展的市场环境

保障公平、开放的竞争市场，是促进“互联网+”发展、促进制造业创新的基本前提。我国技术市场的导向机制、开放水平以及市场竞争的公平公正环境还需要不断的优化，还需要进一步提升企业和市场的主体地位。只有在公平的市场竞争环境中，资本的逐利性才会开启探索新领域的动机，才会有可持续发展的创新意愿产生，企业才能通过不断的积累进一步促进创新以及对已有技术的推广和扩散，从而带动技术水平的提升、产业的升级。只有更加开放的市场交换才能不断拓展技术的发展空间，拓展制造业产品市场的边界，促进资本的积累和再生产的意愿。

持续发展“互联网+”和制造业，促进制造业与“互联网+”的深度融合需要广泛且深入地听取企业的意见和建议，完善企业参与政策制定的机制和方式，并建立联动和监督体系以促进政策更好的实施。保障了企业在市场中的主体地位才能保证政策制定和实施的有效性和科学性，才能使企业和技术适应市场的能力得到全面的发挥，保证生产和交易的效益性，避免单纯的政治偏好以及非市场化带来的弊端。

（三）促进技术创新的政策环境

保罗·菲利普斯（Paul Phillips，1985）在对马克思和恩格斯法学思想进行研究时指出各个时代都试图用法律，尤其是对财产权的调整来促进工业发展。新时代的竞争，其根本在于技术的竞争，技术的创新要求要妥善处理好公平与效率的关系。为了进一步促进技术创新、保护技术创新成果，必须要完善“互联网+”领域产权的相关规定，尤其是知识产权的制度保障以及政策服务。

第一，必须要完善技术创新激励政策。知识产权是战略性资源，是制造业竞争力的关键，必须要将知识产权的激励放在政府工作的重要位置，对知识产权的激励进行具体的规定，科学地持续性加大投入、完善激励政策刺激创新，通过补贴、税收减免、直接贷款和保险、风险投资、政府采购、标准设置、价格控制、准入许可和生产限制等产业政策来刺激本土技术的创新。要提升科技供给能力，就必须要解决科技研发人员奖励机制不到位、激励政策落实困难、研发经费不足以及研发人员待遇不高等问题，将政策落实到具体的实施办法以及实施细则当中，促进制度创新与技术创新的结合，让科研人员真正地享受到福利。

第二，要完善技术创新成果转化政策。知识产权作为无形资产，其成果的落地与转化一直是实操中的难题。科技成果转换率的计算方式多种多样，尽管得出的数据不同但却都可以得出我国科技成果转换率过低的结论。在知识经济时代，只有知识生产率的提升才能真正促进产业的发展，创新成果产业化就异常重要。要提升我国技术创新成果转化率就必须要完善技术创新转化政策，将技术与市场对接，大力推进以市场为导向的产学研一体化研发—生产—服务机制；通过“互联网+”进一步对资源配置进行优化，促进协同创新。建立发明专利产业化制度，完善专利市场建设，推进创新成果产业化，让技术能够孕育，能够运用，能够发展。搭建技术转化投资平台、公共服务平台、信用体系公示查询平台等中介机构，形成产学研合作网络；建立安全的专利市场，由政府宏观调配平台建设，进行产品整合开发与认证，更好地利用产学研的合作优势，推进企业创新。

第三，要加强技术创新成果的权利保护。只有切实地体会到创新的成果才能更好地促进创新。随着“互联网+”的发展，更多更新的知识产权形成，但信息的无界限和快速传播也让权利的被侵犯出现了更新更隐蔽的形态，对于技术成果的权利保护刻不容缓。首先必须要将知识产权保护与法律手段进行连接，法律具有滞后性，“互联网+”的蓬勃发展显然已经将原有知识产权保护体系甩在身后，新时代的知识产权保护必须要紧跟时代的步伐。2018年8月我国印发《“互联网+”知识产权保护工作方案》，强调必须要通过“互联网+”对知识产权进行严保护、大保护、快保护、同保护。要进一步完善我国知识产权保护法律法规，重视“互联网+”发展中产生的犯罪行为，守住法律底线，保证“互联网+”健康发展，促进制造业持续升级。

要促进多层次可持续的创新发展路径就必须要处理好多层次的贸易政策以及保护政策，要运用、善用贸易政策和保护政策。在技术的成长时期，如果政府的保护政策运用过早、运用幅度过大，会导致我国技术与外国先进技术产生正面竞争，外国技术可能会夺走市场，并对我国技术产生挤出效应；但如果保护政策实施晚、实施幅度小，就会变为保护落后技术的政策，反而抑制了新技术与产业创新能力的发展①。要想防止先进技术

① 刘志彪，郑江淮．价值链上的中国：长三角选择性开放新战略［M］．北京：中国人民大学出版社，2012.

创新萌芽的丧失不但要刺激技术的可持续创新，还必须要在技术创新激励政策中重视保护创新成果的权利，完善制度环节。贸易保护是美国一直以来技术发展的核心观点，尤其是在幼稚产业以及技术萌芽时期。利用产业保护、税收政策、优惠政策来扶持本土企业的创新性发展，贸易保护不是堵死和外界交流的渠道，而是有选择性地使用保护政策，通过部分行业优惠或保护、特殊时期优惠或保护、部分地区优惠或保护与部分行业开放、部分行业减免关税等方式，运用好贸易政策。针对处于模仿吸收阶段的地区或者行业，对于共性技术的保护应当因地制宜，高水平的严格政策不仅会给企业发展带来极大的负担，更会扼杀创新的基础和萌芽，不利于制造业发展。针对处于高技术发展水平的地区或者行业，则必须用法律和政策的手段保护高端，不仅要使高端产业的知识外溢和技术外溢效应留在国内，还要针对高端技术的产权、贸易进行严格的限制和保护。

二、社会层面的政策优化路径

（一）提升全民全社会“互联网+”创新意识

技术的竞争不仅是一国内部的竞争，更是国家之间的竞争，其中技术竞争的关键在于全民全社会的创新意识水平。促进“互联网+”以及制造业发展和升级，必须要继续强化互联网思维，提升“互联网+”创新意识，促进“互联网+”与制造业的深度融合，以实现制造业从中国制造向中国“质”造和中国“智”造方向转型升级。制造业是实体经济的主体，要实现中国经济从高速增长向高质量发展的转变，关键还是要发展实体经济，确切地说是要实现制造业的转型升级，从制造业大国转型升级为制造业强国。“互联网+”作为现代技术进步的典型代表，对中国制造业实现向中国“智”造的转变至关重要，但是“互联网+”不仅是基础设施，更是一种思维，只有这种思维深深根植于制造业的每一个环节，才能真正跟上时代的步伐，真正利用好万物互联的技术，打造中国经济发展新引擎。构建“互联网+”促进制造业升级政策驱动链建立在整个社会都具有积极创新意识和产权保护意识之上，制造业企业必须要强化“互联网+”思维促进高质量发展，全民和全社会也应当积极树立和提升“互联网+”创新意识，只有全民全社会的创新意识提升，才能“让有创新意愿、有创新能力和取得创新成果的人得到社会更多尊重，包括物质和精神层面上得到社会的认可”①，进而才能出现持续的创新思维、创新能力和创新成果。

（二）优化提升多种资源配置方式

构建“互联网+”促进制造业升级政策驱动链必须优化和提升多种资源的配置方式。首先，是对人才资源的优化配置。应当大力引进和培育既懂制造业和又懂“互联网+”的复合型高端人才，坚持走人才强国的道路。对于高端顶尖人才可以采取“引进+培育”的模式，提升制造业与“互联网+”相互融合的高端人才的质量；对于技术操作型人才则可以培育为主，构建产学研用相结合的实训基地，对技术人员实行理论和技能培训；更要做到有组织的创新、万众创新和开发创新，抓住新一轮历史改革的浪潮，提升制造业持续性升级的能力。其次，必须优化对教育资源的配置方式。技术和人才的基础是教育，只有教育的普及以及教育水平的持续提升才能更好地发挥我国人口红利的优势地位，摆脱低端竞争、高端遇阻的艰难困境，真正实现制造强国战略目标。最后，应当积极完善对技术创新社会资本投入的优化配置。要重视社会资本的引进和技术投资资本的配置方式，通过民间金融服务平台完善我国投资体系，通过改善实体经济融资环境更好地促进资本与科技的融合。此外，还应当学习德国政府搭建公共技术服务平台，让“互联网+”带来的技术惠及中小企业，更好地推进共性技术的发展和运用。

（三）完善基础设施和公共事业领域建设

构建“互联网+”促进制造业升级政策驱动链，要完善基础设施和公共事业领域建设。第一，我国地域广阔，不同地区经济发展水平差异较大，要缩小我国产业结构的空间差距必须要提高相对落后地区的信息通信和交通体系基础设施建设水平，加大政府补贴和公共要素的投入，切实利用好“互联网+”，大力推广和学习成熟试验区、创新区的发展经验，整合落后地区优势资源加大其获得投资的可能性，才能在地理界限和时间界限方面减小经济发展的不均衡，以促进制造业结构升级和制造业全球价值链、国家价值链的协同发展。第二，打造一批线上线下结合的开放式双创空间，积极尝试“互联网+”新模式创新范式。第三，要完善社会信用体系建设，建立配套法律制度、信用数据库和信用信息共享制度，避免因少

---

① 创新是引领发展的第一动力［OL］. 人民网，http：//ip. people. com. cn/GB/n1/2018/0320/c179 663－29878228. html. 2018－3－20.

数企业诚信缺失带来制造业企业信贷难问题。第四，要有计划地放开互联网访问及审查制度，尤其是针对学术访问外网的速度以及网站范围进行提升。

三、企业层面的政策优化路径

（一）实施多层次差异化“互联网+”发展策略

促进“互联网+”与制造业企业深度融合的具体实施政策必须是小而细，必须是针对不同类型制造业企业本身的发展特质，结合新技术的运用来实施不同的“互联网+”策略。本书规范分析和实证分析的结果表明，“互联网+”对劳动密集型制造业总产值的提升作用是具有抑制效应的，其原因在于一部分高产值劳动密集型制造业在自身产业升级的过程中由于受到新技术的冲击得到结构升级机遇，向资本密集型制造业和技术密集型制造业转型，从而导致劳动密集型制造业产值下降；一部分劳动密集型制造业受到技术冲击后，不但不能从工艺和产品上获得突破，还无法跟上时代潮流进行新产业新业态的开拓而遭到淘汰。对于资本密集型制造业和技术密集型制造业总产值来说，“互联网+”与制造业的融合显示出了显著的正向影响作用，不仅有效地促进了产值的增长，还极大地开拓了产业的新业态和新模式。

由此可见，对于不同类型的制造业企业应当实施多层次差异化“互联网+”发展策略，以结合企业实际的发展情况有的放矢。对于传统的劳动密集型制造业不应该单一地强调“互联网+”，而是应该大力提升产品的技术含量和附加值，进一步提升差异化产品的制造能力、提升复杂产品的制造能力，以及产品绿色化制造能力，在坚守传统技艺的基础上选择性融入新技术新工具，开拓不同发展模式和发展方向来提升附加值获得竞争力。而对于资本和技术密集型制造业则应该大力促进其与“互联网+”的深度融合，大力培育新产品和新业态，进一步促进制造业向智能化、协同化、个性化、即时化制造模式升级，促进智能制造从技术向平台演变，以求更好、更高的历史性发展机遇，获得更高的竞争地位。

（二）打造产学研金协同创新驱动链

在新常态下，我国经济增长动力不足，制造业存在成本优势边际递减的困难，我国现阶段的创新模式不能够很好地解决我国制造业企业创新能力不足的现况。想规避制造业“低端锁定”和“路径依赖”需要建立更适宜制造业转型升级的协同创新驱动链。根据2017年国家统计局科技活动数据，我们可以看出，我国高等院校技术水平较高，但由于总经费相对较少，其科技活动产出较工业企业来说数量少、规模小；工业企业投资高，但根据资金产出量来看技术水平明显低于高等院校。产学研金协同创新体系的建设是为大学、科研机构、产业界以及金融机构等之间构建良好合作的桥梁，运用大学和科研机构现有的人力和设备等资源和水平，以及金融机构的财力和融资手段推动制造业转型升级，提升科学技术研究成果的转化率，推动经济的发展和科技进步。产学研金协同创新是一项系统工程，是国家进行产业优化的顶层设计，需要针对企业层级进行更好的政策体系构建，详见表6-1。

表6-1 2017年国家统计局科技活动数据

指标	高等学校	科研开发机构	规模以上工业企业
专利申请受理数（件）	277524	56267	817037
发明专利申请受理数（件）	157131	43426	320626
R&D经费支出（亿元）	1265.96	2435.70	12012.96
专利申请单位资金产出量（件/亿元）	219.22	23.10	68.01
发明专利申请单位资金产出量（件/亿元）	124.12	17.83	26.69

资料来源：整理自《中国科技统计年鉴2017》。

首先，产学研金协同创新需要建立有效配合的协同创新主体模式。统筹规划、统一管理和使用共享成果，构建以企业为主导的产学研金协同创新新模式。通过学研机构合作研发降低企业交易成本，推动企业创新以及为企业培养新兴人才，资源共享和人才共用的协同创新机制可以提升产学研内部信息交流和技术转让的效率和效果；改善各创新主体之间缺乏战略意识和制约机制的现状，建立适宜的分工合作机制和风险利益分配机制驱动制造业转型升级。考虑到制造业供给侧和需求侧的发展，产学研金协同创新是一种更有机的结合，通过建立合理的分工合作机制和约束激励机制来规范产学研金协同创新中各个主体行为，结合我国制造业产业的特色，调动制造业企业的积极性和主观能动性，加快产学研金协同创新合作成果的转化，促进和提高协同创新的效率，驱动制造业产业转型升级。其次，建立孵化联盟机构，综合性开展多元化研究，激励更多创新企业，激发更多的创新成果。最后，应当完善创新金融政策。外部资金跟不上，企业研发投入严重不足使得以往的科研工作难以实现知识与资本的结合。技术创新是一个收益与风险并存的矛盾体，这使得企业从银行的贷款成功率逐年下降，而且我国制造业企业投融资渠道少，融资服务体系不完善，制造业企业想要创新、想要突破瓶颈就必须完善创新金融政策。通过构建风险投资体系，完善信用机制增加金融机构与企业间的信贷率，为科研创新提供更多投资，让金融体系更好地与企业研发接轨和融合，从而达到共赢。

（三）打造平台创新驱动链

打造“互联网+”公共服务平台，加快形成制造业网络化产业生态体系以及信息共享平台，提高资源配置效率。首先，信息化、数字化、网络化、智能化是现代制造业的发展趋势，但是高额的研发经费使得每个企业都进行自我研发是不现实的。平台经济具有外部性、开放性、低成本复制性以及带动性，通过“互联网+”产业生态体系和信息共享平台的搭建可以使得企业走向信息化、数字化、网络化、智能化的门槛降低，借由现代信息技术共享、互联网平台服务，以租用或者购买服务的方式，让高端技术产品转化为易于生产的零件与易于上手的操作，以实现技术共享和产品平台化。其次，作为现代通信技术的典型代表，互联网是促进企业之间高效率地分享交易信息的有效手段。搭建“互联网+”公共服务平台显著刺激共享能力的提升，增强技术溢出效益，促进和激发市场协作，提升整体竞争水平，更好地发展基于“互联网+”公共服务平台的技术推广与应用，让技术资源的优化配置促进我国制造业工业2.0、3.0与4.0升级齐头并进。更重要的是，“互联网+”平台的建设可以让不同地区、不同组织的技术创新主体通过某一具体产品或技术融合在一起，以软件为例，可以通过代码共享来迅速提升计算机软件水平。“互联网+”平台的搭建还可以通过提高中小企业的利润率、降低投入成本，促进创业投资平台了解中小企业，以便更好地解决中小企业在创新层面遇到的关于动力不足、风险过大、融资困难的问题，以此提升中小企业的创新意愿和创新能力。

第七章

结论与展望

本书基于马克思技术进步思想，借鉴西方创新理论对“互联网+”促进制造业升级进行深入分析。通过对四次工业革命、各国先进制造业与“互联网+”相关发展战略进行梳理来剖析“互联网+”促进制造业升级的机遇和升级的必然性；在系统梳理前沿文献基础上，利用历史分析与对比分析相结合、规范分析与实证分析相结合的研究方法进一步研究“互联网+”促进制造业升级的机理与路径。本书的研究结论包括以下几个方面。

第一，本书对“互联网+”内涵进行界定，并完善和明晰“互联网+”驱动力。“互联网+”是生产工具发展到智能时代的产物，它拓展了技术的内涵，将技术从其本体范畴拓展到涵盖了与其他产业融合产生的新范畴，“互联网+”是技术本身对过往实践的总结和更迭，可以肯定的是技术的发展是制造业升级的决定性因素，但“互联网+”促进制造业升级的动因并不仅仅是依靠技术工具革新带来的影响。本书通过对历次工业革命的梳理结果表明需求、人力资本、能源机制以及制度水平都对制造业发展起到促进作用，发展到“互联网+”时代更是包含技术基础驱动力和技术与其他产业融合产生的融合驱动力，“互联网+”市场多层次拉动力以及“互联网+”相关政策支撑力。此外，在“互联网+”时代，生产工具、劳动对象以及劳动力的内涵也获得了扩展，产生质的变化。生产工具不再是一件孤立的物品而是承载了一系列有序分工的存在，是包含物联网、大数据、云计算、人工智能等技术的有机结合，技术进步直接作用于生产工具之上，并对劳动对象和劳动力产生积极影响。在“互联网+”时代庞大的数据削弱了资本的重要性，劳动者作为知识拥有者获得了空前解放，谁掌有信息和数据谁就是“资本”的拥有者，就能够创造和积累更多的财富。

第二，本书通过对四次工业革命、各国先进制造业与“互联网+”的相关发展战略进行梳理，指出制造业升级的目的、本质、表现形式以及关键突破方向。我国制造业发展目标是要从制造业大国升级为制造业强国，从升级的动态过程来看，制造业强国是制造业产业间与产业内的共同升级，其实质就是制造业由低级生产要素向高级生产要素升级，低附加值向高附加值状态升级，以及低级生产要素和低附加值状态向高级生产要素、高附加值状态交互升级的演变过程。对我国而言，制造业升级的最终目的是打造制造业强国，是通过对制造业全球价值链和产业结构的不断升级，提升制造业竞争力，从相对的后进地位追赶并迈入制造业强国阵营。

制造业升级与制造业竞争力的提升是协同演化的。通过对制造业结构升级以及价值链升级一般规律的梳理和总结可以看出制造业升级是沿着效率更高的方向进行延伸，无论是从轻纺工业到重化工业阶段，还是低附加值加工环节到高附加值研发营销环节，其实质就是劳动密集型向资本密集型和技术密集型环节以及行业升级。打造制造业强国，提升制造业竞争力就需要不断促进制造业升级，其表现形式就是一国劳动密集型制造业占比不断下降，资本密集型制造业占比先上升后下降，技术密集型制造业比重不断增加的过程。也即知识要素和技术要素取代资本要素和劳动力要素的升级过程。

各国先进制造业战略表明新工业革命大门的钥匙就是“互联网+”，各国政府均制定了本国关于“互联网+制造业”的相关战略以及坐标，先后建立技术服务平台、创新网络、技术标准和人才培养机制抢占新方向转型的领先地位，并通过技术垄断保持制造业竞争力。发展中国家制造业频频遭遇发达国家技术壁垒难以发展，身处前堵后追困境的中国必须重视历史发展的新机遇，在提升“中国质造”基础上强力发展“中国智造”，进一步提升开放环境下的核心技术控制能力，为跻身制造业强国阵营创造条件。

第三，本书通过历史分析和理论分析提出“互联网+”促进制造业升级动力因素，结合技术—经济—制度协同演化模型、技术创新动力三元论模型以及经济增长四要素模型提出“互联网+”聚合驱动力，并结合产业结构升级与价值链升级视角对“互联网+”促进制造业升级机理进行探析。

在一国封闭经济环境内，制造业升级的本质是由低级生产要素向高级生产要素升级。针对劳动密集型制造业来说，其升级的关键在于低成本的优势竞争、不断提高的劳动生产率以及资源配置能力；“互联网+”通过促进制造业提升效率、降低成本并有效地促进市场资源配置能力的优化以解决生产效率和消费效率的矛盾，促进了劳动密集型制造业的升级。“互联网+”通过打破传统产业聚集的边界性重构了制造业的聚集模式以促进共性技术的扩散，通过促进制造业内需市场与出口市场的拓展，以及重构制造业融资渠道从而促进了资本密集型制造业的发展。制造业升级需要攀登知识和技术的制高点并利用知识和技术促进制造业结构全面升级，突破我国长期以来进口替代和循环引进的怪圈，改善我国从代工—山寨向自主创新模式的转型，而只有掌握核心技术才能真正实现技术密集型制造业的跨越式发展。“互联网+”通过平台服务促进创新成果的转移扩散和应用，打破信息孤岛从而促进制造业的自主创新，促进技术密集型制造业的升级。

当一国进入全球价值链后，可以通过承接上游链主的低附加值环节来获取技术进步以及资本积累，但我国已进入“低端难留，高端遇阻”的发展状态中，必须要通过制造业价值链横向扩张、纵向渗透以及价值链整体跃迁来突破链主控制获得竞争力。在横向扩张阶段，“互联网+”通过促进制造业效率提升获得成本优势，通过引进自动化、规模化生产工具促进制造业工艺升级以及产品升级。在纵向渗透阶段，通过“互联网+”智能制造模式、商业模式对既有生产资料进行重组，打造智能化、即时化、服务—研发一体化的新制造以获得更多优势参与到高附加环节。在价值链整体跃迁阶段，“互联网+”的无边界性和协同性促进多产业融合发展产生新模式、新业态和新产品，使得企业获得多价值链发展的机遇和可能性，并通过服务—研发一体化制造模式让研发环节与服务环节嵌入价值链中端，以促进价值链中端的附加值提升。

第四，首先，本书构建“互联网+”综合发展评价指标体系，通过主成分分析法得出综合评价分数，结果显示我国各省份“互联网+”发展的主要影响来自“互联网+”发展水平；“互联网+”综合发展水平呈现东高西低的态势，发展水平不均衡具有极大的地区差异，领跑省份多数聚集在东部地区呈现显著优势，西部地区整体处于落后地位；从总体发展趋势来看，我国“互联网+”综合发展水平在持续上升，中西部地区“互联网+”综合发展水平还具有很大上升空间。其次，本书利用2007~2016年间中国30个省份的面板数据，采用系统GMM方法实证检验了“互联网+”对制造业产业升级的影响机制，在一定程度上克服了因“互联网+”与制造业产业升级二者之间互为因果关系所造成的内生性问题，弥补了当期相关研究忽略二者之间存在内生性的缺陷和不足。结果表明：“互联网+”对劳动密集型制造业比重上升具有显著的抑制作用，对资本密集型制造业和技术密集型制造业比重的上升均具有显著的正向促进作用，并且对技术密集型制造业比重上升的促进作用要明显大于对资本密集型制造业比重上升的促进作用。结合第一点结论可知，“互联网+”显著地促进了中国制造业升级。

第五，首先，本书结合“互联网+”驱动制造业升级的动力因素以及机理，创新性地提出“互联网+”促进制造业升级路径的现实性选择。我国制造业升级必须要打破制造业升级定式思维，选择适合我国自己的发展路径，抓住新浪潮带来的新机遇，实现新突破。我国制造业长期依靠技术引进发展的路径已经走到了关键拐点，从制造业发展历史中不难看出，靠引进技术进行经济赶超是有一定限度的。发达国家为了维护自己在制造业全球价值链中的主导地位，不会轻易把先进技术出售或者交换给我国，依靠技术引进获得的制造业进步已经开始乏力。我国制造业升级必须要坚持开放创新驱动路径、多层次可持续创新驱动路径以及制造业协调创新驱动路径从而促进“互联网+”技术与制造技术的发展，应结合本地特殊的情况采取不同技术路径改善我国发展不均衡的现状，促进产业的整体升级。

其次，要大力发展制造业服务化驱动路径提升制造能力与服务能力，获得价值链延伸所创造的高附加值；通过“互联网+”制造模式以及差异化产品、复杂产品的制造能力以及绿色化制造能力的提升，促进“中国质造”与“中国智造”结合，打开中国制造新局面；构建国家价值链协同发展路径以及链条式一体化管理发展路径打破恶性循环，进一步提升制造能力和品牌能力，让中国制造向高附加值环节攀升。

最后，研究表明各国先进制造战略具有发展策略上的一致性，其重点均放在发展先进技术之上，以促进“未来制造”的智能发展，就此应在技术服务平台、技术标准与技术安全以及官产学研合作与人才培养方面进行大力支持。基于理论分析与实证分析，本书提出国家层面的政策优化必须要具有前瞻性，要考虑不同行业的发展水平以及发展目标，提前布局；要注重扶持性政策与功能性政策相结合。社会层面的政策优化应当以促进公平、提升效率为主要发展目标。企业层面的政策优化应当以普惠性平台建设为主要发展方向，正确处理政府与市场的关系，发挥和尊重以企业为主体的市场机制作用，坚持政府服务和引导的企业主体技术创新地位，使企业成为制造业技术创新真正的主体。

在经济学研究中，制造业升级具有战略性的地位；近年来，对于“创新”的研究也越来越广泛；面对又一场新工业革命，如何才能把握机遇，运用创新、用好创新来促进制造业升级，已经获得越来越多学者的关注。“互联网 +”这个词语面世的时间不长，却已经翻起新时代的巨浪，历史的发展伴随着竞争，先进制造业的发展水平决定了各国竞争力，新革命为我们提供了更多机遇，让我国拥有像华为、远景这样能够在国际制造业中占有一席地位的高技术制造业。在“互联网 +”风口之下，我国制造业的实际处境是在悬崖峭壁之上，左手边是新革命给予可以继续攀越顶峰的希望之绳，而右手边就是无边黑暗。空中楼阁式的发展不但不可能真正抓住时代的机遇，还会让我国工业化进程中断甚至夭折。想要突破“红皇后”效应实现制造强国战略，实现国家赶超，不仅要把握住时代的风口顺势而为，还需要脚踏实地吸收和学习先进技术，突破智能制造技术中自主创新的难关。制造业发展之路就在脚下，但是想要突破遏制达到强国阵营，不仅需要顺风而行，更需要脚踏实地。

参 考 文 献

[1] 奥拓·布劳克曼. 智能制造：未来工业模式和业态的颠覆与重构 [M]. 北京：机械工业出版社，2015.

[2] 白嘉. 模块化产业组织技术创新与产业升级 [M]. 北京：中国经济出版社，2013.

[3] 彼得·马什. 新工业革命 [M]. 北京：中信出版社，2013.

[4] 蔡晓月. 熊彼特式创新的经济学分析：创新原域、连接与变迁 [M]. 上海：复旦大学出版社，2009.

[5] 曾繁华，杨馥华，侯晓东. 创新驱动制造业转型升级演化路径研究——基于全球价值链治理视角 [J]. 贵州社会科学，2016 (11)：113 - 120.

[6] 曾繁华. 积极创造从外延型为主的扩大再生产转移到内涵型为主的扩大再生产的条件 [J]. 北京社会科学，1987 (4)：111 - 115.

[7] 陈爱贞. 全球竞争下中国装备制造业升级制约与突破 [M]. 北京：经济科学出版社，2012.

[8] 陈刚. 技术资本、要素资本结构与企业发展 [M]. 北京：中国经济出版社，2014.

[9] 陈劲，贾根良. 理解熊彼特 [M]. 北京：清华大学出版社，2013.

[10] 陈禹，王明明. 信息经济学教程 [M]. 北京：清华大学出版社，2014.

[11] 程恩富，马艳. 高级现代政治经济学 [M]. 上海：上海财经大学出版社，2012.

[12] 程恩富等. "互联网 +" 时代马克思主义基本原理 [M]. 北京：中国政法大学出版社，2016.

[13] 大数据战略重点实验室. DT 时代 [M]. 北京：中信出版社，2016：4 + 15 - 25.

[14] 大卫·哈维. 跟大卫·哈维读《资本论》(第二卷) [M]. 上

海：上海译文出版社，2016.

［15］大卫·哈维．跟大卫·哈维读《资本论》（第一卷）［M］．上海：上海译文出版社，2014.

［16］道格拉斯·布林克利．福特传：他的公司和一个进步的世纪［M］．北京：中信出版社，2016.

［17］丁冰．瑞典学派［M］．湖北：武汉出版社，1996.

［18］E. A. 里格利．延续、偶然与变迁［M］．杭州：浙江大学出版社，2013.

［19］恩格斯．反杜林论［M］．北京：人民出版社，2018.

［20］费尔南·布罗代尔．15至18世纪的物质文明、经济和资本主义［M］．北京：生活·读书·新知三联书店，1992.

［21］冯飞．第三次工业革命：中国产业的历史性机遇［M］．北京：中国发展出版社，2014.

［22］弗里曼．光阴似箭：从工业革命到信息革命［M］．北京：中国人民大学出版社，2007.

［23］高伯文．中国共产党与中国特色工业化道路［M］．北京：中央编译出版社，2008.

［24］高煜．国内价值链［M］．北京：中国经济出版社，2010：72－85.

［25］高煜．国内价值链构建中的产业升级机理研究［M］．北京：中国经济出版社，2011：121－132.

［26］G. 多西．技术进步与经济理论［M］．北京：经济科学出版社，1992.

［27］龚刚，马丽．从中美贸易战看中国对外开放模式的转型［J］．财经论丛，2018（11）：1－13.

［28］龚刚．论新常态下的供给侧改革［J］．南开学报（哲学社会科学版），2016（2）：13－20.

［29］辜胜阻等．让“互联网＋”行动计划引领新一轮创业浪潮［J］．科学学研究，2016，34（2）：161－165.

［30］辜胜阻等．创新与高技术产业化［M］．湖北：武汉大学出版社，2001.

［31］顾新建．制造业信息化导论［M］．杭州：浙江大学出版社，2010.

［32］郭朝晖，靳小越．“互联网＋”行动驱动产业结构变迁的实证

研究——基于2005—2014年长江经济带面板数据［J］. 产经评论，2017（4）.

［33］郭克莎. 差距与赶超［M］. 北京：中国城市出版社，2001.

［34］郭庆然. 中国制造业结构变动研究：1953—2011［M］. 北京：人民出版社，2014.

［35］国家发展和改革委员会产业经济与技术经济研究所. 中国产业发展报告：我国产业创新与转型升级研究［M］. 北京：中国市场出版社，2015.

［36］国家发展和改革委员会产业经济与技术经济研究所. 中国产业发展报告：2017——迈向中高端的产业发展［M］. 北京：经济科学出版社，2017.

［37］国家统计局统计科学研究所. 中国信息化发展指数统计检测年度报告2013［M］. 北京：中国统计出版社，2014.

［38］贺俊. 科学的生产与转化［M］. 北京：经济管理出版社，2010.

［39］侯晓东. 结构性供给失衡与中国经济发展动力转换研究［D］. 武汉：中南财经政法大学，2017.

［40］黄群慧，李晓华，贺俊. “十三五”时期工业转型升级的方向与政策［M］. 北京：社会科学文献出版社，2016.

［41］黄兆银，王峰. 全球竞争中的“中国制造”［M］. 武汉：武汉大学出版社，2006.

［42］霍利斯·钱纳里，谢尔曼·鲁宾逊，摩西·赛尔奎因等. 工业化和经济增长的比较研究［M］. 上海：格致出版社等，2015.

［43］纪玉俊，张彦彦. 互联网+背景下的制造业升级：机理及测度［J］. 中国科技论坛，2017（3）.

［44］季良玉. 技术创新影响中国制造业转型升级的路径研究［D］. 南京：东南大学，2016.

［45］姜泽华. 中国产业结构升级模式［M］. 北京：知识产权出版社，2005.

［46］杰里米·里夫金. 共享精神，改变这个星球的命运［J］. 中国青年，2016（5）：42-44.

［47］杰里米·里夫金. 零边际成本社会［M］. 北京：中信出版社，2014.

［48］卡萝塔·佩蕾丝. 技术革命与金融资本［M］. 北京：中国人民大学出版社，2007.

[49] 克劳斯·施瓦布等．第四次工业革命转型的力量 [M]. 北京：中信出版社，2016.

[50] 克里斯·安德森．创客：新工业革命 [M]. 北京：中信出版社，2012.

[51] 孔剑平，黄卫挺．互联网+：政府与企业行动指南 [M]. 北京：中信出版社，2015.

[52] 孔经纬．简明中国经济史 [M]. 长春：吉林大学出版社，1986.

[53] 李根，于飞，陈劲．经济赶超的熊彼特分析：知识、路径创新和中等收入陷阱 [M]. 北京：清华大学出版社，2016.

[54] 李寒娜．我国产业赶超的机制与实现路径研究 [M]. 北京：中国经济出版社，2017.

[55] 李杰，倪军，王安正等．从大数据到智慧生产与服务创新 [M]. 台湾：前程文化事业有限公司，2017.

[56] 李克等．第四次工业革命 [M]. 北京：北京理工大学出版社，2015.

[57] 李彦宏．智能革命 [M]. 北京：中信出版社，2017.

[58] 里夫金．第三次工业革命：新经济模式如何改变世界 [M]. 北京：中信出版社，2012.

[59] 厉以宁．工业化和制度调整 [M]. 北京：商务印书馆，2010.

[60] 梁运文，劳可夫．网络分割、创新借势与中国国家"创新驱动"发展断裂突破——基于国家竞争优势拓展的视角 [J]. 经济理论与经济管理，2010，V (3)：23-31.

[61] 中共中央马克思恩格斯列宁斯大林著作编译局．列宁全集：第三卷 [M]. 北京：人民出版社，1984.

[62] 林毅夫．中国的奇迹：发展战略与经济改革 [M]. 上海：上海人民出版社，1999.

[63] 刘军，石喜爱．"互联网+"是否能促进产业聚集——基于2007—2014年省级面板数据的检验 [J]. 中国科技论坛，2018 (4)：66-72.

[64] 刘晓云．马克思恩格斯学说与现代理论 [M]. 北京：中国社会出版社，2009.

[65] 刘志彪，张杰．从融入全球价值链到构建国家价值链 [J]. 学术月刊，2009 (9)：59-68.

[66] 刘志彪，郑江淮．价值链上的中国：长三角选择性开放新战略［M］．北京：中国人民大学出版社，2012.

[67] 刘志彪．经济全球化与中国产业发展［M］．南京：译林出版社，2016.

[68] 刘志彪．以国内价值链的构建实现区域经济协调发展［J］．广西财经学院学报，2017，30（5）：20－23.

[69] 卢卡斯．为什么资本不从富国流向穷国［M］．北京：中国人民大学出版社，2016.

[70] 卢森贝．《资本论》注释（第一卷）［M］．北京：人民出版社，1963.

[71] 卢现祥，朱巧玲．新制度经济学［M］．北京：北京大学出版社，2012.

[72] 路易·阿尔都塞等．读《资本论》［M］．北京：中央编译出版社，2008.

[73] 罗伯特·艾伦．近代英国工业革命揭秘［M］．杭州：浙江大学出版社，2012.

[74] 罗杰·奥斯本．钢铁、蒸汽与资本［M］．北京：电子工业出版社，2016.

[75] 罗斯托．这一切是怎么开始的［M］．北京：商务印书馆，2014.

[76] 罗斯托．从起飞进入持续增长的经济学［M］．北京：人民出版社，1988.

[77] 罗斯托．经济增长的阶段［M］．北京：中国社会科学出版社，2001.

[78] 罗志如．二十世纪的英国经济［M］．北京：人民出版社，1982.

[79] 吕明元，陈磊．“互联网+”对产业结构生态化转型影响的实证分析——基于上海市2000—2013年数据［J］．上海经济研究，2016（9）：110－121.

[80] 吕铁．技术经济范式协同转变与战略性新兴产业发展［M］．北京：中国社会科学出版社，2014.

[81] 马克思，恩格斯．德意志意识形态（节选本）［M］．北京：人民出版社，2018.

[82] 马克思恩格斯选集（第一卷）［M］．北京：人民出版社，2012.

[83] 马克思恩格斯文集（第五卷）［M］．北京：人民出版社，2009.

[84] 马克思恩格斯全集（第八卷）[M]. 北京：人民出版社，2009.
[85] 马克思恩格斯全集（第十二卷）[M]. 北京：人民出版社，1962.
[86] 马克思恩格斯全集（第十九卷）[M]. 北京：人民出版社，1963.
[87] 马克思恩格斯全集（第二十三卷）[M]. 北京：人民出版社，1972.
[88] 马克思恩格斯全集（第四十六卷）[M]. 北京：人民出版社，2003.
[89] 马克思恩格斯全集（第四十七卷）[M]. 北京：人民出版社，1972.
[90] 马克思 .1844 年经济学哲学手稿 [M]. 北京：人民出版社，2018.
[91] 马克思 . 资本论（第一卷）[M]. 北京：人民出版社，2004.
[92] 马克思 . 资本论（第二卷）[M]. 北京：人民出版社，2008.
[93] 马克思 . 资本论（第三卷）[M]. 北京：人民出版社，2008.
[94] 马克斯 . 机器、自然力和科学的应用 [M]. 北京：人民出版社，1978.
[95] 迈克尔·波特 . 国家竞争优势 [M]. 北京：中信出版社，2012.
[96] 梅新育 . 中国制造业向何处去 [M]. 昆明：云南教育出版社，2013.
[97] 诺思 . 经济史上的结构和变革 [M]. 北京：商务印书馆，2009.
[98] 欧内斯特·曼德尔 . 资本主义发展的长波：马克思主义的解释 [M]. 北京：商务印书馆，1998.
[99] 帕尔默等 . 工业革命：变革世界的引擎 [M]. 北京：世界图书出版公司，2010.
[100] 皮凯蒂 .21 世纪资本论 [M]. 北京：中信出版社，2014.
[101] 钱纳里 . 工业化和经济增长的比较研究 [M]. 上海：上海三联书店，1989.
[102] 钱书法 . 分工演进、组织创新与经济进步 [M]. 北京：经济科学出版社，2013.
[103] 乔尔·莫基尔 . 富裕的杠杆：技术革新与经济进步 [M]. 北京：华夏出版社，2008.
[104] 让·梯若尔 . 创新、竞争与平台经济——诺贝尔经济学奖得主论文集 [M]. 北京：法律出版社，2017.
[105] 人民论坛 . 中国制造 2025：智能时代的国家战略 [M]. 北京：人民出版社，2015.
[106] 日经商务周刊 . 第四次工业革命 [M]. 北京：机械工程出版社，2016.

[107] 芮明杰．第三次工业革命与中国选择［M］．上海：上海辞书出版社，2013.

[108] 申俊喜．技术创新引领产业升级的路径研究［M］．南京：南京大学出版社，2014.

[109] 生延超．要素禀赋、技术能力与后发技术赶超［D］．上海：上海人民出版社，2008.

[110] 石喜爱，季良玉，程中华．“互联网+”对中国制造业转型升级影响的实证研究——中国2003—2014年省级面板数据检验［J］．科技进步与对策，2017，34（22）.

[111] 石喜爱，李廉水，程中华．“互联网+”对中国制造业价值链攀升的影响分析［J］．科学学研究，2018（8）.

[112] 孙福全．产业结构调整微观论［M］．北京：中国经济出版社，2006.

[113] 孙建国，村上直树，陈文举．中日工业化进程比较［M］．北京：社会科学文献出版社，2013.

[114] 孙林岩．全球视角下的中国制造业发展［M］．北京：清华大学出版社，2008.

[115] 孙林岩．中国制造业发展战略管理研究［M］．北京：清华大学出版社，2009：27.

[116] 孙宁华，韩逸平．地区专业化与制造业结构优化——基于省级面板数据的经验分析［J］．南京大学学报（哲学·人文科学·社会科学），2016，53（1）：34-44.

[117] 孙晓华．技术创新与产业演化［M］．北京：中国人民大学出版社，2012.

[118] 陶长琪．基于融合的信息产业自主创新与产业成长的协同机制［M］．北京：中国人民大学出版社，2010.

[119] 涂颖清．全球价值链视野下我国制造业升级研究［M］．南昌：江西人民出版社，2015.

[120] 托马斯·K. 麦格劳．现代资本主义：三次工业革命中的成功者［M］．南京：江苏人民出版社，1999.

[121] 汪泽英．技术发展多元驱动力研究［D］．北京：中国社会科学院研究生院，2002.

[122] 王国平．产业升级论［M］．北京：人民出版社，2015.

[123] 王乐平. 赤松要及其经济理论 [J]. 日本学刊, 1990 (3): 117－126.

[124] 王黎萤. 知识产权制度与区域产业创新驱动——以促进长三角制造业提升为视角 [M]. 北京: 经济科学出版社, 2014.

[125] 王喜文. 中国制造2025思维 [M]. 北京: 机械工业出版社, 2016.

[126] 王雪苓. 当代技术创新的经济分析: 基于信息及其技术视角的宏观分析 [M]. 成都: 西南财经大学出版社, 2005.

[127] 王云平. 中国产业: 转型发展和国际突破 [M]. 长春: 吉林出版集团, 2016.

[128] 王兆申. 劳动价值形成和价值量决定的理论分析 [M]. 北京: 学习出版社, 2014.

[129] 维克托·舍恩伯格等. 大数据时代 [M]. 杭州: 浙江人民出版社, 2013: 98.

[130] 尾木藏人, 王喜文. 工业4.0: 第四次工业革命全景图 [M]. 北京: 人民邮电出版社, 2017.

[131] 文一. 伟大的中国工业革命 [M]. 北京: 清华大学出版社, 2016.

[132] 吴晓波. 中国先进制造业发展战略研究 [M]. 北京: 机械工业出版社, 2013.

[133] 吴胜武. 信息化与工业化融合: 从"中国制造"走向"中国智造" [M]. 杭州: 浙江大学出版社, 2010.

[134] 武文风. 马克思技术进步理论研究 [M]. 北京: 经济管理出版社, 2016.

[135] 西蒙·库兹涅茨. 各国的经济增长 [M]. 北京: 商务印书馆, 2009.

[136] 肖涛. 马克思主义政治经济学原理 [M]. 北京: 经济管理出版社, 1998.

[137] 邢鸿飞, 保罗·麦基里. 第三次工业革命 [J]. 政策瞭望, 2012 (7): 54－56.

[138] 熊彼特. 经济发展理论 [M]. 北京: 中国画报出版社, 2012.

[139] 熊彼特. 经济周期循环论 [M]. 北京: 中国长安出版社, 2009.

[140] 徐颖. 中外信息化统计理论和方法研究 [M]. 北京: 电子工

业出版社，2015.

［141］许可．互联网+下的产业大变局：赢战产业互联网［M］．北京：人民邮电出版社，2015.

［142］亚当·斯密．国富论：强国富民的西方经济学“圣经”［M］．北京：人民日报出版社，2009.

［143］亚力克·罗斯．新一轮产业革命［M］．北京：中信出版社，2016.

［144］阳立高，龚世豪，王铂等．人力资本、技术进步与制造业升级［J］．中国软科学，2018（1）.

［145］杨鸿．雁行模式与东亚经济合作［D］．上海：复旦大学，2005.

［146］杨虎涛，贾蕴琦．产业协同、高端保护与短周期迂回——中兴事件的新李斯特主义解读［J］．人文杂志，2018（9）：35－42.

［147］杨继国，朱东波．马克思结构均衡理论与中国供给侧结构性改革［J］．上海经济研究，2018（1）：5－16.

［148］杨圣明．马克思恩格斯列宁斯大林论国际贸易［M］．北京：中国社会科学出版社，2013.

［149］叶峰．互联网+顶层设计［M］．北京：经济管理出版社，2015.

［150］殷醒民．制造业结构的转型与经济发展［M］．上海：复旦大学出版社，1999.

［151］游五洋，陶青．信息化与未来中国［M］．北京：中国社会科学出版社，2003.

［152］余泳泽．创新驱动战略下中国技术进步的路径选择研究［M］．北京：经济管理出版社，2016.

［153］约翰·穆勒．政治经济学原理及其在社会哲学上的若干应用［M］．北京：商务印书馆，1991.

［154］约翰·熊彼特．经济分析史（第一卷）［M］．北京：商务印书馆，1991.

［155］张建华．基于新型工业化道路的工业结构优化升级研究［M］．北京：中国社会科学出版社，2012.

［156］张平．“十二五”规划战略研究［M］．北京：人民出版社，2010.

［157］张平．全球价值链分工与中国制造业成长［M］．北京：经济管理出版社，2014.

［158］张平．中国区域产业结构演进与优化［M］．武汉：武汉大学出版社，2005.

[159] 张晓峰，杜军，马化腾．互联网+：国家战略行动路线图[M]．北京：中信出版社，2015.

[160] 张正华．区域产业升级及其机制[M]．昆明：云南大学出版社，2011.

[161] 赵丰义．我国装备制造业技术创新路径优化研究[M]．北京：中国社会科学出版社，2010.

[162] 中国互联网与工业融合创新联盟，中国信息通信研究院．“中国制造+互联网”新图景[M]．北京：人民邮电出版社，2016.

[163] 周绍东，钱书法，王昌盛．分工与创新：发展经济学的马克思主义复兴[M]．北京：经济科学出版社，2015.

[164] 周友光．两次工业革命概述[M]．武汉：武汉大学出版社，1996.

[165] 周振华．产业结构优化论[M]．北京：人民出版社，2014.

[166] 朱巧玲，杨威．对马克思关于“人的发展”理论的再认识[J]．改革与战略，2009，25（10）：9-13.

[167] 朱巧玲．政治经济学[M]．武汉：华中科技大学出版社，2010.

[168] 祝合良．开放条件下的中国工业化[M]．北京：经济管理出版社，2002.

[169] 邹樵．共性技术扩散机理与政府行为[M]．武汉：华中科技大学出版社，2015.

[170] Al-Fuqaha A，Guizani M，Mohammadi M，et al. Internet of Things：A Survey on Enabling Technologies，Protocols and Applications [J]. IEEE Communications Surveys & Tutorials，2015，17（4）：Fourthquarter 2015.

[171] Amiti，M & C Freund. China's Growing Role in World Trade：The Anatomy of China's Export growth [M]. The University of Chicago Press，2010：15-18.

[172] Arnold J B S Javorcik，and A Mattoo. The Productivity Effects of Services Liberalization：Evidence from the Czech Republic [J]. World Bank working paper，2006.

[173] Bell & Albu. Knowledge Systems and Technological Dynamism in Industrial Clusters in Developing Countries [J]. World Development，1999，27（9）：1715-1734.

[174] Blalock，G & P J Gertler. How Firm Capabilities Affect Who Benefits from Foreign Technology [J]. Joumal of Development Economics，2009

(90)：192 - 198.

[175] Blomstrom M. Technology Transfer and Spillovers：Does Local Participation with Multinationals Matter? [J]. European Economic Revievv，1999 (43)：915 - 923.

[176] Burange，Anup & Misalkar，Harshal. Review of Internet of Things in Development of Smart Cities with Data Management & Privacy [M]. 2015：189 - 195.

[177] Calderon，Cesar，Liu，Lin. The Direction of Causality between Financial Development and Economic Growth [J]. Journal of Development Economics，2003，72 (1)：321 - 334.

[178] Cameron R. A New View of European Industrialization [J]. Economic History Review，2010，38 (1)：1 - 23.

[179] Caputo A，Marzi G，Pellegrini M M. The internet of things in manufacturing innovation processes：development and application of a conceptual framework [J]. Business Process Management Journal，2016，6 (2)：1463 - 7154.

[180] Cardona M，Kretschmer T，Strobel T. ICT and productivity：Conclusions from the empirical literature [J]. Information Economics and Policy，2013，25 (3)：109 - 125.

[181] Cheng Y，Farooq S，Johansen J. International manufacturing network：past，present，and future [J]. International Journal of Operations & Production Management，2015，35 (3)：392 - 429.

[182] Clarke G R G，Qiang C Z，Xu L C. The Internet as a general-purpose technology：Firm-level evidence from around the world [J]. Economics Letters，2015，135：24 - 27.

[183] Coe & A Boffmaister. North South Spillovers [J]. Economic Journal，1997 (107)：134 - 149.

[184] Coe & Helpman. International R&D Spillovers [J]. European Economic Review，1995 (39)：859 - 887.

[185] Coffey W J，Bailly A S. Producer Services and Systems of Flexible Production [J]. Growth and Change，1991，10 (1)：95 - 117.

[186] Cooper，R B & R W Zmud. Information Technology Implementation Research：A Technological Diffusion Approach [J]. Management Science，

1990, 36 (2): 123 - 139.

[187] Council N. Enhancing A Firm's Competitiveness By Upgrading Its Manufacturing Technology [J]. Global Business & Organizational Excellence, 2010, 6 (1): 48 - 62.

[188] Dalum, B. Structural Change in OECD Export Specialization Pattern [J]. International Review of Applied Economics, 1998, 12: 423 - 443.

[189] Dan B, Qu Z J, Liu C, Zhang X M, Zhang H Y. Price and Service Competition in the Supply Chain with Both Pure Play Internet and Strong Bricks - and - Mortar Relailers [J]. Journal of Applied Research & Technology, 2014, 12 (2): 212 - 222.

[190] Das, S. Externalities and Technology Transfer through Multinational Corporations: A Theoretical Analysis [J]. Journal of International Economics, 1987 (22): 171 - 182.

[191] Erumban A A, Das D K. Information and communication technology and economic growth in India [J]. Telecommunications Policy, 2016, 40 (5): 412 - 431.

[192] Fare, Grosskopf & Norris. Productivity Growth, Technical Progress, and Efficiency Change in Industrialized Countries [J]. American Economic Review, 1994, 84: 66 - 83.

[193] Frishammar J, Hörte S Ä. Managing external information in manufacturing firms: theimpact on innovation performance [J]. Journal of Product Innovation Management, 2005 (22): 253 - 262.

[194] Garcia - Dastuguc S J, Lambert D M. Internet-enabled Coordination in the Supply Chain [J], Industrial Marketing Management, 2003, 32 (3): 251 - 263.

[195] Gazis V, Leonardi A, Mathioudakis K, et al. Components of fog computing in an industrial internet of things context [C]. IEEE International Conference on Sensing, 2015.

[196] Gereffi G. Shifting Governance Structures in Global Commodity Chains, With Special Reference to the Internet [J]. American Behavioral Scientist, 2001, 44 (10): 1616 - 1637.

[197] Gil, Y. Integration Model of Technology Internalization Modes and Learning Strategy: Globally Late Starter Samsung's Successful Practices in South

Korea [J]. Technovation, 2003 (23): 333-347.

[198] Giudice M D. Discovering the Internet of Things (IoT) within the business process management: A literature review on technological revitalization [J]. Business Process Management Journal, 2016, 22 (2): 263-270.

[199] Greece, W. The Emergence of India's Pharmaceutical Industry and Implications for the U. S. Generic Drug Market [J]. Working Paper, U. S. International Trade Commission, 2007.

[200] Li H, Parlikad A K. Social Internet of Industrial Things for Industrial and Manufacturing Assets [J]. IFAC-Papers OnLine, 2016, 49 (28): 208-213.

[201] Hobday, M. East Asia Latecomer Firms: Learning the Technology of Electronics [J]. World evelopment, 1995, 23 (7): 1171-1193.

[202] John Humphrey, Hubert Schmitz. How does insertion in global value chains affect upgrading in industrial clusters? [J]. Regional Studies, 2002, 36 (9): 1017-1027.

[203] Kagermann H. Change Through Digitization - Value Creation in the Age of Industry 4.0 [M]. Management of Permanent Change. Springer Fachmedien Wiesbaden, 2015.

[204] Keller, Wolfgang. Trade and the Transmission of Technology [J]. Journal of Economic Growth, 2002, 7: 5-24.

[205] Kenneth J Arrow. Preface: Edwin Mansifield's research on technology and innovation [J]. Technology Management, 2000, 19 (1): 117-129.

[206] Kim S, Kim H, Kim E. How knowledge flow affects Korean ICT manufacturing firm performance: a focus on open innovation strategy [J]. Technology Analysis & Strategic Management, 2016: 1-15.

[207] Krugman, P. Scale Economics, Product Differentiation and the Pattern of International Trade [J]. American Economic Review, 1980, 70: 950-959.

[208] Lee K, Lim C. Technological regimes, catching-up and leapfrogging: findings from the Korean industries [J]. Research Policy, 1999, 30 (3): 459-483.

[209] Li, Ling. China's manufacturing locus in 2025: With a comparison of "Made-in-China 2025" and "Industry 4.0" [J]. Technological Forecas-

ting and Social Change, 2017.

[210] Mani, S. Exports of High Technology Products from Developing Countries [J]. Discussion Paper, UNIONTECH, Maastricht, 2000 (2000).

[211] Manyika J, Sinclair J, Dobbs R, et al. Manufacturing the future: The next era of global growth and innovation [J]. 2012.

[212] MaPc U. Porat. The Information Economy, Office of Telecommunication, Special Publication [M]. Washington, Department of Commerce, 1977.

[213] Marilungo E, Papetti A, Germani M, et al. From PSS to CPS Design: A Real Industrial Use Case Toward Industry 4.0 [J]. Procedia CIRP, 2017, 64: 357-362.

[214] Marrewijk, C. van, J. Stibora, A. de Vaal and J-M Viaene. Producer Services, Comparative Advantage, and International Trade Patterns [J]. Journal of International Economics, 1997, 42: 195-220.

[215] Miyazaki S, Idota H, Miyoshi H. Corporate productivity and the stages of ICT development [J]. Information Technology & Management, 2012, 13 (1): 17-26.

[216] Moshiri, Saeed. ICT spillovers and productivity in Canada: provincial and industry analysis [J]. Economics of Innovation and New Technology, 2016: 1-20.

[217] Mowery D, Rosenberg N. The influence of market demand upon innovation: a critical review of some recent empirical studies [J]. Research Policy, 2006, 8 (2): 102-153.

[218] Navas-Alemán L. The Impact of Operating in Multiple Value Chains for Upgrading: The Case of the Brazilian Furniture and Footwear Industries [J]. World Development, 2011, 39 (8): 1386-1397.

[219] Neilson W S. Firm organization, industrial structure, and technological innovation [J]. Journal of Economic Behavior & Organization, 2004, 31 (2): 193-224.

[220] Oliver E Williamson. Transaction-cost Economics: The Governance of Contractual Relations [J]. Journal of Law and Economics, 2012, 22 (2): 233-261.

[221] P Hutcheson, et al.. Sources of technical innovation in the network

of companies providing chemical process plant and equipment [J]. Research Policy, 1996, 25 (1): 25 -41.

[222] Poon, T S C. Beyond the Global Production Networks: A Case of Further Upgrading of Taiwan's Information Technology Industry [J]. Technology and Globalization, 2004, 1 (1): 130 -145.

[223] Posada J, Toro C, Barandiaran I, et al. Visual Computing as a Key Enabling Technology for Industrie 4.0 and Industrial Internet [J]. IEEE Computer Graphics and Applications, 2015, 35 (2): 26 -40.

[224] Rogers, E M. Informatization, Globalization, and Privitization in the New Millenium [J]. Asian Journal of Communication, 2000. 10 (2): 71 -92.

[225] Romer P M. Endogenous Technological Change [J]. Nber Working Papers, 1989, 98 (98): 71 -102.

[226] Romer P M. Increasing returns and long-run growth [J]. Journal of Political Economy, 1986, 94 (5): 1002 -1037.

[227] Saint - Paul, G. Technological Choice, Financial Markers and Economic Development [J]. European Economic Review, 1992 (36): 763 - 781.

[228] Schmitz, H & Knotringa, P. Learning from Global Buyers [J]. Journal of Development Studies, 2000, 37 (2): 177 -205.

[229] Song, Michael, Hans Berends, Hans van der Bij, Mathieu Weggeman. The effect of IT and co-location on knowledge dissemination [J]. Journal of Product Innovation Management, 2007 (24): 52 -68.

[230] Srai J S, Kumar M, Graham G, et al. Distributed manufacturing: scope, challenges and opportunities [J]. International Journal of Production Research, 2016: 1 -19.

[231] Stiebale, Joel. Cross-border M&As and innovative activity of acquiring and target firms [J]. Journal of International Economics, 2016, 99: 1 - 15.

[232] Theophanis Stratopoulos, Brace Dehning. Does Successful Investment in Information Technology Solve the Productivity Paradox [J]. Information & Management, 2000 (38): 50 -60.

[233] Vries J D. The Industrial Revolution and the Industrious Revolution

[J]. Journal of Economic History, 1994, 54 (2): 249 - 270.

[234] W M Cohen & D A Levinthal. Absorptive Capacity: A ew Prospective on Learning and Innovation [J]. Administrative Science Quartery, 1990, 35: 128 - 1521.

[235] Wan J, Cai H, Zhou K. Industrie 4.0: Enabling technologies [C]. International Conference on Intelligent Computing & Internet of Things. IEEE, 2015.

[236] Waterson, P E, Clegg, C W, Bolden, R, Pepper, K, Warr, P B, & Wall, T D. The use and effectiveness of modern manufacturing practices: a survey of UK industry [J]. International Journal of Production Research, 1999 (37): 2271 - 2292.

[237] Xia J. A Review to the Development of Foreign Capital Manufacturing Industry in China: Looking forward to Made in China, 2025 [J]. American Journal of Industrial & Business Management, 2017, 7 (5): 604 - 613.

[238] Yun J H J, Won D K, Park K. Dynamics from open innovation to evolutionary change [J]. Journal of Open Innovation: Technology, Market, and Complexity, 2016.

后　记

本书是在我的博士论文基础上进行修改最终成稿的，书中充满了我求学十余载的情愫，这其中喜悦多过悲伤，幸福多过孤独，坚持多过挣扎。

深深感谢我的恩师曾繁华老师。承蒙恩师不弃，收入门下，三年来无论是学习抑或生活都尽其所有，尤其是论文的选题、撰写以及修订都倾注了恩师大量的心血。大学之谓也，在乎大师也，恩师渊博的知识、严谨的治学态度以及无私的教导帮助我渡过一个又一个学术上的关卡；恩师为人亲切，从容风趣的处事风格也潜移默化地影响着我，值得我在以后的学习生活中耐心品味与实践。感谢恩师，我将会以您为榜样，带着您的期盼，砥砺前行。

感谢优雅亲切的女神朱巧玲老师，朱老师为人师更是为人母，在取得博士学位的三年期间老师对论文的架构、格式、题目、内容都给出了最大程度上的帮助，在繁忙的工作中还抽空为我的文章进行再三修改。除了严谨的治学态度，老师生活中从容典雅的处事风范以及高雅的审美更是让我崇仰和敬佩。

再次感谢英气十足的尹汉宁老师，感谢才华横溢的杨虎涛老师，感谢德高望重的程启智老师，感谢授予我知识、帮助和温暖的所有老师。老师们博学的课堂讲解，犀利中肯的意见，温暖热诚的鼓励以及生活中的嘘寒问暖是这三年来最动人的陪伴。

感谢我的同学辛冲冲、贾蕴琦夫妇，杞如福夫妇以及邵蕾夫妇，感谢马志福师兄，感谢 2016 级经济学院的同学们。与你们的回忆是文泉楼敲打的哒哒声，是南湖漫天的星辰，是随园的阵阵香气，是无处不在的充盈我生活的美。

感谢宁夏大学经管学院的各位领导，尤其是杨国涛院长和张桓书记的支持。感谢南京信息工程大学的程中华老师以及东南大学石喜爱博士对论文无私的指导与帮助。感恩我所有的家人，是你们的爱一直支持着我。

回忆如风，扰动着时光的涟漪。匆匆是别离的笙箫，是酷暑中的寂静，是严冬里的冰霜，回忆起来满是焦急与茫然却又如此美好。匆匆又是今天落笔前的思绪万千，像是把博士生活的过往全部倒带重放，却又感觉词不达意。匆匆是日子悄悄的移，我也茫茫地跟着转，只能与韶光共憔悴，不堪看，惟愿如意安康。

刘淑萍

2020 年 10 月 31 日